Martin Hoffmann

ÉTICA PROTESTANTE
Una fundamentación teológico-crítica

COMITÉ EDITORIAL SEBILA:
Dr. José Enrique Ramírez-Kidd (Director)
Lic. Ruth Vindas (Coordinadora Publicaciones)
M.Sc. Elisabeth Cook
Dr. Martin Hoffmann
Dr. Ángel Román

◆

Departamento de Publicaciones
Universidad Bíblica Latinoamericana, UBL

◆

Edición: Dr. José E. Ramírez-Kidd
Diagramación/portada:
Damaris Álvarez Siézar

◆

ISBN 978-9977-958-89-7

◆

Copyright © 2019

◆

Editorial SEBILA
Patrocinio VELKD

◆

San José, Costa Rica
Setiembre, 2019

Martin Hoffmann

ÉTICA PROTESTANTE
Una fundamentación teológico-crítica

Traducción de Marion Dieke

UNIVERSIDAD BÍBLICA
LATINOAMERICANA
PENSAR · CREAR · ACTUAR

240
H711e
Ética protestante: Una fundamentación teológica-crítica / Martin Hoffmann. -- San José: Universidad Bíblica Latinoamericana, 2019.
270 p. ; 23x15 cm.

ISBN: 978-9977-958-89-7

1. Moral cristiana y teología piadosa 2. Ética
3. Cristianismo - Protestantismo
I. Hoffmann, Martin. II. Título

Editorial SEBILA - San José, Costa Rica
Universidad Bíblica Latinoamericana, UBL
Apdo 901-1000, San José, Costa Rica
Tel.: (+506) /2283-8848/2283-4498
Fax.: (+506) 2283-6826
E-mail: libreria@ubl.ac.cr
www.ubl.ac.cr
Copyright © 2019

Contenido

Prólogo	9
Parte I: La fundamentación de una ética protestante	15
1. ¿Qué es ética?	16
2. El lugar de la ética latinoamericana	19
2.1 El lugar social-teologal	19
2.2 El lugar religioso-espiritual	22
2.3 El lugar teológico: más allá del fundamentalismo y el relativismo moral	25
3. El modelo de una ética de identidad	33
3.1 La identidad cristiana	33
3.2 La ética de identidad en Pablo	37
4. El margen del comportamiento ético – Una ética protestante de la identidad	45
4.1 El marco teórico	46
4.2 La identidad ética: Vivir en fe, esperanza y amor	48
4.3 Los motivos de un *ethos* cristiano	55
4.3.1 Actitudes éticas básicas	55
4.3.2 Perspectivas de una vida plena	57
4.4 Normas y criterios de un *ethos* cristiano	63
4.4.1 El mandamiento del amor como norma básica	63
4.4.2 Directrices de concretización intermedia	67
4.4.3 Los diez mandamientos – El Decálogo	68
4.4.4 Las parénesis del Nuevo Testamento	81
4.5 Formas y modelos de comportamiento ético	86

5. La conciencia — 94
  5.1 El entendimiento moral de la conciencia — 95
  5.2 La comprensión transmoral y personal — 97
  5.3 La conciencia liberada en Martín Lutero — 98
  5.4 La conciencia en tensión entre individualidad y generalidad — 101

6. El desarrollo de la conciencia ético-moral — 103
  6.1 El desarrollo cognitivo de la moral — 105
  6.2 La formación narrativa de actitudes éticas básicas — 112
  6.3 El discernimiento argumentativo — 119
    – Un esquema de una decisión ética — 119
  6.4 Situaciones de dilemas éticos — 128

7. Ética y Biblia – una hermenéutica de liberación — 132
  7.1 Formas de lenguaje bíblico — 132
  7.2 Hermenéutica ética — 133
  7.3 Un ejemplo histórico: Martín Lutero — 138
  7.4 Un modelo ampliado de correlación — 141

8. La iglesia como sujeto de ética – hacia una ética cristiana de paz — 143
  8.1 Esencia y misión de la iglesia — 144
  8.2 La iglesia como herramienta y signo del Reino de Dios — 146
  8.3 Las dimensiones básicas de la iglesia — 148
  8.5 Conversión hacia una iglesia de paz — 150

9. La ética protestante en diálogo — 154
  9.1 El diálogo interdisciplinario: Ética teológica y filosófica — 154
  9.2 El diálogo interreligioso: *Ethos* universal o particular — 166

      9.2.1 Los Derechos Humanos   168
      9.2.2 El proyecto "Ética mundial"   170
      9.2.3 Ética de la liberación   175
      9.2.4 Universalismo de las víctimas   183
  9.3 El diálogo intercultural   188
      9.3.1 Encuentro o choque de las culturas   188
      9.3.2 Las concepciones de inculturación, interculturalidad y transculturalidad   191
      9.3.3 Perspectivas de una ética protestante   199

Parte II: Temas básicos de una ética de lo político – algunos aportes teológicos   203

10. Los Derechos Humanos – Un acceso desde la teología de la Reforma   204
  10.1 Los Derechos Humanos en proceso   204
  10.2 Las intenciones originales de la teología de la Reforma y su posterior desarrollo   206
  10.3 La figura básica de los Derechos Humanos y el acceso teológico   207
  10.4 La sociedad moderna y postmoderna y los Derechos Humanos   216
  10.5 Conclusión   218

11. La política – Perspectivas actuales de la doctrina de los dos reinos o gobiernos de Dios de Lutero   218
  11.1 Modelos históricos de la relación entre Estado e Iglesia   219
  11.2 La doctrina de Lutero de los dos reinos y dos gobiernos de Dios   221
  11.3 La sociedad moderna y postmoderna   224
  11.4 La iglesia y el ámbito público   225
  11.5 Conclusión   227

12. **La economía – La crítica de Lutero a la religión y al capitalismo** 228
    12.1 La problemática 228
    12.2 La crítica de Lutero al capitalismo temprano 230
    12.3 La crítica a la religión como crítica económica 235
    12.4 La lógica teológica en contra de la lógica económica de la religión 238
    12.5 Conclusión 241

13. **El Medio Ambiente como problema teológico-espiritual** 242
    13.1 La problemática 242
    13.2 Los poderes estructurales y la obsesión humana 244
    13.3 La salvación como transformación de los poderes 252
    13.4 Conclusión 259

Bibliografía 261

Prólogo

na ética desde una perspectiva protestante en el contexto de América Latina y el Caribe: ya era hora, pero al mismo tiempo se plantean varias preguntas.

La literatura teológica protestante en este contexto todavía es escasa, y la ética, en particular, no presenta -aparte de numerosas declaraciones, ensayos y documentos en relación a preguntas actuales individuales- ni siquiera un concepto sistemático. Una excepción es el loable borrador de José Miguez Bonino *Ama y haz lo que quieras,* el cual sin embargo tiene ya casi 50 años y, por lo tanto, se desarrolló sobre un contexto histórico distinto. Lo anterior justifica el intento de volver a redactar las preguntas en cuanto a la justificación de la ética.

Al mismo tiempo, mi fundamentación de la ética debe enfrentar la interrogante, de si corresponde precisamente a un europeo llevar el tema al contexto local, aún cuando ya llevo 5 años viviendo en Costa Rica y he trabajado con diferentes grupos e iglesias en muchos países de este continente.

Hay tres razones que me hacen pensar que este emprendimiento tiene sentido:

- Primero, los principales desafíos éticos de nuestro tiempo se han convertido en problemas globales. En primera instancia están el cambio climático y la migración. En ellos culminan los reclamos por justicia social, justicia de género, pobreza y riqueza, guerra y paz, así como la destrucción del ambiente. Estos problemas trascienden los contextos regionales, aún cuando es allí donde se experimentan existencialmente. Esto plantea la pregunta: ¿Cómo puede establecerse una ética que preserva la identidad propia y la relación con la situación, pero al mismo tiempo, se basa en la comprensión universal? La pregunta se agudiza cuando se trata de un fundamento teológico, que siempre está ligado a una religión o denominación en particular.

- En segunda instancia, detrás de los términos "europeo" u "occidental" y "latinoamericano" de ninguna manera se esconden culturas cerradas. Tanto aquí como allá se trata de culturas mixtas que se influyen mutuamente, como mínimo desde la época de la conquista en el siglo XVI. La globalización del mercado mundial, los medios de comunicación y los medios de transporte han cambiado las culturas a tal grado que uno debería hablar mejor de formas de vida diferentes (o incluso adaptadas). Existe la tesis de que las culturas clásicas en el mundo globalizado solo se pueden encontrar en subculturas o en el folclor (véase el capítulo 9). En este sentido, una fundamentación ética que busca combinar la teología "europea" con la teológica "latinoamericana" no es del todo inapropiada.

- Tercero, y esta es la gran ventaja de una justificación ética teológica, existe una base global y común para la vida y la orientación conductual de los cristianos: la Biblia. Por lo tanto, existe la oferta directa de basar una ética sobre este fundamento bíblico común. Por este motivo elijo el enfoque ético del apóstol Pablo. Dentro de la Biblia y específicamente en el Nuevo Testamento, él presenta el concepto más profundo y sistemáticamente razonado. Las partes éticas de su Carta a los Romanos (capítulos 12-15), Gálatas (capítulos 5-6) así como ambas cartas a los Corintios describen la identidad ética, la orientación ética y el comportamiento ético en un contexto intercultural de judaísmo, mesianismo cristiano, filosofía y religión helenística y el Imperio Romano de una manera tan perfilada, crítica y constructiva que este planteamiento no puede menos que ser tomado como modelo.

Por supuesto que con ello surgen también las preguntas hermenéuticas: ¿Cómo se debe entender a Pablo? ¿Cómo del todo es que se lee e interpreta la Biblia? Así que paso a caracterizar este concepto:

- *Es una ética cristiana desde la perspectiva protestante.*

    Preferiría haberla llamado "evangélica" como en alemán, porque expresa la referencia principal al Evangelio. Pero en el contexto local, el término "evangélico" es acuñado por las iglesias y movimientos que representan una comprensión literal de la Biblia, a menudo fundamentalista, y derivan de ella un conservadurismo moral. Así que elijo la designación original "protestante" para las iglesias que surgieron de la Reforma y se basan en la teología de la Reforma, la cual de ninguna manera es fundamentalista.

- *Es una ética crítica.*

    La ética no tiene nada que ver con la legitimidad de conductas instauradas, costumbres, convenciones, normas establecidas o tablas de valores tradicionales. Eso es moral. Por ética nos referimos al reflejo de la moralidad, es decir, lo que uno hace habitualmente, y la reflexión del *ethos*, el comportamiento elegido conscientemente. Esto, también, ya aparece en el lema de Pablo en Romanos 12.2: *"No se amolden al mundo actual, sino sean transformados mediante la renovación de su mente. Así podrán comprobar cuál es la voluntad de Dios...".*

El término "ética crítica" implica además una dirección clara en contra de un "pensamiento único", como lo exige la ideología de la economía neoliberal[1]. Además del mercado global y sus valores competencia, competitividad, eficiencia y ganancia, no se permiten otras alternativas en el pensamiento y la acción. Pero el "pensamiento crítico" es la base de una ética crítica que se opone a todo totalitarismo. Tal pensamiento y acción críticos se pueden aprender de Pablo, quien obtiene el poder de resistencia y transformación de la libertad de fe.

- *Es una ética contextual y de diálogo universal.*

    Una ética protestante debe estar en la capacidad de apreciar las situaciones concretas y sus contextos al tiempo que proporciona una ayuda de orientación que sea "transcontextual". Busca una tercera vía entre una ética de situación pura y una ética de principios. La primera fácilmente pasa por alto que no hay situaciones "puras" y neutrales, ya que siempre hay normas y valores envueltos que deben reflexionarse. La segunda se basa en principios "atemporales", que a menudo no hacen justicia a la vida concreta en su forma individual, o que son demasiado abstractos para dar ayuda concreta en la vida.

El enfoque de esta ética está en la fundamentación. Clásicamente, se entiende para ello la ética formal. El ámbito de los problemas individuales de la ética, la llamada ética material, pueden parecer más interesantes y desafiantes, especialmente cuando uno piensa

---

1 Juan José Tamayo explica: "La expresión 'Pensamiento único' fue lanzada en 1994 por Ignacio Ramonet, que lo definía como 'una especie de doctrina ciscosa (!) (probablemente "viscosa", M.H.) que, insensiblemente, envuelve cualquier razonamiento rebelde, lo inhibe, lo perturba, lo paraliza y acaba por ahogarlo'" (cf. *Le Monde diplomatique*, edición española; *Pensamiento crítico vs. Pensamiento único*, Debate, Madrid, 1998) en Tamayo, *Nuevo paradigma teológico*, 2ª edición. Madrid: Trotta, 2004, 195.

en los problemas de supervivencia del mundo y la humanidad mencionados anteriormente. Pero sin un marco teórico claro y estricto, existe el peligro del activismo ético o la arbitrariedad. La fundamentación de una ética puede entenderse en este sentido como una hermenéutica ética. Intenta aclarar cómo y con qué medios se produce un juicio ético y de qué condiciones depende.

En una segunda parte, se presentarán algunas declaraciones a manera de ejemplo sobre cuestiones políticas. Se toman de conferencias y ensayos concretos escritos desde una cierta perspectiva, principalmente de la teología de la Reforma. No cubren toda el área de problemas, pero tienen la intención de mostrar cuáles características de contenido se encuentran en una ética crítica y protestante.

La Biblia y las abreviaturas de los libros bíblicos se citan según la Nueva Versión Internacional, 1999.

Por último deseo expresar mi agradecimiento a todos aquellos que me acompañaron en este camino hacia la ética protestante: mis interlocutores más importantes fueron los amigos Pastor *Erick Umaña*, Heredia/Costa Rica, Pastor *Hans-Ulrich Pschierer*, Fürth en Baviera/Alemania, Prof. *Dr. Wolfgang Maaser*, Bochum/Alemania y mi esposa, Pastora *Sonja Straub*, San José/Costa Rica, quien frecuentemente fue la primera lectora y crítica y por encima de eso compartió los esfuerzos que conlleva este emprendimiento dándome ánimo en el camino.

Mi agradecimiento especial va a la traductora *Marion Dieke*. Por capítulos fue trabajando a través de la temática teológica encontrando en algunas ocasiones formulaciones sorprendentes y precisas, de modo que a veces me dejaron la impresión, de que en español el texto era más entendible que en alemán.

Como lector me ayudó nuevamente y de manera probada *Erick Umaña*. Revisó cada frase y cada nota al pie de página - especialmente en lo referente a la terminología teológica- y realizó de esta forma un enorme aporte a la precisión y la comprensibilidad de este libro. A "mi" universidad, la *Universidad Bíblica Latinoamericana*, le agradezco su disposición inmediata de incluir este libro en su programa e imprimirlo. *Damaris Alvarez Siezár* elaboró con mucha dedicación el diseño y la portada, preocupándose por la presentación exterior del libro.

Sin apoyo financiero, hoy en día resulta casi imposible culminar un proyecto de un libro. La Iglesia Evangélica Luterana de Alemania ha financiado muy generosamente la mayor parte de la traducción del texto del alemán. Agradezco al Sr. Oberkirchenrat *Dr. Oliver Schuegraf* por su apoyo espontáneo y nada burocrático.

Por último, expreso mi gratitud a aquellos, a quienes está destinado este libro, los estudiantes de teología y los pastores y pastoras de las iglesias protestantes de América Latina. La infinidad de conversaciones entabladas con ellos me han enseñado en dónde encontrar las decisiones éticas básicas en el contexto latinoamericano y en dónde hacen falta.

Martin Hoffmann
San José, Costa Rica, agosto 2019

Parte I:
La fundamentación de una ética protestante

1. ¿Qué es ética?

La ética inicia con la vida – no con principios, leyes, argumentaciones o razonamientos para un comportamiento correcto. Todo eso viene después. Después de que se hayan planteado las preguntas básicas acerca de la vida: ¿Cómo puede resultar la vida - a pesar de todas las amenazas, las limitaciones y las pérdidas? ¿Qué significa una vida buena o hasta una vida feliz – y esto no solamente para mi sino en conjunto con otros? O sea, ¿cómo logramos una convivencia justa con todos?

La ética inicia por tanto, para decirlo de manera más precisa, con la *pregunta hacia la vida*. Y esto es así, porque como personas que cuestionamos, quiere decir, como seres que no viven solamente por instinto sino que pueden reflexionar. Reflexionamos sobre nuestro propio comportamiento y sobre el de los demás, nos ponemos metas, podemos explicar y razonar los motivos de nuestro comportamiento, evaluamos alternativas y tomamos decisiones. Este conjunto de acciones no las realizamos en un espacio vacío como individuos aislados, sino como personas vinculadas a sus respectivos espacios y contextos de vida. La vida transcurre en un nivel micro de familia y círculo de amigos, en un nivel meso como el trabajo, la iglesia, la sociedad, el estado y el pueblo y en un nivel macro de las relaciones mundiales de política, economía, cultura y ambiente. Cuando la ética se pregunta acerca de una vida exitosa se involucran estos tres niveles.

Problemas concretos como por ejemplo la contaminación del aire no son por sí mismos temas éticos. No hay una evidencia de lo ético, es decir, no todo el mundo entiende por sí mismo lo que es éticamente exigido o apropiado. Es necesario primero descubrir y definir el aspecto ético de un problema.

Tomemos como ejemplo la problemática de cómo reducir a nivel mundial la emisión de dióxido de carbono, que es un planteamiento en primera instancia de índole técnica. Llega a convertirse en un problema ético en el momento que nos detenemos a considerar cuál es el objetivo que perseguimos para una vida plena, tanto en la política como en la economía. ¿Será el crecimiento económico de algunos pocos países, sobre todo aquellos del norte y del oeste, a costas de los países del sur, o será la protección de las bases de la vida en el planeta tierra para todos? Y con ello entra en juego la segunda pregunta ética básica: La pregunta acerca de una convivencia justa sobre la tierra.

Los problemas actuales surgen de una realidad, se reflejan desde un marco teórico y es así como se convierten en temas éticos. El marco teórico brinda las categorías éticas que son las que orientan la percepción de la situación y determinan los desafíos éticos.[2] Ambas preguntas básicas, sobre un buen vivir y sobre una convivencia justa, siempre han ocupado un lugar central en la historia de la ética. Todo desarrollo del concepto de ética debe dar respuesta a las mismas.

Con eso queda demostrado que la ética es más que la tradicional pregunta del "¿*Qué debo hacer*"? Immanuel Kant, uno de los filósofos más influyentes en la historia del protestantismo, había visto en esta pregunta la tarea principal de la ética. Pero siendo así, la ética se reduce a la búsqueda y la explicación de las normas apropiadas para un comportamiento moral. Desde siempre las normas han estado ancladas en estructuras sociales y en apreciaciones subjetivas del mundo y de la realidad, por lo cual no es posible observarlas ni discutirlas fuera de estas condiciones previas. Una ética que no pregunta más allá de las obras y del comportamiento se queda corta. Hay que considerar también la apreciación de los sujetos que obran, sus motivos y sus planes de vida.

Luego de estas reflexiones introductorias sobre la ética podemos ahora definir más específicamente los conceptos determinantes.

---

2 Así lo describe de manera muy puntual el filosofo argentino Enrique Dussel en su *Filosofía de la Liberación*, 4ª edición. Bogotá: Nueva America, 1996, 205.

Debemos distinguir cuatro conceptos que en ocasiones se utilizan de forma sinónima: ética y ethos, moral y moralidad. El origen del término es la palabra griega *ethos*. La encontramos escrita de dos maneras: con *eta* (= "e" larga) describe el carácter y el perfil de una persona así como un estilo de vida determinado. Escrita con *epsilon* (= "e" breve) significa la costumbre, la tradición, la convención en la cual vive una persona. A esta palabra *ethos* corresponde en la traducción latina *mos*, de la cual se deducen *moral* y *moralidad*. Así podemos distinguir:

- *Ethos* es una forma de vida consciente y reflexiva, un comportamiento determinado elegido. Lo encontramos por ejemplo en el *ethos* de un médico, un abogado u otro comportamiento de un profesional.

- El concepto *moral* describe un comportamiento que se orienta por lo que usualmente se acostumbra, por costumbres, convenciones o tradiciones.

- La *moralidad* es la capacidad y predisposición de una persona a obrar de manera ética o moral. Se basa en su capacidad de trascenderse a sí mismo.

- Y la *ética* es por último y clásicamente una disciplina de la filosofía y la teología, o sea la reflexión y el pensamiento sobre *ethos* y moral. Su relación con ellos es como la de la matemática con el cálculo. Una es la enseñanza del estilo de vida con todo lo que conlleva en cuanto a puntos de vista sobre la realidad, de motivos y normas de comportamiento así como de estilos de comportamiento, lo otro es el comportamiento en sí mismo – por costumbre (moral) o elección consciente (*ethos*).

La ética, en el sentido anterior, es por tanto la que se pregunta cuáles son los puntos de vista guía para un buen vivir en situaciones concretas o cómo debe ser la convivencia justa entre las personas. Es obvio que estas preguntas pueden ser abarcadas desde ángulos muy distintos, dependiendo de la visión del mundo, de la vida y del ser. En la historia han habido principios filosóficos sobre ética, por ejemplo, desde la naturaleza del ser humano (p.ej. Aristóteles y el estoicismo), desde la razón como base del *ethos* (p.ej. Immanuel Kant y los filósofos de la Ilustración), desde una base contractual entre los humanos (Jean Jacques Rousseau) o desde las formas argumentativas de la racionalidad comunicativa (Jürgen Habermas). Aquí la tarea consiste primeramente en proponer una contribución específica de una ética cristiana – o mejor dicho – protestante.

Para ello hay que estudiar primero más de cerca el lugar, desde el cual se llevan a cabo estas consideraciones éticas. La definición del objetivo de desarrollar un borrador de ética protestante para el contexto de América Latina, ya encierra los tres "lugares" que Jon Sobrino también menciona como introducción en ejemplos en su Cristología:[3] el lugar teológico, el lugar eclesial y el lugar social-teologal. En una época de creciente secularización, el lugar eclesial debe sin duda ser extendido más allá de los límites de la iglesia hacia un lugar religioso-espiritual, y el lugar social-teologal también debe incluir aspectos político-económicos.

2. El lugar de la ética latinoamericana

2.1 El lugar social-teologal

Jon Sobrino denominó en su momento el lugar social de su cristología de manera general como "el mundo de los pobres"[4]. Sostiene que la realidad social enmarca la manera o el modo del pensamiento teológico. Por tanto, tampoco es posible desarrollar una ética sin poner la vista sobre este espacio social de vida. El mismo obliga y promueve la reflexión sobre la vida concreta y la presencia de Dios en este espacio. La consecuencia es una "ruptura epistemológica" (57), lo cual quiere decir que no es sino como resultado de esta dialéctica entre la realidad social y la manifestación de Dios que se puede desarrollar y definir a partir de dicha correlación comporta-

---

3 Jon Sobrino, *Jesucristo liberador. Lectura histórico teológica de Jesús de Nazaret.* San Salvador: UCA, 1992, 41-57.

4 Sobrino, *Jesucristo liberador*, 51. Véase también para lo siguiente.

mientos éticos. ¿Dónde está entonces el lugar de Dios dentro de esta realidad social? Sobrino partió de la premisa de que Dios toma partido por los pobres y redescubrió en ellos al Siervo sufriente de Dios (según Isaías 53) y al crucificado. Seguir a Jesús es para Sobrino interceder por los "pueblos crucificados" (55) o en una formulación más concreta, "bajar de la cruz al pueblo crucificado"[5].

Esta formulación prueba que Sobrino no percibe el lugar social separado de su dimensión política y económica. Así como puede cambiar la realidad socio-política y económica, también la ética tiene que adaptarse a nuevos desafíos. Esto es una necesidad teológica en tanto la ética se oriente por un Dios encarnado que acompaña al ser humano que pregunta por su voluntad en una situación concreta. De esta forma, el lugar social se convierte al mismo tiempo en el lugar teologal, o sea, en un lugar que ayuda a reconocer la presencia de Dios.

Desde el año 1989 en el que se derrumbó la Unión Soviética y el sistema comunista clásico, las condiciones de vida sociopolíticas y económicas de América Latina también sufrieron un cambio importante y se han diversificado considerablemente los planteamientos éticos. En su libro "Otra teología es posible", que trata exhaustivamente el pluralismo religioso, la interculturalidad y el feminismo, Juan José Tamayo resume de manera concisa como sigue:

> Han surgido nuevas experiencias y nuevos sujetos colectivos de liberación: comunidades indígenas, comunidades afroamericanas, comunidades campesinas, niños y niñas de la calle, mujeres doble o triplemente oprimidas, los excluidos de la globalización neoliberal. Se ha producido un espectacular despertar de las religiones indígenas y afrolatinoamericanas y de sus respectivas teologías... con especial sensibilidad hacia situaciones y fenómenos que en la teología de la liberación de las décadas anteriores apenas

---

5 Ignacio Ellacuría, "Las Iglesias latinoamericanas interpelan a la Iglesia de España", *Sal Terrae* 3 (1982), 230; citado por Jon Sobrino, *La fe en Jesucristo. Ensayo desde las víctimas*. Madrid: Trotta, 1999, 57.

se tenían en cuenta, como las experiencias de marginación y de exclusión por razones de etnia, raza, género, cultura, religión, etcétera.

Fruto de esta reformulación en los nuevos contextos culturales, se desarrollan nuevas líneas de vida y de reflexión que intentan compaginar dinamismo profético, rigor metodológico y carácter sistemático. Entre estas teologías cabe citar las siguientes: campesina, afroamericana, indígena, ecológica, pentecostal, la teología desde la perspectiva de género y la teología de la liberación en perspectiva económica como crítica a la religión económica del mercado. No son teologías de genitivo, que incorporen nuevos temas a la reflexión teológica, sino "teologías fundamentales", que intentan dar razón de la fe cristiana en el nuevo contexto cultural y entre las mayorías populares empobrecidos por mor [!] de la globalización neoliberal y de sus efectos perversos.[6]

Tamayo menciona en su escrito tres cambios fundamentales en el panorama de la situación y la teología latinoamericana:

- nuevas experiencias de marginación y exclusión (por razones de etnia, raza, género, cultura y religión);
- nuevos sujetos colectivos de liberación y
- nuevas orientaciones teológicas como la teología feminista, teología indígena, teología afrodescendiente, teología campesina, teología pentecostal, teología interreligiosa e intercultural, teología ecológica, teología económica de la liberación.[7]

Marcan un nuevo contexto cultural, marcado significativamente por la fuerte influencia de la globalización neoliberal y sus efectos perversos.[8]

---

6 Juan José Tamayo. *Otra teología es posible. Pluralismo religioso, interculturalidad y Feminismo*. España, sin lugar: Herder 2011, 197s.

7 Véase también Tamayo, *Otra teología*, 200.

8 Véase Franz Hinkelammert, "La deuda según Anselmo de Canterbury y su interpretación en el capitalismo moderno", en *Radicalizando la Reforma*, editado por Martin Hoffmann, Daniel Beros y Ruth Mooney. San José, Costa Rica: SEBILA, y Buenos Aires: La Aurora, 2016, 101-126; especialmente a partir de 117.

Como consecuencia surgen dos retos centrales para el cristianismo latinoamericano: el pluralismo religioso y cultural, por una parte, y por la otra el planteamiento ecológico.

En el segundo, cuestionando el modelo científico-técnico de desarrollo de la modernidad, por no ser universal y por depredar la naturaleza, verdadero hogar del ser humano, y luchando por la defensa de los derechos de la naturaleza, sometida a una irracional explotación por parte del capitalismo depredador.[9]

En esta breve descripción del lugar social-teologal llama la atención principalmente la complejidad de las situaciones problemáticas y la interrelación de sus diferentes dimensiones. No se puede entender por tanto el aspecto religioso cultural sin considerar la ubicación política económica, ni el desafío ecológico sin considerar los efectos del capitalismo neoliberal que actúa de manera global.

2.2 El lugar religioso-espiritual

Una ética protestante contemporánea no debe concentrarse solamente dentro del espacio de las iglesias que marcan el contexto de América Latina y el Caribe. También aquí el panorama religioso ya supera los límites de la iglesia. La religión también tiene una dimensión cultural y pública que va más allá de las iglesias y en la cual sin duda el elemento protestante juega un papel importante. El panorama religioso de América Latina ha sufrido un cambio dramático en los últimos 20 años. Así se lee en la publicación anual Latinobarómetro, una encuesta pública que reúne sobre 20,000 entrevistas en 18 países latinoamericanos con más de 600 millones de habitantes.[10]

Los resultados reflejan tres desarrollos notables:

---

9 Tamayo, *Otra teología*, 198.

10 "Latinobarómetro. Opinión pública latinoamericana. El Papa Francisco y la religión en Chile y América Latina". *Latinobarómetro 1995 -2017*, sin lugar, 2018, sin pág. Consultado 17 de setiembre, 2018. www.latinobarometro.org. Los números de páginas en el texto provienen de este documento.

(1) La disminución de miembros de la iglesia católica romana. Mientras que en el año 1995 la misma todavía abarcaba el 80 porciento de la confesión de la población, en el 2017 este porcentaje se redujo a 59. En algunos países aislados esta reducción es aún más dramática. Ya son siete los países de la región en los cuales la religión católica no es la dominante, es decir, que ha bajado del 50 porciento de la proporción de la población. La escala va desde la República Dominicana con 48 porciento, por Chile, Guatemala, Nicaragua, El Salvador, Uruguay hasta Honduras con 37 porciento. La reducción más marcada con más de 30 puntos del porcentaje fue en Honduras (-38), Nicaragua (-37) y Panamá (-34). Le sigue un grupo de grandes mermas de más del 24 porciento, al cual pertenecen países como Chile (-29), El Salvador (-27), Brasil (-25) y Costa Rica (-24). De mantenerse esta tendencia ya en poco tiempo serán diez de los dieciocho países los que no presenten una dominancia católica. Hay muchos motivos para esta reducción. Un papel preponderante sin duda juega la pérdida de confianza a raíz de los múltiples casos de abuso sexual infantil a manos de curas católicos, además de la sensación de una enseñanza de moral anticuada y el surgimiento de las iglesias evangélicas y pentecostales.

(2) En el mismo período de 1995 a 2017 es notable el crecimiento de las así llamadas iglesias evangélicas. Este concepto global resume en la encuesta a las iglesias históricamente protestantes (p.ej. luteranas, presbiterianas, bautistas, metodistas, adventistas), a las iglesias evangélicas y al movimiento pentecostal y neopentecostal (Asambleas de Dios, Iglesia Pentecostal de Dios, Iglesia Evangélica Cuadrangular), que lógicamente coinciden entre sí en varios aspectos. El 18 porciento de la población dice en la encuesta pertenecer a una de estas iglesias. Sin embargo, el éxodo en masa tan citado de los católicos latinoamericanos hacia los evangélicos o bien la llegada de la era evangelical no es tan específica si analizamos el tercer resultado de la encuesta.

(3) Los que dicen no tener confesión o adherencia a alguna de las religiones también forman un 18 porciento. Aquellos países que presentan una proporción de más del 20 porciento de personas

sin confesión, o sea, más de una quinta parte de la población, también son aquellos que presentan la menor proporción de católicos. Quiere decir que también en América Latina se puede constatar una creciente secularización.

También es característico para la situación religiosa de Latinoamérica que no resulta tan sencillo demostrar las diferencias clásicas de confesión o denominación. En la encuesta del Pew Research Center del 2014 "Religión en América Latina" ya se anota:

> Muchos latinoamericanos – incluidos porcentajes substanciales de católicos y protestantes – dicen adoptar creencias y prácticas a menudo asociadas con religiones afrocaribeñas, afrobrasileñas e indígenas. Por ejemplo, al menos un tercio de los adultos de cada uno de los países encuestados cree en el "mal del ojo", la idea de que ciertas personas pueden lanzar hechizos o maleficios que causan daño. Las creencias en la brujería y la reencarnación también están muy difundidas ya que las sostiene el 20% o más de la población de la mayoría de los países.[11]

Para un concepto de ética protestante esto representa un doble reto: por una parte, tiene que definir su identidad protestante sin caer en patrones fundamentalistas de razonamiento y por el otro debe demostrar su relevancia para la concepción de la cultura, la sociedad, el estado y la economía. La identidad y la relevancia son criterios para una localización de la ética protestante en el panorama religioso y eclesiástico así como en la vida pública en el sentido de una "teología pública". Orienta la teología o bien la ética hacia una sensibilidad ante los problemas que atañen el bien común y que pueden ser abarcados desde la fe cristiana.[12] R. von Sinner ha formulado seis directrices muy útiles en este sentido:

---

11 PewResearchCenter. Religión en América Latina. "Cambio generalizado en una región históricamente católica", 13 de noviembre de 2014, 7s. Consultado 17 de setiembre, 2018. http://www.pewforum.org/files/2014/11/PEW-RESEARCH-CENTER-Religion-in-Latin-America-Overview-SPANISH-TRANSLATION-for-publication-11-13.pdf.

12 Véase Rudolf von Sinner, *Theología pública. Ciclo de Conferencias Cátedra Mackay*. Universidad Bíblica Latinoamericana. San José, Costa Rica: SEBILA, 2014, 33.

1. El hablar de la Iglesia requiere estar fundamentado en su tradición; 2. precisa ser bilingüe, es decir, compatible hacia afuera con la razón pública; 3. ser adecuado al asunto y, por lo tanto, interdisciplinario; 4. tener carácter crítico-constructivo y 5. localizarse en un contexto global y ecuménico. Más recientemente, se viene añadiendo el tema del carácter profético como una sexta directriz.[13]

En estas directrices se nota una vez más el estrecho engranaje entre la vida religiosa, la social y la pública, y que una ética debe procurar considerarlas a todas.

2.3 El lugar teológico: más allá del fundamentalismo y el relativismo moral

• Protestantismo

El término "protestante" califica por una parte el espacio espiritual en el cual se formulan las preguntas éticas y se buscan sus respuestas. En este sentido, "protestante" se utiliza como término general para las corrientes espirituales e iglesias que surgieron a partir de la Reforma. El atributo usual utilizado en Europa de "evangélico" para aquello que se relaciona al Evangelio, al traducirse al español y en el contexto latinoamericano como "evangelical" se refiere a un cierto tipo de iglesia, a aquellas que se entienden como las que se arraigan en la interpretación literal de la Biblia y con ello argumentan sus conceptos morales mayormente conservadores. Por lo tanto, un concepto de ética que tenga como base a la Reforma bajo tales criterios resulta inútil. Por otra parte, "protestante" también representa la convicción fundamental de la Reforma sobre la justificación solamente a través de la gracia por la fe. Paul Tillich denominó esta posición como el "principio protestante"[14]. Describe la diferencia fundamental entre Dios como razón y fuerza del ser

---

13 Von Sinner, *Teología pública*, 33. Retoma los primeros cinco directrices de Heinrich Bedford-Strohm, "Öffentliche Theologie in der Zivilgesellschaft", en Ingeborg Gabriel (org.), *Politik und Theologie in Europa: Perspektiven ökumenischer Sozialethik*. Mainz: Grünewald, 2008, 346-350.

14 Paul Tillich, *Teología Sistemática I: La razón y la revelación. El Ser y Dios*, 3ª edición. Salamanca: Sígueme, 1982, 58.

vivo y el ser humano como creatura, que se ha distanciado de sí mismo y de esta razón. Pensar de manera protestante en la relación entre Dios y el ser humano significa que para llegar a la aceptación del ser humano, para alcanzar el equilibrio con su esencia y su transformación en "un nuevo ser", solamente se puede lograr a través de la atención y la preparación de Dios. Las preguntas éticas deberán ser abordadas desde este principio básico protestante.

• **Tipos de ética protestante**

La ética protestante en América Latina en los últimos años da la impresión de estar fluctuando entre dos extremos: entre un *biblicismo*, que en partes presenta rasgos fundamentalistas, y un *relativismo*, que se limita a la norma básica del amor al prójimo y por lo demás se orienta según el contexto correspondiente, por más limitado a nivel regional, local, cultural, social o político que éste sea.

Biblicismo

El primer planteamiento encumbra las normas bíblicas y las convierte en instrucciones de comportamiento atemporales queriendo con ello solucionar los cuestionamientos éticos actuales. Sobre todo, en el área de la ética sexual, especialmente en preguntas sobre la homosexualidad y otras orientaciones sexuales, se toman posiciones inamovibles, casi siempre negativas. Sin embargo, esta aparente fidelidad al mensaje bíblico sufre de tres errores fundamentales:

(1) Por una parte, el abordaje bíblico-fundamentalista no considera ni el contexto histórico de las instrucciones bíblicas ni el contexto actual de los problemas. Por ejemplo, la homosexualidad, la cual Pablo rechaza en el contexto de las costumbres en el Imperio Romano, fue marcada por los abusos pedófilos, la promiscuidad y la prostitución cúltica. Esta situación no es comparable con una pareja del mismo sexo en la época actual que exige a la sociedad la aceptación de su vínculo con los mismos derechos ante la ley. Si no se consideran el desarrollo y los cambios de un contexto en el transcurso de más de 2000 años, las instrucciones

bíblicas no son inteligibles. Resultaban plausibles porque se basaban en instrucciones concretas y adecuadas a la situación. Paul Tillich describe perfectamente este error fundamental del fundamentalismo evangélico, cuando dice:

> El fundamentalismo fracasa cuando entra en contacto con el presente y no porque esté atado a una verdad atemporal sino porque está ligado a una verdad de ayer. Convierte algo temporal y pasajero en algo atemporal y de validez eterna. En este sentido presenta rasgos demoníacos. Porque hiere la honestidad de la búsqueda de la verdad, provoca en los creyentes pensantes un desfase entre su conocimiento y su conciencia y los convierte en fanáticos porque tienen que suprimir constantemente elementos de verdad, de los cuales en el fondo están conscientes.[15]

(2) Como segundo punto, sí se le puede conceder al biblicismo que se preocupe por la identidad cristiana, pero quiere vincularla al comportamiento moral y con ello convierte el mensaje liberador de la gracia de Dios, el Evangelio, en ley. Por lo tanto, no es de extrañar que sobre todo en preguntas éticas se pierda la libertad cristiana y con ello la apertura y la tolerancia ante el prójimo.

(3) Y tercero, el biblicismo se concentra principalmente en la segunda de las dos preguntas fundamentales de la ética, la pregunta sobre la convivencia justa, y la quiere contestar con ayuda de leyes morales. Con ello se pierde de vista la pregunta esencial sobre el buen vivir. Bajo el yugo del moralismo, la "verdad que libera" (Jn 8.32) y lleva a la vida, más bien es oprimida.

Relativismo moral

En cambio el segundo planteamiento, el relativismo, aún cuando reconoce la dependencia histórica y cultural de toda ética, expone el juicio ético esencialmente a la situación concreta, porque dice renunciar a los así llamados "principios" cristianos.

---

15 Paul Tillich, *Teología sistemática* I, 9s.

También aquí cabe mencionar tres puntos de crítica:

(1) Por una parte, la renuncia a los "principios" o directrices éticas lleva a un encumbramiento de la valoración subjetiva de una situación. Pero cuando en la ética se trata de la conceptuación de la convivencia en una comunidad, entonces son indispensables los puntos de orientación en común para lograr un consenso.

(2) Por otra parte, cuando la situación específica se toma como último criterio válido para un comportamiento moral, se limita el reclamo universal o bien la capacidad de un diálogo inter-contextual e intercultural.

(3) Y, por último, es evidente que también desde un planteamiento relativista solamente se toma en cuenta en forma adecuada una de las preguntas básicas de la ética: la pregunta sobre un buen vivir, la cual solamente puede ser contestada de forma relativa y dependiente de la situación. La ética relativista se complica en brindar una orientación amplia cuando emite criterios sobre una justa convivencia. A la larga no hace más que referir al mandamiento del amor, un concepto mayormente formal y abstracto.

Estos dos tipos de ética protestante por supuesto no surgieron de manera fortuita. Más bien se deben entender como una reacción a un cambio en los paradigmas.

• **Cambio de paradigmas – de la modernidad a la trasmodernidad**

Los paradigmas son "una constelación general de convicciones, valores, procedimientos, etc., que son compartidos por los miembros de una comunidad determinada."[16]

El teólogo católico Hans Küng, quien adquirió fama por su crítica al Papado y por su "Proyecto de una Ética Mundial", definió en su

---

16 Hans Küng, *El Cristianismo. Esencia e historia*. Madrid: Trotta, 1997, 75. Küng cita la definición de Thomas S. Kuhn, *Die Struktur wissenschaftlicher Revolutionen*, 2ª edición. Frankfurt/Main: Suhrkamp, 1976, 186. Primera edición en español: La estructura de las revoluciones científicas (FCE, México), 1971. Los siguientes números indicados en el texto se refieren al libro de Küng.

gran obra "El Cristianismo" la historia del mismo marcada por la secuencia de seis paradigmas. A su juicio, el panorama teológico actual lucha de diferentes maneras con la disolución del paradigma de la modernidad. Pero surge la pregunta controversial de si ya por eso se ha iniciado un nuevo paradigma, el de la posmodernidad. Küng explica con su concepto de "trasmodernidad" el hecho de que la teología requiere de un nuevo inicio después de la "Dialéctica de la Ilustración" o inclusive de la "Dialéctica de la modernidad" (768). ¿Cuál es la situación con la dialéctica de la modernidad, y es éste un problema específicamente europeo o global?

Por una parte, son innegables los enormes avances en la así llamada época moderna en las áreas de las ciencias, la tecnología, el estado, la sociedad y el derecho, como por ejemplo el desarrollo de la medicina, la democratización y los derechos humanos. Pero por el otro lado no se pueden ignorar los lados oscuros. Küng resume las preguntas críticas a la época moderna:

- Se dio un progreso de la *investigación científica* en todos los campos. Pero ¿dónde quedó el *progreso moral* simultáneo capaz de impedir el abuso de la ciencia (por ejemplo, en física, química y biología)?
- Se desarrolló una muy eficiente *gran tecnología* mundial. Pero no en igual medida la *energía espiritual* capaz de poner bajo control los riesgos de la tecnología perceptibles por doquier.
- Se llegó a una *economía* que operaba y se expandía por todo el mundo. Pero ¿cuáles son los recursos de la *ecología* para hacer frente a la destrucción de la naturaleza, también de dimensión mundial, ocasionada por la industrialización?
- En el curso de un desarrollo complejo la *democracia* se impuso de forma lenta también en muchos países no europeos. Pero no se impuso una *moralidad* que reaccionara contra los masivos intereses de poder de los diversos hombres y grupos de poder (769).

La dialéctica de este desarrollo está en que los "principios de acción" (769) de la modernidad que iniciaron e impulsaron este empuje de desarrollo se desbarataron simultáneamente y son responsables de las consecuencias negativas. Küng sostiene que son los tres principios de acción, la razón, el progreso y la nación. Se podría añadir como cuarto principio de acción la libertad.

(1) En la época de la Ilustración, en el nombre y bajo la dirección de *la razón*, se llevó a cabo *"la salida del hombre de su auto infligida minoría de edad"* (Kant). La crítica y el cuestionamiento de toda autoridad, desde la nobleza y la iglesia hasta el estado y la religión resultaban más que urgentes y tuvieron como consecuencia la autocrítica de la razón. La claridad, la eficiencia y la objetividad se convirtieron en las características de definición del actuar científico y económico. Pero en medida de que otras dimensiones del ser humano como el reconocimiento intuitivo-global, la percepción, el sentir y el experimentar (769) pasaron a segundo plano, la razón se fue degenerando hacia una razón instrumental para convertirse en simple *eficiencia*. La represalia fue una destrucción desmedida de la naturaleza con consecuencias globales. Donde el hombre se entiende como sujeto autónomo la naturaleza se convierte en objeto de sus deseos. Puede ser explotada libre y eficazmente. El trasfondo espiritual del actuar individual y colectivo de la modernidad es precisamente esta separación entre sujeto y objeto. A Latinoamérica le tocó sufrir la razón deformada durante la centenaria colonización que destruyó pueblos enteros y que actualmente sacrifica a seres humanos y especies animales con un sistema económico global neoliberal dirigido al beneficio material de unos pocos actores.

(2) El segundo móvil de la modernidad es la creencia en un progreso infinito, no solamente en el campo técnico-científico sino también en el desarrollo de la humanidad. Se refleja en las grandes utopías del siglo XIX: la sociedad sin clases (socialismo), la sociedad civil libre (liberalismo) o el humanismo perfecto (humanismo). Entre más esta creencia en el progreso se vio envuelta por la nueva ideología general del economismo. La idea de progreso degeneró netamente en un *crecimiento económico*. Este nuevo principio de acción se infiltra en la actualidad cada vez más en todos los aspectos de la vida y tiene consecuencias

nefastas especialmente en el así llamado Tercer Mundo, porque las ganancias del crecimiento se van a los países que invierten o como mucho quedan entre las élites de los países locales. Las consecuencias visibles a nivel global son la explotación de los recursos, los monocultivos y expropiaciones de tierra, las crisis de endeudamiento y el cambio climático.

(3) El tercer principio de acción de la modernidad, la *nación*, fue originalmente un programa de emancipación con el cual algunos pueblos en particular alcanzaban su libertad e independencia gubernamental. Principalmente en Europa este movimiento terminó en una supremacía absoluta de la nación, el nacionalismo, que tuvo su desbordamiento en dos sangrientas guerras mundiales. Un pensamiento político basado en el internacionalismo con Naciones Unidas, regulaciones internacionales de derechos humanos y tratados de paz está siendo socavado hoy en día por nuevos partidos nacionalistas (en Europa) y por la progresiva oligarquización de las democracias (en Latinoamérica). Las consecuencias son migración, xenofobia y guerras.

(4) El cuarto principio de acción de la modernidad que se pudiera agregar, la *libertad*[17], nació de la necesidad de apertura espiritual, autonomía e independencia. Se refiere por tanto a la libertad interior (espiritual) como también a la libertad exterior (social). La idea liberal del modernismo es en su esencia la libertad civil y sus condiciones sociales, políticas y económicas. Sobre esta idea se basa la implementación de derechos personales (derechos de libertad, de defensa, de afiliación) derechos estatales de los ciudadanos (derechos de participación política) y derechos económicos de los ciudadanos (existencia socioeconómica y derecho de participación). El estado de derecho social y democrático brindaba por lo tanto la institución marco adecuada para estos fines.

---

17 Véase en lo siguiente: Peter Ulrich, *Zivilisierte Marktwirtschaft. Eine wirtschaftsethische Orientierung*, 2ª edición. Freiburg i. Breisgau: Herder, 2005, 72-78.

Esta libertad del ciudadano se transforma dentro del curso de un capitalismo liberado de regulaciones estatales desde los años 80 y se reduce económicamente a la *libertad de mercado*. Con ello la posesión de esta libertad se traslada a los así llamados *"global players"* a costas de las mayorías dependientes. En países como México o Argentina se puede observar en los últimos años cómo se hace cada vez más grande la brecha entre ricos y pobres a pesar de las promesas falsas de un intercambio justo de bienes y servicios dentro de un sistema económico neoliberal.

¿Cómo reaccionar a este cambio de paradigmas – también desde el punto de vista teológico? El fundamentalismo y el relativismo moral no son respuestas suficientes. Mientras que el fundamentalismo detrás del paradigma de la modernidad (razón, progreso, nación, libertad) con sus contradicciones regresa y señala a la Biblia como libro infalible e inequívoco para ganar seguridad, el posmodernismo postula el fin del modernismo, pero solamente ofrece como alternativa a los principios de acción contradictorios un pluralismo radical o un relativismo. Con esto no se puede solucionar la problemática del modernismo.[18] Con la introducción del término "trasmodernismo", Küng se distancia de ambas tendencias y exige un manejo diferenciado con el modernismo.

Si el cristianismo quiere sobrevivir a su segundo milenio, en vez de condenar la modernidad tiene que afirmar su contenido humano: ¡nada de subcultura católico-romana! Aunque al mismo tiempo tiene que combatir las reducciones inhumanas y las repercusiones destructivas de la modernidad: ¡nada de concesiones modernistas y nada de venta por liquidación de sustancia cristiana! Por consiguiente, el cristianismo tiene que superar ambas posiciones en una síntesis diferenciada pluralista-holística, a la que se puede llamar en buen sentido "trasmoderna".[19]

Para ello formula cuatro áreas de problemas para los cuales la teología debe mostrar el camino:

---

18 Véase Küng, *El Cristianismo*, 772-775.
19 Küng, 775.

- la dimesión cósmica: hombre y naturaleza;
- la dimensión antropológica: hombre y mujer;
- la dimensión sociopolítica: ricos y pobres;
- la dimensión religiosa: hombre y Dios.[20]

Naturalmente una concepción de una ética protestante no puede abarcar el manejo de todas las áreas de problemas materiales relevantes, sino más bien debe elaborar un marco teórico que ofrezca perspectivas de percepción y perspectivas de acción. Debe estar situada más allá del fundamentalismo y del relativismo moral y por tanto dirigirse hacia un tercer camino de la concepción ética.

• **Ética de identidad**

Por razones obvias se presenta la orientación con el más afilado pensador del cristianismo, quien concibió la ética de manera que trascendiera las culturas y las religiones: Pablo. Criado en un ambiente helenístico, anclado en el judaísmo fariseo, convertido al cristianismo, Pablo coloca su planteamiento sobre la ética en el horizonte del mundo de aquel entonces.

Su planteamiento deja entrever cómo se determina la identidad cristiana de cara a los desafíos de esa época y las situaciones concretas de sus comunidades. A partir de lo anterior deduce perspectivas de acción. El concepto de identidad parece precisamente adecuado para servir de puente entre una orientación según la situación y una orientación según la Escritura.

3. El modelo de una ética de identidad

3.1 La identidad cristiana

• **El concepto de la identidad es ambiguo**

Los resultados de las investigaciones desde los puntos de vista de la filosofía, la sociología y la psicología brindan una amplia gama de conceptos apenas compatibles entre sí. Para lo que nos concierne,

---

20 Küng., 778.

la pregunta acerca del sujeto de la ética, sus conceptos de vida y los criterios para la convivencia de las personas, hay dos conocimientos fundamentales: la dialéctica de la identidad personal y social, así como el carácter dinámico de la identidad.

- **Identidad de la persona**

Bajo el concepto de identidad generalmente se entiende desde el punto de vista de la lógica la armonía completa de un individuo o un grupo consigo mismo. La *dimensión personal* de la identidad describe el sentimiento interno de un Yo igual a uno mismo, una conciencia del ser inconfundible y su afirmación (según E. Erikson[21]). La individualización es un proceso psicológico en el cual se desarrolla el Yo singular y su autonomía. Sin embargo, ésto no sucede en referencia a uno mismo, como lo sugirió la filosofía de la subjetividad de la Era Moderna, sino en un intercambio en la relación del individuo con el mundo, o sea el resultado de sus diferentes experiencias sociales (según E. Goffman[22]). De la dimensión personal de la identidad surgen preguntas éticas como "¿Quién soy yo?", "¿Cómo quiero llevar mi vida?", "¿Cuál es para mí el sentido de la vida?".

- **Identidad social**

De estas preguntas se desprende que las respuestas no pueden venir exclusivamente de la apreciación del Yo individual. Es decisivo el estar anclado en circunstancias y experiencias sociales. Se expresa en la *identidad social*. Incluye las características de un grupo o comunidad, su entendimiento de sí mismo, sus relaciones, sus

---

21 **Véase** Erik H. Erikson, *El ciclo vital completado, 1ª reimpresión*. Mexico D.F.: Paidós Mexicana, 1988.

22 **Véase** Erving Goffman, *Estigma. La identidad deteriorada*, 1ª ediciòn, 10ª reimpresión. Buenos Aires-Madrid: Amorrortu, *2006* y Goffman, *Behavior in public places: Notes on the social Organization of Gatherings*. New York: Macmillan, 1963.
También Jürgen Habermas retoma este entendimiento de la identidad del Yo en su escrito "Desarrollo de la moral e identidad de yo", en *La reconstrucción del materialismo histórico*. Versión castellana de Jaime Nicolás Muñiz y Ramón García Cotarelo, 1ª ediciòn. Madrid: Taurus 1981, 57-84.

recuerdos y su conciencia colectiva. De este planteamiento surgen preguntas éticas como "¿Cuál visión de una buena vida une nuestra comunidad?", "¿Cómo llevamos a la realidad una convivencia justa?". Por tanto, la formación de la identidad se lleva a cabo en una dialéctica constante entre la apreciación propia y la apreciación externa, entre individualización e integración social. Formulado de manera más extrema: la identidad surge en el otro. En esta dialéctica se visualiza la categoría de la "alteridad" destacada por Emmanuel Levinas[23].

• **La dinámica de la identidad**

El segundo aspecto importante para nuestra base de la ética es la observación de que las identidades se desarrollan. Aún cuando en la identidad se trata de la armonía con uno mismo, el Yo de un individuo o de un grupo nunca es rígido e inamovible. La dialéctica de las relaciones promueve una dinámica interna de la identidad. El desarrollo siempre sucede a través de encuentros, experiencias y conflictos. En ellos la propia identidad se manifiesta y a la vez siempre se forma de nuevo. Por lo mismo la identidad propia no puede ser simplemente aplicada como concepto fijo en cuestiones éticas ante preguntas concretas, por ejemplo a modo de: "Nosotros los cristianos rechazamos este o aquel comportamiento." Más bien el propio auto-conocimiento debe exponerse a las preguntas concretas y estar en la disposición de revisarse.

En este punto también es de peso la perspectiva teológica, ya que la persona creyente existe en una relación viva con Dios que sostiene y define su vida, así como la mueve y la transforma. Para ello el mismo Pablo es el mejor ejemplo: siendo "fanático" de la ley persiguió a los cristianos. A través de su encuentro visionario con Cristo antes de llegar a Damasco su identidad hasta el momento no sólo se puso en revisión, sino que realizó un completo viraje. Su euforia, su compromiso y su abnegación siguieron iguales, pero los objetivos de su vida sufrieron un cambio al igual que su entendimiento de la Escritura y su pertenencia a una nueva comunidad.

---

23 Véase Emmanuel Levinas, *La huella del otro*, 1ª edición. Traducido del francés por Esther Cohen. Madrid: Taurus, 2000.

- **Identidad narrativa**

La identidad se basa entonces en sus diferentes formas en experiencias, su entendimiento y asimilación por una persona (individual) o por un grupo (colectiva). Pero las experiencias se expresan y transportan verbalmente a través de historias. Por tanto, existe mi historia de vida personal, la historia de mi cultura, de mi pueblo y también la de mi comunidad de fe. Estas diferentes historias sostienen la respectiva personalidad. Si hablamos de identidad cristiana, nos referimos tanto a la historia de mi fe religiosa personal como también a la historia de fe de una comunidad o de la comunidad de cristianos. Puede que discrepen en algunos puntos, pero si tienen los mismos rasgos fundamentales. Están formulados en el Credo cristiano. Tiene vida por la concordancia con la historia bíblica completa, la cual a su vez se compone de incontables historias individuales.

Dietrich Ritschl incluyó este planteamiento en su así llamado "story concept"[24] (*concepto-historia*). Las diferentes historias de la Biblia transmiten toda la variedad de las experiencias cristianas. Sin embargo, están entrelazadas en la historia completa de Dios con su mundo. Ésta tiene como meta exclusiva la "transfiguración de toda realidad al nuevo mundo de la justicia de Dios". La formulación es muy acertada para la línea interna o el desglose interno de la totalidad de la historia bíblica, ya que desde la primera hasta la última página se trata del quehacer de Dios, de reconciliar la distancia provocada entre el mundo real existente y su destino esencial de la buena creación. Con todo derecho se puede describir como un proceso de "transfiguración" su actuación con el pueblo de Israel en el Antiguo Testamento, la alianza, la entrega de la Torá, el anuncio profético de una nueva humanidad y de un nuevo mundo y finalmente, en el Nuevo Testamento, la aparición de este nuevo Ser, con su cualidad de justicia y la promesa de su implementación. "Jesucristo ocupa un rol central para los cristianos en esta historia global" (294), ya que es desde su persona que se puede entender en esta perspectiva la "transfiguración" de la abundancia de las historias individuales.

En Pablo se puede observar fehacientemente cómo se logra una reflexión ética desde una identidad definida desde la Biblia.

3.2 La ética de identidad en Pablo

Pablo describe su comprensión de la ética cristiana de la manera más explícita en el párrafo aleccionador de la carta a los romanos, en los capítulos 12 a 15. En ellos presenta la siguiente estructura:[25]

I. Parénesis general Cap. 12-13

12.1-2	Introducción con un motivo principal: servicio religioso en medio del mundo La renovación del pensamiento y el distanciamiento "de este mundo"
12.3-21	*Parénesis de comunidad:* a) Responsabilidad con las funciones dentro de la comunidad: los carismas – 12.3-8 b) Responsabilidad ante "hermanos" y enemigos: el amor – 12.9-21
13.1-7	*Parénesis del estado:* a) Reconocimiento de las autoridades estatales para la implementación de lo bueno – 13.1-5 b) Advertencia a los cristianos de pagar sus impuestos – 13.6-7
13.8-14	*Resumen*: a) El mandamiento del amor – 13.8-10 b) La cercanía del nuevo Reino de Dios – 13.11-14

---

[25] Según Ernst Käsemann, *An die Römer*, 2ª edición. Tübingen: Mohr/Siebeck, 1974, 308 s. y Gerd Theissen y Petra von Gemünden, *Der Römerbrief. Rechenschaft eines Reformators*. Göttingen: Vandenhoeck & Ruprecht, 2016, 83.

II. Parénesis especial Cap. 14-15:
Los fuertes y los débiles en la comunidad

14.1-12	Responsabilidad ante Dios (el Juicio Final) – argumento escatológico
14.13-23	Respeto y tolerancia – argumentos antropológicos
15.1-7	El sufrimiento de Cristo como ejemplo de aceptación mutua – argumento cristológico
15.8-13	Llamado a un culto religioso conjunto entre judíos y paganos
15.14-21	Poder de representación del apóstol y planes de viaje

En la parénesis general en Ro 12-13, Pablo fundamenta su ética sobre el *comportamiento del hombre renovado por la fe*. Vive su nuevo ser como miembro de una comunidad cristiana.

Desde esta perspectiva retoma los desafíos a los cuales se enfrenta concretamente esta comunidad en Roma: sus planteamientos en búsqueda de una estructura comunitaria basada en carismas (12.3-8), el trato interno entre ellos mismos y con sus enemigos (12.9-21), así como la relación con los organismos estatales y su autoridad (13.1-7). De ambos deduce normas de acción concretas para el comportamiento de los cristianos.

En su ética se trata por lo tanto de un *modelo de correlación* que une entre sí tres aspectos fundamentales:

- La situación concreta,
- la identidad cristiana con sus perspectivas específicas de apreciación del mundo y de la realidad, y
- las perspectivas concretas de acción.

Esta aseveración se puede observar claramente tanto en la introducción como en el resumen que sirven de marco para las indicaciones inherentes en el texto.

En 12.1-2 dice como sigue:

> Por lo tanto, hermanos, tomando en cuenta la misericordia de Dios, les ruego que cada uno de ustedes, en adoración espiritual, ofrezca su cuerpo como sacrificio vivo, santo y agradable a Dios. No se amolden al mundo actual, sino sean transformados mediante la renovación de su mente. Así podrán comprobar cuál es la voluntad de Dios, buena, agradable y perfecta.

(1) En su introducción, Pablo se dedica primero a la pregunta: *¿Quiénes somos los que actuamos?* Es clara la referencia a la *identidad del actor* cuando les recuerda la misericordia de Dios; porque con ello coloca a los cristianos dentro de la historia de esta misericordia.

La misma abarca desde la liberación de Israel de la esclavitud en Egipto, pasando por la alianza en el Sinaí, el otorgamiento de la Torá y el regreso del exilio hasta la historia de Jesús, su vida, su muerte y resurrección, así como el impacto de su espíritu en la comunidad y en una nueva humanidad. Lograr entenderse como parte de esta historia significa una renovación completa para el ser humano en cuerpo y espíritu. Pablo la había descrito anteriormente en detalle en Ro 6-8 como la salvación del pecado, ley y muerte y como la liberación hacia una nueva vida en el espíritu de Cristo. La identidad cristiana consiste para Pablo en este cambio de espíritu (Ro 7.6). No se basa en un logro humano, sino en el actuar benevolente de Dios (gracia) que se adquiere en la fe. Naturalmente Pablo es lo suficientemente realista para ver, que la nueva vida en el espíritu de Cristo solamente se puede realizar de manera fragmentada y simbólica bajo las condiciones de la existencia humana. Es la tensión a lo interior del ser humano entre el viejo estado de cosas en su ser y la nueva existencia en Cristo. En Ro 8, Pablo expresa esta tensión con el par de opuestos de la carne y el espíritu:

> Los que viven conforme a la naturaleza pecaminosa fijan la mente en los deseos de tal naturaleza; en cambio, los que viven conforme al Espíritu fijan la mente en los deseos del Espíritu. La mentalidad pecaminosa es muerte, mientras que

> la mentalidad que proviene del Espíritu es vida y paz. ... Sin embargo, ustedes no viven según la naturaleza pecaminosa sino según el Espíritu, si es que el Espíritu de Dios vive en ustedes. Y si alguno no tiene el Espíritu de Cristo, no es de Cristo (Ro 8.5-6; 9)

Primero, Pablo recuerda a la comunidad estos aspectos fundamentales de la identidad cristiana antes de exhortarlos a ofrecer sus vidas en sacrificio. Con ello Pablo se distancia del entendimiento estrecho del culto religioso como una celebración litúrgica o incluso culto de sacrificio exclusivamente. Un *servicio religioso racional* es para él algo mucho más amplio, es una nueva forma de vida, una vida en el espíritu de Cristo. Pablo toma en serio el hecho de que los cristianos están envueltos en los acontecimientos mundanos de la vida. También en éstos los cristianos gozan de la protección misericordiosa de Dios. Por ende, la rutina diaria se convierte igualmente en un servicio religioso. Pablo rechaza todas las expresiones de doble existencia – aquí persona privada, allí empresario o empresaria; aquí moral, allí obligaciones autónomas. Por tanto, la identidad del cristiano se define desde la historia de Dios la cual abarca todos los aspectos de la vida. Es una historia de misericordia. Los cristianos del mundo deben orientarse y actuar según la misma. Los reclamos de Pablo siempre han tenido esta percepción de la realidad.

(2) Segundo, Pablo retoma los cuestionamientos acerca del *lugar y el objetivo del comportamiento ético*. No resulta insignificante *en dónde y hacia dónde* se desarrollan el comportamiento y las acciones. En la pregunta por el "dónde" se puede reconocer la percepción de la realidad. Pablo formula: *"No se amolden al mundo actual".* En una época del mundo en declive la conducta de los cristianos solamente puede ser una actitud crítica básica ante las estructuras y los sistemas de este mundo. Los cristianos deberán orientarse no por ese mundo sino por el mundo nuevo nacido en Cristo. Por lo tanto prosigue: *"sino sean transformados mediante la renovación de su mente."* El ser cristiano tiene carácter escatológico. Es prueba de una nueva era en Cristo. La

vida cristiana -hablando en sentido figurado- sucede a partir de un "renacimiento", con una nueva orientación y una nueva razón de ser como vida en el espíritu de Cristo.

(3) Y Pablo da todavía un tercer paso. Lo que corresponde a esta nueva era mundial no se puede definir en normativas atemporales, sino debe cristalizarse como resultado de un *proceso de evaluación*. Por eso escribe: "A*sí podrán comprobar cuál es la voluntad de Dios*".

Esta comprensión de la voluntad de Dios es fundamental para toda la ética de Pablo y toda ética que sigue su lógica. Cuando esta "nueva era" y el "nuevo sentido" del hombre afloran actualmente en la fe y empiezan a alumbrar simbólicamente donde actúa el espíritu de Cristo, allí es imposible regular esta voluntad con leyes y normas de validez atemporal. Esto confinaría la voluntad de Dios a un tiempo en la historia y lo manejaría de manera objetiva. Se trata más bien de volver a encontrar repetidamente esta voluntad en cada contexto concreto. Para ello las experiencias pasadas pueden servir de orientación, pero por eso mismo hay que revisar cada vez de nuevo lo que es adecuado a su voluntad, a la vida en el espíritu de Cristo.

Entonces, antes de formular normas o indicaciones de comportamiento, Pablo aclara quiénes son las personas afectadas desde el punto de la vista de la fe, hacia adónde y hacia qué conceptualizan su existencia y cómo adquieren la orientación que necesitan.

El *resumen* de la parénesis general 13.8-14 confirma este planteamiento. Pablo enfatiza aquí dos motivos centrales:

- el mandamiento del amor: *"Ama a tu prójimo como a ti mismo"* (13.9) y
- la perspectiva de esperanza de un nuevo Reino de Dios: *"La noche está muy avanzada y ya se acerca el día"* (13.12).

Se encuentran nuevamente las preguntas de un inicio: en el mandamiento del amor la pregunta "quién": ¿Quiénes somos nosotros como cristianos? Respuesta: Aquellos que tenemos a Dios como nuestro Padre y al prójimo como nuestro hermano o hermana. En la mención de la cercanía del nuevo Reino de Dios las preguntas del "dónde" y "hacia qué": ¿Dónde se desarrollan nuestra vida y nuestro comportamiento y qué le sirve de orientación? Respuesta: En la nueva era de Cristo y se orienta por su nuevo Reino.

- **Resumen intermedio**

De esta forma, Pablo desarrolla un planteamiento de ética que se orienta tanto por una situación concreta como también por una identidad propia con sus ópticas inherentes de apreciación de las cuales surgen las perspectivas de acción. La identidad propia está marcada por la historia de Dios con sus creaturas, así como la comunidad cristiana lo confiesa en su Credo. Se alinea por la esperanza de un nuevo reino y busca corresponderle practicando el amor. Con su *tríada de fe, esperanza y amor*, Pablo describe de manera comprimida la identidad de las personas que viven en el espíritu de Cristo.

Este hecho no se encuentra solamente aquí en Ro 12-13, sino desde antes, en su primera carta que dirige a la comunidad de Tesalónica 1.3:

> Los recordamos constantemente delante de nuestro Dios y Padre a causa de la obra realizada por su fe, el trabajo motivado por su amor, y la constancia sostenida por su esperanza en nuestro Señor Jesucristo

y también en su primera carta a los Corintios 13.13:

> Ahora, pues, permanecen estas tres virtudes: la fe, la esperanza y el amor. Pero la más excelente de ellas es el amor.

- **La parénesis especial**

El planteamiento ético de Pablo tuvo que probarse en su parénesis especial en relación a la disputa comunitaria entre fuertes y débiles en Ro 14-15.

El conflicto en la comunidad romana gira alrededor del disfrute de carne y vino, así como del cumplimiento de las fiestas. Existe un roce de las tradiciones judío-cristianas orientadas por los preceptos de la Torá en contraposición a las tradiciones cristiano-paganas que reclaman la libertad por la fe. Sin embargo, contrario al conflicto en Corinto, en Roma se trata de la renuncia absoluta al consumo de carne y vino, la cual no se encuentra definida así en la Torá (véase Dt 12.15 e Is 25.6). Probablemente hay otras razones involucradas, por ejemplo, la política de los emperadores romanos, quienes temporalmente prohibieron la venta y el consumo de carne en las tabernas. De esta forma solamente los ricos (los "fuertes") que contaban con hogueras en sus casas, podían preparar carne. Los pobres se convirtieron así en los "débiles". Pero Pablo va más allá: de la solución de este conflicto se desprendería si su programa de universalización de una comunidad mesiánica de judíos y paganos, de ricos y pobres, tenía del todo una posibilidad de convertirse en realidad. Por ello en su argumentación Pablo recalca una y otra vez las convicciones que promueven una identidad común.

Desde la *fe* en un Dios creador de justicia definitiva, Pablo puede exigir la renuncia a los juicios humanos:

> Para esto mismo murió Cristo, y volvió a vivir, para ser Señor tanto de los que han muerto como de los que aún viven. Tú, entonces, ¿por qué juzgas a tu hermano? O tú, ¿por qué lo menosprecias? ¡Todos tendremos que comparecer ante el tribunal de Dios! (14.9s.).

El ejemplo de Cristo, quien murió por todos los humanos, implica el concepto del amor por "los débiles". El *amor* se enaltece en el respeto y la tolerancia ante aquellos que piensan distinto:

> Ahora bien, si tu hermano se angustia por causa de lo que comes, ya no te comportas con amor. No destruyas, por causa de la comida, al hermano por quien Cristo murió (14.15).

La *esperanza* de una unión entre judíos y paganos relativiza de manera muy evidente los conceptos humanos de juicio:

> El reino de Dios no es cuestión de comidas o bebidas sino de justicia, paz y alegría en el Espíritu Santo. El que de esta manera sirve a Cristo, agrada a Dios y es aprobado por sus semejantes (14.17s.).

La revisión de Ro 12-15 deja entrever una estructura clara de aquellos aspectos que para Pablo definen el pensamiento ético de los cristianos: se trata de la *identidad* cristiana con su apreciación específica del mundo y de la vida. Pablo se refiere aquí a la justicia de Dios, al ejemplo de Cristo y al reino venidero de Dios.

Estas perspectivas se expresan en los *motivos de comportamiento ético* que Pablo quiere presentar a los cristianos romanos: la renuncia a juzgar a los demás, el respeto y la tolerancia y la unión en la comunidad. En el contexto de este conflicto concreto Pablo exige como *comportamiento ético* la renuncia a comer carne y consumir vino también por parte de aquellos que se consideran los "fuertes".

• **Resumen**

Por lo tanto, Pablo asume una posición en relación al conflicto en la comunidad romana, haciendo un recorrido por el círculo hermenéutico de descripción de la situación, procedimiento de evaluación e indicación de acción. Es evidente la similitud con la hermenéutica de la Teología de la Liberación de "ver-juzgar-actuar". El modelo se puede presentar gráficamente de la siguiente forma:

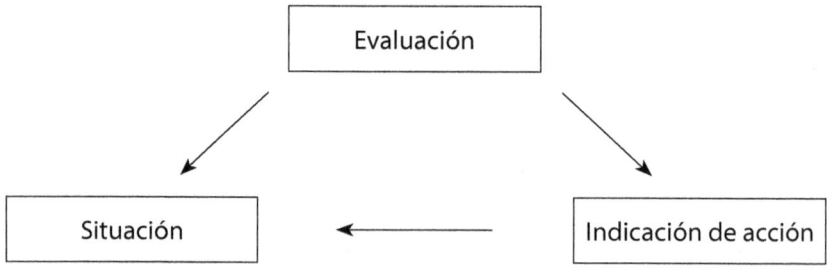

¿Cuál es el concepto ético que podemos rescatar para hoy día de este planteamiento de Pablo?

4. El margen del comportamiento ético – Una ética protestante de la identidad

Si somos seguidores de las enseñanzas de Pablo, la situación ética se puede comprender entonces como un margen que se abre en un nuevo horizonte de fe, esperanza y amor y que da cabida a diferentes opciones de comportamiento. En base a las convicciones comunes de fe y de perspectivas de fe queremos investigar y analizar estas opciones. No es hasta entonces que podemos tomar una decisión concreta sobre una forma de comportamiento que sea justa tanto a la situación como a los lineamientos propios. El concepto de "margen" implica dos aspectos esenciales para el comportamiento ético: por una parte, el hecho de que en la mayoría de las situaciones existe más de una forma de comportamiento éticamente sostenible. Precisamente por eso Pablo nos insta a preguntarnos cuál es la voluntad de Dios, qué es lo "bueno", lo que agrada a Dios, lo "perfecto". Si solamente hubiera opciones "buenas" o "malas" no sería necesario un proceso de evaluación, bastaría una decisión. Por otra parte, el concepto "margen" indica que la evaluación no sucede en un espacio libre de valores y normas, sino que más bien se debe orientar según ciertas señales de guía o indicadores éticos. Como ya se había mencionado, Enrique Dussel nombró este margen el marco teórico, desde el cual se pueden reflexionar los problemas actuales.

Este procedimiento paulino se asemeja por tanto bastante al juego de ajedrez.

Es uno de los pocos juegos que no se basa en la suerte como los juegos de dados o cartas, sino sobre decisiones precisas. El jugador se encuentra en una situación de juego concreta, tiene que pensar bien su próxima movida, decidir y ejecutar. El patrón de juego aquí también es esencialmente percibir, evaluar, actuar. Frecuentemente hay varios posibles movimientos y quizás también razonables en una misma constelación. Habrá que decidir cual será la movida adecuada. A todo ello, el ajedrez por supuesto se juega en un sistema definido con reglas definidas que hay que observar.

Movidas completamente arbitrarias destruirían este "marco teórico". Tanto en el juego de ajedrez como en la ética existen además movidas que se realizan de rutina, sin mayor reflexión, como p.ej. en la fase inicial del juego, y hay movidas que se realizan después de mucho análisis y de una angustiosa decisión. Habrá que considerar todavía este factor en la ética.

Antes de llegar a la toma de decisiones éticas, describamos primeramente este marco teórico.

4.1 El marco teórico

En una ética protestante orientada según el modelo de Pablo se trata de un proceder acorde a la propia identidad con sus propias perspectivas de percepción, motivos, normas y criterios, así como posibles formas de comportamiento. Estos cuatro aspectos definirán la evaluación ética.

Esto es algo fundamentalmente distinto que la aplicación directa de frases aisladas o capítulos bíblicos a situaciones concretas. Este procedimiento solamente sería posible en casos excepcionales con una analogía directa entre situaciones de entonces y de hoy. Por lo general se debe poner el caso actual de la pregunta ética en relación con los aspectos básicos de la identidad cristiana para buscar el comportamiento adecuado. Los aspectos éticos fundamentales de una decisión no siempre están a la vista. Más bien se entrelazan e influyen los unos a los otros y frecuentemente se mezclan entre sí. Esto explica por qué los conceptos utilizados en el debate ético no siempre son claros o generan confusión. Se habla de valores, convicciones, principios, normas, mandamientos, orientación según contexto, obligaciones y virtudes, sin que quede clara la relación interna de los mismos. Sin embargo, esta relación se puede dar si se dividen estos conceptos según categorías de contenido ético y se colocan en relación entre ellos de la siguiente manera:

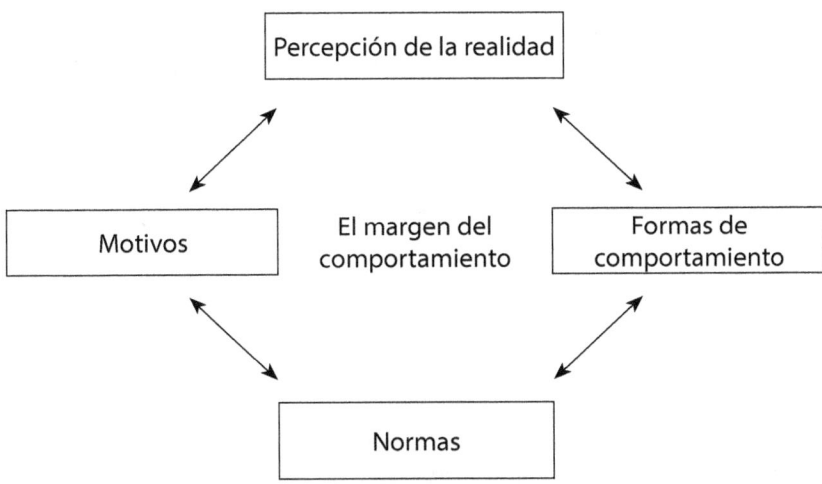

Quiere decir que los *motivos* forman el lado interno de la moral o del *ethos*, mientras que las *formas de comportamiento* representan el lado externo y la figura del *ethos*. Las *normas* se encuentran en medio de ellos y unen el lado interior con el lado exterior; son las reglas vigentes en un grupo social (p.ej. un grupo, un pueblo, una comunidad) y orientan el comportamiento de sus miembros. Son por tanto el eslabón que une ciertos motivos éticos con formas y modelos concretos de comportamiento.[26]

Como ejemplo se puede mencionar la norma que Pablo dicta a los "fuertes" de Roma: ¡No pongan tropiezos a los débiles! Fortalece la unidad de la comunidad como bien ético (motivo) y se caracteriza en una cierta forma de comportamiento, en este caso en la negación del placer de consumir carne y vino.

Sin embargo, los motivos, las normas y las formas de comportamiento no nacen de una reflexión meramente de conceptos, sino se basan en una historia bíblica conjunta, desde la cual se entiende la comunidad cristiana. La misma conlleva ciertas perspectivas de percepción del mundo y de la realidad. Sin embargo, "realidad" no es

---

26 Según Rainer Mayer, *Ethik lehren. Grundlagen, Hermeneutik, Didaktik.* Stuttgart: Calwer, 1982, 19.

simplemente lo que existe y lo que es empíricamente constatable. Realidad significa más bien el horizonte ante el cual se percibe el mundo y por el cual todo el comportamiento está estructurado. Por una parte, las perspectivas de percepción contienen un fuerte momento subjetivo, porque las mismas no se pueden separar de la persona individual, de su historia, su sentido de la vida, su fe, en breve, de su identidad. Por otra parte, se transmiten perspectivas intersubjetivas e interpretaciones del mundo dentro de una historia de fe común y el Credo de los cristianos, en las cuales el individuo está íntimamente ligado. Es aquí donde la comunidad cristiana entra en juego como sujeto ético. Por tanto, últimamente la *identidad* de los sujetos es la que define sus perspectivas de percepción y de comportamiento.

Hay que reconocer, sin embargo, que las formas de comportamiento, las normas y los motivos también influyen en la percepción de la realidad. Este proceso es típico por ejemplo para la socialización de niños. Este tema será tratado más a fondo cuando se hable sobre el tema del nacimiento de la conciencia ética.

Estos cuatro aspectos de la reflexión ética delimitan el margen de comportamiento, dentro del cual hay que decidir sobre el juicio adecuado y la forma de comportamiento respectiva. ¿Ahora cómo se llenan de contenido en el contexto cristiano?

4.2 La identidad ética: Vivir en fe, esperanza y amor

La fe, el amor y la esperanza describen al hombre renovado por el espíritu de Cristo y a la comunidad que vive en su espíritu, dice Pablo.[27] La ética cristiana empieza con el hombre renovado porque se apoya en la actuación de Dios con los humanos, con su misericordia

---

27 La siguiente descripción de fe, esperanza y amor se orienta ligeramente según las explicaciones de Gerd Theißen en su catecismo crítico *Glaubenssätze*. Gütersloh: Gütersloher Verlagshaus ²2012, 347s. y su libro *Der Anwalt des Paulus*. Gütersloh: Gütersloher Verlagshaus, 2017, 233, así como según el idioma de Paul Tillich, quien entiende las confesiones clásicas como símbolos que expresan ciertas experiencias de fe de manera condensada.

que libera al ser humano y lo convierte en aquel ser humano que Dios desde el principio tenía como visión de su "semejante".

De manera impresionante lo describe José Miguez Bonino en su breve discurso sobre la ética:

> Lo que Jesucristo pone en este mundo es una nueva humanidad, una nueva forma de ser humano. Y esa nueva humanidad en Jesucristo no se prolonga, no penetra en la historia humana primordialmente por medio de leyes o instituciones (que sin duda existen y tienen su valor) sino mediante un mensaje que engendra sin cesar vida nueva y mediante una comunidad de seres humanos "renacidos", "re-suscitados" a una nueva vida, "redimidos" (es decir, liberados), renovados (con una nueva "mente"- una orientación total radicalmente cambiada).[28]

¿Pero qué es lo nuevo en el nuevo hombre o la nueva comunidad? En vista de la historia del cristianismo parece absurda una conversión total. Ni los conflictos internos, que desembocaron frecuentemente en persecuciones de herejes, como también las guerras extremas y las campañas misioneras no reflejan gran cosa de "un nuevo ser". Incluso el creyente individual se mantiene en discrepancia con sus tentaciones y recaídas en su "antiguo ser". No se puede hablar en serio sobre un nuevo ser sin analizar el problema y el poder de la maldad. Ni siquiera el "nuevo hombre" es capaz de liberarse de su poder. En este punto se diferencia grandemente una ética teológica de la mayoría de los conceptos éticos filosóficos, que creen poder vencer lo malo reconociendo lo bueno, regresando a la naturaleza del hombre, utilizando la razón o los acuerdos contractuales. Ningún pensador logró caracterizar la tensión remanente de manera tan precisa como lo hizo Pablo en su afamado capítulo 7 de la Carta a los Romanos: *"De hecho, no hago el bien que quiero, sino el mal que no quiero"* (Ro 7.19).

---

28 *Ama y haz lo que quieras. Hacia una ética de la nueva humanidad* (1971), publicado de nuevo por la Universidad Bíblica Latinoamericana en San José, Costa Rica, 2006, 27.

Con esta aseveración, Pablo describe el mal como un problema de la voluntad, es decir de una voluntad dependiente. Él no tiene control de sí mismo. Él no controla la voluntad. Parece más bien estar subyugado a él. Este poder de subyugación es el pecado para Pablo. Es el poder del "ser antiguo" en el cual el hombre está anclado, es su egoísmo, su egocentrismo o, como dijo Lutero, su "ser encorvado en sí mismo". Pablo dice:

> Pero yo soy meramente humano, y estoy vendido como esclavo al pecado. No entiendo lo que me pasa, pues no hago lo que quiero, sino lo que aborrezco... pero, en ese caso, ya no soy yo quien lo lleva a cabo sino el pecado que habita en mí.. ... ¡Soy un pobre miserable! ¿Quién me librará de este cuerpo mortal? ¡Gracias a Dios por medio de Jesucristo nuestro Señor! (Ro 7.14-15. 17.24-25).

Como hombre de "carne y sangre", el creyente también permanece atado al poder del mal, más sin embargo existe una liberación, es decir, una transformación de su mente desde el exterior, en el hecho de estar conmovido con el espíritu que llenó a Jesucristo. Este nuevo ser, por lo tanto, coexiste en un duelo constante con el antiguo ser. Pablo lo expresa con la división de la voluntad entre un "Quiero" y un "No puedo". *"Pero me doy cuenta de que en los miembros de mi cuerpo hay otra ley, que es la ley del pecado. Esta ley lucha contra la ley de mi mente, y me tiene cautivo"* (Ro 7.23).

La novedad del nuevo hombre no es, por lo tanto, ni el requisito legal de seguir haciendo los esfuerzos adecuados - el camino legalista - ni tampoco la suposición idealista de que en la fe se ha dejado atrás todo lo viejo. Más bien, lo nuevo constituye un proceso continuo de renovación, con todas las tensiones y peligros que esto conlleva. Martín Lutero describió esta situación en el punto justo en su doctrina de justificación, cuando expresó la esencia del nuevo hombre con la fórmula "simul justus et peccator" ("a la vez justo y pecador"). Desde el punto de vista de su ser real, el creyente sigue siendo un pecador, o sea, sujeto al poder del mal, pero en vista del juicio de Dios sobre él, es justo. Porque Dios le adjudica la justicia de Cristo. En este sentido la justificación no es solo un acto jurídico. La justicia de Dios también tiene un lado efectivo, la cual es el poder transformador que actúa en el hombre de fe. A Lutero le gustaba describir esta situación con la imagen del alba:

> No hay que imaginarse, por lo tanto, que se trata de dos hombres distintos. Antes bien, puede pensarse en algo así como el crepúsculo matutino, que no es ni día ni noche y sin embargo puede llamarse tanto "día" como "noche", aunque habría más razón para llamarlo "día", ya que es a éste al que se dirige, emergiendo de las tinieblas de la noche.[29]

De esta manera se puede interpretar lo nuevo del nuevo hombre como el aspecto del día que está por dominar. Para lograr una descripción de contenido se podría retomar el concepto de la nueva autopercepción introducido por la filosofía de la existencia y luego seguida y ampliada por la teología existencial (Rudolf Bultmann). Pero lo nuevo va más allá: no es solamente la autopercepción sino también la percepción del mundo; no solamente el entendimiento racional sino también la comprensión emocional. Lo nuevo se basa en una nueva autopercepción y percepción del mundo, o sea en una transformación de la identidad. Con Pablo se logra describir a través de la tríada de fe, esperanza y amor.

La transformación se muestra primero en *la fe*.

- La fe es la confianza incondicional de que el mundo y nuestra vida no son un simple producto de la casualidad o de una selección biológica, sino algo deseado, sustentado y conservado por una voluntad propia y una fuerza que le da razón y sentido a esta vida. La vida adquiere contenido en la relación con Dios quien quiere al ser humano como amigo y colaborador. La tradición de fe utiliza para ello los símbolos de la "*creación*" y la "*semejanza de Dios*".

- La fe es la comprensión de que el ser humano se ha alejado de su destino original y que siempre vuelve a equivocarse de camino. Para ello se utiliza el símbolo del "*pecado*".

---

[29] *Comentario de la carta a los Gálatas* (1519). Al Gá 5.17, en *Obras de Martín Lutero*, Tomo VIII, editado por Erich Sexauer. Buenos Aires: La Aurora, 1982, 266.

- La fe es la confianza incondicional de que aún así Dios es fiel a su creación, que se presenta ante su humanidad para volverla a atraer con misericordia en la persona de Jesús. Para ello se utilizan en la tradición cristiana los símbolos de la *"reconciliación"* y la *"justificación"*.

El lado ético de la fe se llama *libertad y responsabilidad.*

La *libertad* es la vida desde el espíritu de Cristo, quien libera de la moral dominante, de las convenciones y tradiciones, de las instituciones y autoridades, así como de las escrituras de la ley. La *libertad* desde el espíritu de Cristo lleva a la *responsabilidad*. Es la respuesta del nuevo ser humano a la experiencia de la justicia de Dios. Se deja poner al servicio de la persona misma, para su prójimo y para la subsistencia de la naturaleza. En esto los mandamientos de Dios pueden servir como directrices para la realización de la justicia.

La transformación del ser humano se muestra luego en *la esperanza.*

- La esperanza es la confianza incondicional de que aún en los fracasos y las derrotas de la vida gozamos de protección.
- La esperanza es la confianza incondicional de que prevalecerá la justicia divina al liberar al hombre de sus rasgos diabólicos y de salvar a un mundo que sufre.
- La esperanza es la confianza incondicional de que el espíritu de Dios ya está impregnando el mundo convirtiéndolo en un mundo lleno de paz y de justicia. Para ello se utiliza el símbolo del "Reino de Dios".

Jesús dice (Mt 6.33) que **el aspecto ético de la esperanza es la *búsqueda de la justicia y el compromiso.*** *"Más bien, busquen primeramente el reino de Dios y su justicia."* La esperanza impulsa hacia el compromiso por un cambio en el mundo en el sentido de la justicia de Dios.

La transformación del ser humano se muestra por último en *el amor*. El hombre renovado puede aprobarse a sí mismo porque está aprobado por Dios. El sí a sí mismo responde al sí de otro. Se convierte en la base del amor propio y de la auto-aceptación.

- El amor permite decir sí al prójimo porque a través suyo logra ver también en él la vida amada por Dios.
- El amor permite decir sí a la naturaleza porque en ella reconoce el fundamento de la vida brindado por Dios.
- El amor es por tanto la afirmación incondicional de la vida. En este sentido es aún más que la fe y la esperanza. Porque la fe debe prevalecer ante la apariencia. La esperanza se centra en algo que es invisible. Pero el amor experimenta algo que es eterno. Es una vida plena – desde ahora. A través del amor el "hombre nuevo" se convierte en compañero de juego del amor. En este amor sigue los pasos de Jesús. Para ello se utiliza el símbolo del "seguimiento a Jesús".

El amor tiene la forma de *compasión y solidaridad.*

En la fe, la esperanza y el amor la nueva persona se orienta en el horizonte de acción de Dios. Este horizonte abre nuevas perspectivas de percepción del mundo, de la vida y del ser humano mismo y brinda además nuevas perspectivas de acción. Definen la identidad cristiana. Muy marcado en Pablo y de importancia fundamental para una ética protestante es el hecho de que obligatoriamente este comportamiento ético va ligado a esta identidad. Suficientes veces se ha echado en cara al protestantismo que se escuda detrás de la justificación sólo por la gracia mediante la fe y que declare irrelevantes las obras, o sea la ética cristiana. Este no es el caso de Pablo ni de Martín Lutero. Como vimos, Pablo une la fe, la esperanza y el amor y proclama al amor como el fruto más grande del espíritu. Lutero lo expresa con el concepto de "*cooperatio*" (cooperación). En su escrito "*La voluntad determinada*" escribe de manera casi poética:

> Así como el ser humano, antes de ser creado hombre, no hace ni intenta nada para llegar a ser una creatura,
>
> así tampoco después, una vez hecho y creado, hace o intenta algo para permanecer siendo una creatura,

> sino que tanto lo uno como lo otro se hace exclusivamente por voluntad de la omnipotente fuerza y bondad de Dios que nos ha creado y nos mantiene sin intervención nuestra,
>
> pero no obra en nosotros sin que nosotros participemos, ya que nos creó y guardó para el fin de que él obre en nosotros y nosotros cooperemos con él,
>
> sea que ello ocurra fuera de su reino por medio de la omnipotencia general, o dentro de su reino por media de la fuerza particular de su Espíritu.
>
> Decimos además lo siguiente:
>
> Antes de ser renovado y transformado en nueva creatura del reino del Espíritu,
>
> el hombre no hace nada ni realiza esfuerzo alguno que lo acondicione para esta renovación y este reino;
>
> y luego, una vez regenerado, tampoco hace nada ni realiza esfuerzo alguno que le asegure la permanencia en este reino,
>
> sino que ambas cosas se deben exclusivamente al Espíritu que obra en nosotros: él nos regenera sin intervención nuestra, y nos conserva una vez regenerados,
>
> como dice también Santiago: "De su voluntad nos hizo nacer por la palabra de su poder [virtutis] para que seamos primicias de sus creaturas"; aquí se habla de la creatura renovada.
>
> Sin embargo, Dios no obra sin que nosotros participemos, dado que para esto mismo nos hizo renacer y nos conserva:
>
> para que él obre en nosotros, y nosotros cooperemos con él.[30]

El hallazgo decisivo para la fundación de una ética es el hecho de que Dios trabaja en nosotros, pero no sin nosotros, más bien nos crea de nuevo para que trabajemos juntos. Está claro que esta cooperación no sucede como meta de la salvación, o sea para la *"iustitia divina"* (justicia divina), sino que por el contrario, la lleva en sus espaldas

---

30 *La voluntad determinada*, en *Obras de Martín Lutero*, Tomo IV. Buenos Aires: Paidos, 1976, 274.

como una promesa y ahora apunta a sus consecuencias en la *"iustitia civilis"* (justicia civil). Se trata de una relación consecutiva no una relación final. En este sentido, Pablo también habló en 1Co 3.9 de los "colaboradores al servicio de Dios".

Esta autoconciencia sensibiliza para la percepción de la situación ética y moldea las motivaciones de una conducta cristiana.

4.3 Los motivos de un *ethos* cristiano

4.3.1 Actitudes éticas básicas

Como ya hemos visto, el comportamiento ético se produce no solamente a través de nuestras decisiones conscientes, sino con mucha más frecuencia en un comportamiento cotidiano de rutina. El mismo está controlado por actitudes éticas básicas que generalmente son eficientes de manera inconsciente. Este tipo de actitudes básicas alivian la vida diaria de una constante toma de decisiones.

Por ejemplo, visitar un centro comercial se encontraría bajo una infinita presión de decisión, si delante de cada puesto o tienda hubiera que decidir si se cae en tentación de robar algo o no. La actitud fundamental "Yo no robo", la cual inconscientemente me acompaña en mi visita a las tiendas, me libera de esas decisiones. Quiere decir que una cierta actitud hacia la vida encarna las implicaciones éticas de la visión cristiana del mundo. Además, las actitudes fundamentales garantizan una cierta fiabilidad y estabilidad en el modo de vida.

En este contexto, el concepto de actitudes éticas básicas sustituye el concepto tradicional de virtud, el cual no solamente en la tradición católica durante siglos acuñó su propio principio de ética. Su fuerza radica probablemente en su capacidad pedagógica; porque las virtudes, desde Aristóteles, son comportamientos que se adquieren con la práctica. Sus cuatro virtudes cardinales son la sabiduría, la justicia, la prudencia y la valentía. Pero si Tomás de Aquino califica como virtudes teológicas la fe, el amor y la esperanza y las coloca por encima de las virtudes profanas, entonces salta a la vista la mezcla de las categorías. Para él también la fe, la esperanza y el amor resultan del don de Dios y no del esfuerzo humano. Desde este punto de vista no deberían de considerarse bajo el concepto de virtudes.

Ante el trasfondo de una antropología bíblica parece más apropiado hablar de actitudes éticas básicas. El entrenamiento de la continuidad del comportamiento es indispensable para toda ética y toda moral. Según el entendimiento bíblico, sin embargo, esta continuidad no resulta por esfuerzo humano sino por la obra de Dios en el Espíritu sobre sus criaturas. Por eso Pablo con agudeza antepone a las *"obras de la carne"* (Gá 5,19) las *"obras del Espíritu"* (Gá 5.22).[31]

Por lo tanto, las actitudes éticas básicas indican en el contexto cristiano las continuidades en el comportamiento humano que resultan de la fe. Corresponden a la historia general en la cual está arraigada la identidad cristiana. Sobre todo, se expresa en ellas la dimensión afectiva y pragmática del ser humano, sus sentimientos y su comportamiento.

Las actitudes básicas son la *libertad en responsabilidad, la búsqueda de justicia, así como la compasión y la solidaridad,* las cuales hemos visto van ligadas a una vida de fe, esperanza y amor. Las encontramos concretizadas en el Nuevo Testamento en un sinnúmero de actitudes básicas individuales.

Pablo nos menciona en Gá 5.22:
- amor,
- alegría,
- paz,

---

31 Véase Hans Joachim Iwand, "Gesetz und Evangelium I", en *Nachgelassene Werke*, Bd. 4, editado por Walter Kreck. München: Kaiser, 1964, 139, quien llama la atención sobre las "Obras del Espíritu" y Christofer Frey, *Theologische Ethik*. Neukirchen: Neukirchener Verlag, 1990, 182 - 196.

- paciencia,
- bondad,
- honradez,
- fidelidad.

Jesús bendice en su sermón de la montaña a aquellos que viven según las siguientes posiciones fundamentales (Mt 5.3-11):

- pobreza ante Dios
- sufrimiento
- no violencia
- anhelo de justicia
- compasión
- honradez
- búsqueda de paz

Esta serie de actitudes se puede expandir si buscamos en las historias individuales en las que se basa la identidad cristiana las actitudes básicas implícitas. Se podrían enumerar entonces adicionalmente:

- hospitalidad (Ro 12.13),
- respeto (Ro 12.10),
- renuncia a la venganza (Ro 12.19),
- aceptación mutua (Ro 15.7),
- capacidad de crítica (Ro 12.2)
- capacidad de conflicto (Ro 14-15; Mt 23),
- disposición de perdonar (Lc 17.3-4; Mt 18.21-35).
- amor al enemigo (Mt 5.43-48).
- solidaridad (Mt 8.11).

En estas actitudes básicas se encarna la vida cristiana de fe, esperanza y amor con los aspectos técnicos de responsabilidad, búsqueda de justicia y compasión.

4.3.2 Perspectivas de una vida plena

Las actitudes básicas que regulan el comportamiento de rutinario son insuficientes en situaciones de discordia o incluso de conflicto.

En estos casos se requiere de decisiones conscientes que obedecen a ciertos criterios y a una motivación básica. En el caso de la disputa en Roma, Pablo mencionó como motivación por ejemplo la renuncia a juzgar a alguien, el respeto, la tolerancia y la unidad de la comunidad. Este tipo de motivación se denomina como "valor" en la terminología ética clásica.

Un valor en el campo ético es una meta ética de cómo conducirse en la vida, o sea por ejemplo con bienes éticos como la justicia, la fidelidad, la verdad. Una ética guiada por el seguimiento de los bienes éticos, la así llamada dirección teleológica, va a considerar éticamente adecuadas aquellas actitudes que se perfilen hacia alcanzar estos bienes éticos. Quiere decir que se va a orientar desde la perspectiva de las consecuencias del comportamiento. Pero el problema surge cuando estos valores son descritos como valores atemporales, o como valores arraigados en la naturaleza del ser humano. En el primer caso se desprenden como en el "reino de las ideas" de Platón por encima de los tiempos y de los contextos cambiantes de las situaciones éticas. En el segundo caso, los valores fungen como equipamiento ontológico del ser humano (como en Aristóteles) lo que solo hay que actualizar en situaciones concretas. En ambos casos los valores se quedan intactos y no afectados por la vida práctica. Eso puede explicar por qué en el contexto eclesiástico los así llamados "valores cristianos" frecuentemente están marcados por un carácter conservador y retrógrado. Ejemplo de ello es la imagen de familia frecuentemente difundida por expresiones eclesiásticas, que poco tienen que ver ya con la realidad de hoy en día. Se puede decir que el desarrollo social se ha alejado de estos valores.

Aquellos valores que documentan un distanciamiento del mundo tienen poco que ver con la posición crítica ante los esquemas del mundo como los reclama Pablo (Ro 12.1-2). Inclusive el trato que Jesús dio al sábado - pensemos en los episodios de arrancar las espigas de trigo (Mc 2.23-28) o la salvación del hombre con la mano paralizada (Mc 3.1-6) – demuestra como él con toda libertad pone por encima la necesidad del prójimo sobre el hecho de tener que guardar un valor ético tradicional. Su instrucción *"El sábado se hizo para el hombre, y no el hombre para el sábado"* (Mc 2.27) significa una relativización fundamental de los valores.

Por lo tanto, en una ética protestante resulta más apropiado hablar de *"perspectivas de una vida plena"* que de valores. El concepto de la perspectiva incluye la orientación enfocada hacia una actuación ética, que también es expresada por el concepto del valor. Sin embargo, indica una mayor flexibilidad que puede ser más justa con la situación concreta.

El concepto de "vida plena" bajo las condiciones de la existencia humana no quiere decir solamente una vida indiscutiblemente feliz, sino una vida que le permita integrar altos y bajos, felicidad y fracaso, porque en ambos polos permanece en relación con Dios, le contesta en palabras y obras y por tanto es "plena". Se podría describir también la vida plena como la vida "de satisfacción para Dios" en Ro 12.2.

Tan variadas como lo son las historias individuales de la Biblia, así de variadas son las perspectivas de una vida plena. Pero todas corresponden a la historia general de Dios con su mundo y su humanidad. Hemos definido su meta como la *transformación de toda la verdad hacia el muevo mundo de la justicia de Dios.*

Por este motivo Jesús, al inicio de su misión, anuncia al Reino de Dios como el horizonte que él revela y hace presente mediante sus acciones salvadoras. *"Se ha cumplido el tiempo"* —decía—. *"El reino de Dios está cerca. ¡Arrepiéntanse y crean las buenas nuevas!"* (Mc 1.14).

El Reino de Dios como un parámetro de comportamiento ético ciertamente puede resultar muy abstracto y poco definido y con ello abierto a diferentes formas de interpretación. Aquí nos ayuda lo que encontramos en la Biblia: los textos del Antiguo y del Nuevo Testamento plasman en su imagen del Reino de Dios su visión de un mundo nuevo libre del mal. Brinda respuestas a las preguntas que surgen de la insatisfacción y de la injusticia en el mundo.

Por una parte, el Reino de Dios aparece en la Biblia en su dimensión futura. Se presenta como la culminación de la realización del ser humano y de la humanidad, así como un nuevo mundo de paz y justicia. Es el resumen de un "positivismo absoluto, irreversible e ilimitado"[32]. En el Reino de Dios el ser humano y el mundo encuentran su destino original. Por otra parte, Jesús deja claro en su anunciación y su obra que el Reino de Dios no inicia hasta al final de la historia, sino existe en el aquí y el ahora. En este sentido del presente se trata del Reinado de Dios que se realiza en la acción del Espíritu. Jesús anuncia durante su mensaje de despedida a sus discípulos:

Pero el Consolador, el Espíritu Santo, a quien el Padre enviará en mi nombre, les enseñará todas las cosas y les hará recordar todo lo que les he dicho (Jn 14.26). Es el Espíritu de la creación, la energía creadora y la fuerza de todo lo vivo. Se manifiesta en Jesús el Mesías como Espíritu de Dios en persona y como Espíritu de Cristo envuelve a sus seguidores y los convierte ante todo en la primera comunidad cristiana.

La esperanza de la venida del Reino de Dios es la esperanza de un suceso emergente[33], quiere decir, no previsible o deducible. Es la esperanza de que el Espíritu de Dios (la dimensión trascendente) impregne la realidad terrenal (dimensión inmanente), p.ej. en forma de consuelo, esperanza, liberación o en experiencia de amor, paz y justicia; además de que el poder de Dios a través de la obra de su Espíritu aparezca aquí y ahora de manera simbólica y anticipativa (dimensión presente) hasta la culminación en un nuevo mundo de Dios (dimensión futurista).

---

32 Enrique Dussel, *Ética comunitaria*. Madrid: Paulinas, 1986, 22.

33 El concepto "emergente" es introducido por Michael Welker de la filosofía (ver otros A.N. Whitehead y N. Luhmann) a su teología del Espíritu Santo para caracterizar la obra del Espíritu de Dios. Emergentes son por tanto "constelaciones, situaciones y estructuras cuya aparición no puede ser deducida de constelaciones, situaciones y estructuras anteriores aun cuando haya una constante importante de elementos determinantes de ambas situaciones." Véase Welker, *Gottes Geist. Theologie des Heiligen Geistes*. Neukirchen-Vluyn: Neukirchener Verlag, 1992, 38.

Por lo tanto, vale sugerir que se distinga entre los conceptos del Reino de Dios y el Reinado de Dios: El primero describe más bien la dimensión futurista del Reino, mientras que la segunda más la dimensión del presente, aún cuando ambas sean inseparables.

La perspectiva de la esperanza de la fe trae por tanto una nueva visión distinta al juego sobre la verdadera realidad existente. Cuestiona de manera crítica esta realidad. En este sentido el Reino de Dios juega el papel de categoría, de horizonte crítico que denuncia la negatividad de los sistemas existentes y de la moral imperante. El Reino es en realidad algo que va más allá de cualquier realización humana. Siempre es un más allá de este mundo. Pero como tal es regulativo, o sea que orienta el comportamiento en un nuevo espacio.[34]

El teólogo Dietrich Bonhoeffer dio en el punto exacto con su distinción entre la "última" y la "penúltima" realidad. La última realidad es el Reino de Dios como una "vida en plenitud" (Jn 10.10: *"Yo he venido para que tengan vida, y la tengan en abundancia"*). Esta última realidad se mantiene como obra apocalíptica de Dios y como tal es objeto de esperanza. Pero en la penúltima realidad la comunidad vive y actúa como protectora y defensora de esta "vida plena". Vive ciertos momentos puntuales de esta plenitud y los celebra con gratitud y alabanza. Se compromete por alcanzar más plenitud de vida en el sentido de una semejanza con el Reino de Dios.

Pablo retoma esta perspectiva básica del Reino de Dios y describe su contenido:

> Porque el reino de Dios no es cuestión de comidas o bebidas sino de justicia, paz y alegría en el Espíritu Santo (Ro 14.17).

Es obvio que estas perspectivas – dependientes de la perspectiva básica del Reinado de Dios – implican una visión de la "vida plena", porque sobre el trasfondo del Antiguo Testamento el símbolo

---

34 En el mismo sentido argumenta E. Dussel, *Ética comunitaria*, 23-24.

del "Reino de Dios" representa un nuevo mundo en paz, justicia y armonía con la naturaleza.

Así anuncia Isaías esta *paz:*

> Porque nos ha nacido un niño, se nos ha concedido un hijo; la soberanía reposará sobre sus hombros, y se le darán estos nombres: Consejero admirable, Dios fuerte, Padre eterno, Príncipe de paz. Se extenderán su soberanía y su paz, y no tendrán fin. Gobernará sobre el trono de David y sobre su reino, para establecerlo y sostenerlo con justicia y rectitud desde ahora y para siempre. (Is 9.6-7).

Insiste en la relación con la *justicia*:

> Él se deleitará en el temor del SEÑOR; no juzgará según las apariencias, ni decidirá por lo que oiga decir, sino que juzgará con justicia a los desvalidos, y dará un fallo justo en favor de los pobres de la tierra. Destruirá la tierra con la vara de su boca; matará al malvado con el aliento de sus labios. La justicia será el cinto de sus lomos y la fidelidad el ceñidor de su cintura (Is 11.3-5).

El nuevo mundo también se destaca globalmente por una *vida en armonía con la creación*. Isaías lo describe con la siguiente ilustración:

> El lobo vivirá con el cordero, el leopardo se echará con el cabrito, y juntos andarán el ternero y el cachorro de león, y un niño pequeño los guiará. La vaca pastará con la osa, sus crías se echarán juntas, y el león comerá paja como el buey. Jugará el niño de pecho junto a la cueva de la cobra, y el recién destetado meterá la mano en el nido de la víbora. (Is 11.6-8).

Pero para ello es necesario un cambio de la humanidad. Ya los profetas lo vieron así:

> Les daré un nuevo corazón, y les infundiré un espíritu nuevo; les quitaré ese corazón de piedra que ahora tienen, y les pondré un corazón de carne. Infundiré mi Espíritu en ustedes, y haré que sigan mis preceptos y obedezcan mis leyes (Ez 36.26-27).

Pablo habla sobre la vida en este Espíritu, en el Espíritu de Cristo, cuando describe sus características como paz, alegría y justicia. Cuando en su enumeración, de manera un tanto sorprendente quizás, utiliza el término "alegría", probablemente tenía en mente la armonía del ser humano renovado con Dios, consigo mismo, con sus prójimos y con la creación.

Estas perspectivas forman el trasfondo de la visión bíblica del mundo y de la vida y tratan de introducirlas en la definición de metas de estilo de vida. En una situación de decisión ética se prestan para ponderar y evaluar las alternativas de conducta, las normas a las que se enfrentan y las visiones reinantes de buena vida. La reflexión ética y la conducta ética bajo el concepto de la perspectiva toman en cuenta el lado de la responsabilidad de la fe, ya que reaccionan en respuesta a la nueva visión del mundo y la vida abierta a la fe de cara de los problemas desafiantes de la realidad. Con esto se retoma el principio de la ética clásica de bienes, de tener en cuenta también las consecuencias de la conducta y considerarlas a la hora de tomar decisiones éticas situacionales.

La ética protestante con las perspectivas básicas de la vida plena se coloca dentro de la tradición mesiánica, la cual Pablo lleva al punto justo. Las fortalezas de su propuesta son la orientación con contenido y su flexibilidad.

4.4 Normas y criterios de un *ethos* cristiano

4.4.1 El mandamiento del amor como norma básica

La guía de contenido de la ética cristiana se desprende del mandamiento del amor. Dentro de la tradición bíblica se entiende como el resumen de la voluntad de Dios y por tanto como criterio central para el comportamiento humano. Su forma básica ya está descrita en el Antiguo Testamento: *"Ama a tu prójimo como a ti mismo. Yo soy el SEÑOR"* (Lv 19.18). El carácter normativo del mandamiento resulta no de su posición positivista sino de la experiencia del amor de Dios hacia su pueblo. Actuar con amor es por tanto la consecuencia y la correspondencia ante el actuar de Dios. Jesús une ambos lados del amor en su así llamado doble mandamiento del amor:

> "Ama al Señor tu Dios con todo tu corazón, con todo tu ser y con toda tu mente" —le respondió Jesús—. Éste es el primero y el más importante de los mandamientos. El segundo se parece a éste: "Ama a tu prójimo como a ti mismo" (Mt 22.37-39).

Pablo también menciona el mandamiento del amor como resumen de la Torá:

> No tengan deudas pendientes con nadie, a no ser la de amarse unos a otros. De hecho, quien ama al prójimo ha cumplido la ley. Porque los mandamientos que dicen: "No cometas adulterio", "No mates", "No robes", "No codicies", y todos los demás mandamientos, se resumen en este precepto: "Ama a tu prójimo como a ti mismo." El amor no perjudica al prójimo. Así que el amor es el cumplimiento de la ley (Ro 13.8-10 y de forma breve Gá 5.14).

Otros teólogos protestantes tan diferentes entre sí como José Míguez Bonino y Paul Tillich también basan su concepción ética en el mandamiento del amor. Míguez Bonino confronta la ley como pauta para la ética, de manera similar a como es abordada por Pablo en su carta a los Gálatas, con el amor como línea directriz general:

> Pero es bueno desde ya recordar la precisa formulación paulina: "El amor es el cumplimiento de la ley" (Ro 13.8). El resumen de la ley dada a Israel, la vida y la enseñanza de Jesús, el llamado a la imitación del Señor, la ley de Cristo, la perfecta ley de libertad o la vida en el Espíritu, coinciden y convergen en este foco: el amor. Ésta es la ley que guía la marcha del cristiano. El ser humano nuevo es el ser humano que ama, el que ha sido libertado para una existencia creadora al servicio de los demás. No es arbitrario ni descabellado el modo en que Agustín resume el mandamiento de Cristo: "Ama y haz lo que quieras." [35]

---

35 Míguez Bonino, *Ama y haz lo que quieras*, 56f.

Está viendo claramente que el amor por sí solo puede orientar, pero en el caso concreto sigue siendo demasiado abstracto como para impulsar un comportamiento específico. Por lo tanto, en lo siguiente menciona los "paradigmas del amor": la persona de Jesucristo, los diez mandamientos, los mandamientos del Señor y la lista de deberes, obligaciones y virtudes indicadas por Pablo.

Paul Tillich añade el amor como principio fundamental de la ética con el pensamiento del *Kairós*, para permitir la concretización del amor:

> El amor, el *ágape* ofrece un principio para la ética, capaz de mantener un elemento eterno, inalterable, pero cuya realización concreta depende de acciones permanentes de intuición creativa.... Solamente el amor puede transformarse según las exigencias concretas de cada individuo y cada situación social sin perder su dignidad, eternidad y validez incondicional. El amor puede adaptarse a cada fase de la evolución de un mundo que cambia. Quisiera introducir en este punto otra palabra griega, *kairos*, "el momento justo, apropiado". ... El *kairos*, en este sentido, es el momento histórico cuando algo nuevo, eternamente importante, se manifiesta en formas temporales, en las potencialidades y tareas con que nos enfrenta un período específico de la historia. ...

Por lo tanto, la ética en un mundo que cambia debe interpretarse como una ética del *kairos*. ... Pero solamente el amor es capaz de manifestarse en cada uno de los sucesivos *kairos* de la historia. ... El amor, realizándose de *kairos* en *kairos*, crea una ética que está más allá de las alternativas de las éticas absolutas o relativas.[36]

En este sentido se puede entender el amor como principio fundamental, el cual a su vez ante situaciones concretas resulta en otras normas o mandamientos. En tanto es adecuado para trascender o evaluar otras normas, regulaciones o convenciones existentes, funge como una metanorma. Sin embargo, queda la pregunta

---

36 Paul Tillich, *Moralidad y algo más*, 83s.

de cómo se desarrolla de la norma básica del amor hacia la concretización correspondiente.

Para ello ayuda la observación del mandamiento doble del amor que demuestra de manera paradigmática, cuáles son las relaciones fundamentales que humanizan el encuentro entre sujetos. Protegen la ética cristiana de una separación del mundo, por una parte, y por la otra, lo protegen de un moralismo bajo signos cristianos. A esto se suma lo concreto del mandamiento, que protege la vida o la posibilita. Con ello se logran tres categorías fundamentales del pensamiento ético: la relación con Dios, la relación con el prójimo y la cercanía a la vida real.

- **Criterios del pensamiento ético**

(1) La *relación con Dios* indica el estado de ser criatura del ser humano y con ello resalta el valor y la dignidad del mismo. Como creatura está ligado a toda la creación y se encuentra en relación con su entorno no humano. El ser criatura incluye por supuesto también el carácter finito, limitado y dependiente de la vida humana. Estos puntos de vista deben ser considerados en las decisiones éticas si se quiere evitar la deshumanización de la vida.

(2) El criterio de la *relación con el prójimo* indica la necesidad fundamental del ser humano y su dependencia de los demás seres humanos. La Biblia nunca contempla al ser humano como un individuo solitario, sino siempre como una persona dentro de una comunidad. La humanidad de esta vida depende de que esta comunidad sea exitosa en la práctica. Por lo tanto, el Tú no debe estar subyugado al Yo, ni el Yo al Tú. Una comunidad plena exige la igualdad fundamental de derechos de sus miembros. Las consecuencias necesarias son la colaboración y participación en los procesos de decisión. En este sentido no se debe pensar únicamente en comunidades en el horizonte cercano como la familia, el pueblo o la nación, sino también en comunidades en el horizonte lejano como la comunidad mundial política y económica. Los diferentes requisitos e intereses deben ser igualados correspondientemente con diálogo y comunicación.

(3) Y, por último, la *cercanía a la vida real* exige por una parte que una exigencia o decisión ética sea *concreta*, porque la vida transcurre en situaciones de vida concretas y cambiantes. Un comportamiento ético que resulta del amor debe adaptarse constantemente a la misma. Por otra parte, la cercanía a la vida real toma en consideración la *apertura* de la vida humana a posibilidades futuras, o sea, decisiones éticas que en su momento fueron adecuadas, pero que en una nueva situación deben estar abiertas a su revisión, modificación o reversión. De no ser así, el comportamiento moral no estaría regido por el amor sino por la ley, como claramente lo expone Tillich:

> La ley es el intento de imponer en todos los tiempos, lo que en realidad pertenece a un tiempo pasado. Un ideal que apareció en su tiempo justo, adecuado, y fue válido en ese tiempo, pasa a ser considerado como un ideal para toda la historia, como aquella forma de vida en la cual la historia encontrará su realización final.[37]

En cambio, el amor como norma básica considera las consecuencias de las decisiones éticas para nuevas situaciones y sobre todo para futuras generaciones – un punto de vista actual por ejemplo es la problemática de la energía nuclear. ¿Cómo manejarán los desechos nucleares los hijos, nietos y bisnietos de los tomadores de decisiones de hoy? O bien, ¿cómo va a limitar su derecho a la vida?

4.4.2 Directrices de concretización intermedia

Las relaciones mencionadas pueden servir de criterio para la búsqueda y la revisión de normas éticas. En la discusión ética se definen como *"directrices de concretización intermedia"*:[38]

---

37 Tillich, *Moralidad y algo más*, 84.

38 El teólogo suizo Arthur Rich describió con aún más detalle en sus siete "Criterios de lo justo": creacionalidad, distancia crítica, recepción relativa, relacionalidad, humanización, reconocimiento del otro como creatura y participación. Véase Arthur Rich, *Wirtschaftsethik. Grundlagen in theologischer Perspektive*, 4ª edición. Gütersloh: Gütersloher Verlagshaus, 1991, 172-200.

(1) *La relatividad de las normas éticas*, quiere decir, que ninguna norma debe pretender tener la intención de ser absolutamente justa. La ética humana siempre se mueve en la penúltima región de la justicia relativa. Por lo tanto, se excluyen los juicios últimos o absolutos.

(2) *La universalidad,* quiere decir, que las normas éticas deben respetar las necesidades de todos los seres humanos y por tanto brindar la libertad más amplia posible al individuo, la igualdad y la participación.

(3) *La reversibilidad de los juicios éticos*, quiere decir, que los juicios éticos deben permanecer abiertos en lo posible a futuras posibilidades y desarrollos. Se debe considerar que futuras generaciones tengan la libertad de revertir estas decisiones.

Este tipo de directrices de procedimiento libran a la ética de distanciarse de la historia o convertirse en fundamentalista a través de la formulación de normas atemporales. Además, permiten el desarrollo de metas de acción a mediano plazo para preguntas concretas y revisar normas sugeridas. Estas directrices se vuelven relevantes en el proceso de toma de decisiones éticas porque traducen la metanorma del amor a criterios manejables.

4.4.3 Los diez mandamientos – El Decálogo

Desde que Martín Lutero resumió en sus dos catecismos[39] los temas básicos de la fe cristiana y colocó en su inicio, en la "Primera Parte", los diez mandamientos, éstos dictan desde hace siglos en la tradición protestante la normalización del comportamiento ético.

• **El carácter del Decálogo**

El texto del Decálogo se encuentra en dos sitios en el Antiguo Testamento, una vez en la historia del Sinaí en Ex 20.1-17, y otra en

---

[39] Catecismo Menor – para la enseñanza de la comunidad familiar por el jefe de familia; Catecismo Mayor – para la enseñanza de pastores; ambos provienen del año 1529.

la cita de este texto en Dt 5.6-21. Para un mejor entendimiento del texto es importante volver a leer todo el contexto:

> El Señor dijo:
>
> Yo soy el Señor tu Dios. Yo te saqué de Egipto, del país donde eras esclavo.
>
> No tengas otros dioses además de mí.
>
> No te hagas ningún ídolo, ni nada que guarde semejanza con lo que hay arriba en el cielo, ni con lo que hay abajo en la tierra, ni con lo que hay en las aguas debajo de la tierra. No te inclines delante de ellos ni los adores. Yo, el Señor tu Dios, soy un Dios celoso. Cuando los padres son malvados y me odian, yo castigo a sus hijos hasta la tercera y cuarta generación. Por el contrario, cuando me aman y cumplen mis mandamientos, les muestro mi amor por mil generaciones.
>
> No pronuncies el nombre del Señor tu Dios a la ligera. Yo, el Señor, no tendré por inocente a quien se atreva a pronunciar mi nombre a la ligera.
>
> Acuérdate del sábado, para consagrarlo.
>
> Trabaja seis días, y haz en ellos todo lo que tengas que hacer, pero el día séptimo será un día de reposo para honrar al Señor tu Dios. No hagas en ese día ningún trabajo, ni tampoco tu hijo, ni tu hija, ni tu esclavo, ni tu esclava, ni tus animales, ni tampoco los extranjeros que vivan en tus ciudades. Acuérdate de que en seis días hizo el Señor los cielos y la tierra, el mar y todo lo que hay en ellos, y que descansó el séptimo día. Por eso el Señor bendijo y consagró el día de reposo.
>
> Honra a tu padre y a tu madre, como el Señor tu Dios te lo ha ordenado, para que disfrutes de una larga vida y te vaya bien en la tierra que te da el SEÑOR tu Dios.
>
> No mates.
>
> No cometas adulterio.
>
> No robes.
>
> No des falso testimonio en contra de tu prójimo.
>
> No codicies la esposa de tu prójimo, ni desees su casa, ni su tierra, ni su esclavo, ni su esclava, ni su buey, ni su burro, ni nada que le pertenezca.[40]

---

[40] Para la interpretación de los mandamientos individuales véase en especial

Obviamente la serie de mandamientos está concebida para regir las relaciones básicas con Dios en los primeros tres mandamientos, y con los demás seres humanos en los mandamientos cuarto a décimo. Pueden entenderse como normas básicas de convivencia. Según la tradición del Sinaí, Moisés los recibió sobre dos tablas de piedra directamente de Yahvé. Por supuesto, es fácil ver que los 10 mandamientos en esta versión no se refieren a los nómadas como en el tiempo de Moisés, sino que presuponen el modo de vida sedentario de un pueblo. Se menciona por ejemplo al sirviente y la criada, al extraño que vive en la ciudad, el falso testimonio (ante un tribunal) y la casa del prójimo.

Por otro lado, normas como *"no matar, no cometer adulterio, no robar"* ciertamente se habrán conocido ya antes de Moisés. Por lo tanto, es probable que el texto del Decálogo tenga una larga historia de desarrollo y probablemente no fue sino hasta más tarde, aproximadamente en el siglo VII, que se haya incorporado a la historia del Éxodo de Egipto (tradición del Éxodo) y en la narrativa del Sinaí. Con esta inclusión los mandamientos adquieren una legitimidad religiosa. Se vuelven sagrados, por así decirlo. Son palabras de Yahvé. Como tales, ahora preceden, tanto en Ex 20 como en Dt 5, los siguientes actos legales del libro del pacto o la ley deuteronómica. Forman la "base hermenéutica" de la ley israelita, quiere decir que solamente el Decálogo es directamente conferido al pueblo por Dios, las otras leyes son transmitidas por Moisés. Es por eso que deben entenderse como despliegues de los Diez Mandamientos. Esto le da su alta relevancia al Decálogo en el Antiguo Testamento.

La serie de los Diez Mandamientos deja entrever un interés pedagógico. Las normas más importantes para la convivencia se pueden contar o aprender con los diez dedos.

Se deben descartar dos conceptos erróneos frecuentes sobre el Decálogo: Los Diez Mandamientos no son idénticos a la llamada

---

para la región hispano parlante Brevard S. Childs, *El libro del Éxodo. Comentario crítico y teológico*. Estella (Navarra): Verbo Divino, 2003, 396-418.

ley natural, que es implantada y plausible para todas las personas. Esta interpretación quizás todavía sería aplicable a la segunda tabla de los mandamientos, las leyes cuatro a diez, pero ciertamente no para los tres primeros mandamientos relacionados con Dios, y específicamente con Yahvé, quien ha liberado a Israel de la esclavitud en Egipto.

Por otra parte, el Decálogo no puede identificarse con toda la Torá. Esto se desprende de los temas éticos que no se mencionan en el Decálogo: la ausencia de reglas tabú sobre los alimentos, la impureza y la sexualidad, las reglas de culto positivas más allá del sábado, las leyes sobre la economía y el estado, la guerra y el servicio militar, y sobre personas de menos derechos, grupos marginados y desfavorecidos.[41] Por lo tanto, el Decálogo no puede entenderse como un resumen de la Torá (los cinco libros de Moisés, entendidos como instrucciones de Dios). Por el contrario, hay que estar de acuerdo con Rainer Kessler, quien marca el Decálogo con la metáfora de "portal de entrada a la Torá" o incluso de "Obertura a la Torá".

La obertura se apropia de algunos elementos de la pieza musical que le sigue, pero no necesariamente todos y no todos de forma idéntica. Prepara para la obra que viene, pero no ocupa su lugar.[42] La puerta de entrada o la obertura arrojan luz en lo pequeño sobre el entendimiento fundamental de la Torá en lo grande:

• **La auto-presentación de Dios**

La primera frase del Decálogo es como quien dice el preámbulo: *"Yo soy el Señor tu Dios. Yo te saqué de Egipto, país donde eras esclavo."*

---

41 Vgl. Frank Crüsemann, *Bewahrung der Freiheit. Das Thema des Dekalogs in sozialgeschichtlicher Perspektive*. München: Kaiser, 1983, 10s., así como Rainer Kessler, *Der Weg zum Leben. Ethik des Alten Testaments*. Gütersloh: Gütersloher Verlagshaus, 2017, 196. En contraposición, Pablo R. Andiñach opina adicionalmente que el Decálogo abarca "la totalidad de la vida personal y social". Véase Andiñach, *Éxodo*. Miami, Florida: Sociedades Bíblicas Unidas, 2008, 225.

42 Kessler, *Der Weg zum Leben*, 198.

Esta frase define el acceso al Decálogo. ¿Se trata de un marco autoritario de determinación de normas o bien de una comprensión legalista de los mandamientos o están estos mandamientos empotrados en una historia con Dios? Esto último es el caso. Con la referencia al éxodo se percibe la experiencia de la liberación de Israel de la esclavitud en Egipto. Dios se presenta a sí mismo por su nombre e inmediatamente se asocia con la libertad del pueblo. El que habla aquí es el Dios de la liberación. La liberación es el primer y fundamental acto por el que entra en la historia de Israel. Solamente dentro de este marco histórico los mandamientos tienen su significado. Presuponen el pacto entre Dios y su pueblo, el cual se cerró en el Sinaí. Aquí, el principio hermenéutico de la creación de la ley en su totalidad se repite dentro del Decálogo: los mandamientos deben entenderse desde esta auto-presentación del Dios liberador. Por lo tanto, no deben leerse como un camino de salvación ni como una ley de orden. Gerhard von Rad ya lo ha dejado claro:

> Sin embargo para ser "ley" en el sentido estricto de la palabra, para ser norma de la vida moral, faltaba lo más importante: la carga positiva sin la cual no puede concebirse una ley. El decálogo... se limita a algunas negaciones fundamentales, es decir, se contenta con poner en los bordes de un vasto sector vital algunas señales, que deberá tomar en consideración quien pertenece a Yahvéh.[43]

Por lo tanto, estos mandamientos más bien deben ser interpretados como indicaciones para una vida que preserve y permita la libertad concedida.

• **La función de protección de los mandamientos**

Si los mandamientos del Decálogo se entienden como el "derecho fundamental" de la comunidad del pueblo de Dios, entonces se aclara sobre todo la función protectora de la ley: para preservar la

---

43 Gerhard von Rad, *Teología del Antiguo Testamento, Vol. I: Teología de las tradiciones históricas de Israel*. Traducido del alemán por Victoriano Martín Sánchez, 8ª edición, preparada por Luis Alonso Schökel. Salamanca: Sígueme, 2000, 252; citado en Crüsemann, *Bewahrung der Freiheit*, 12.

libertad, los mandamientos establecen límites. Si se sobrepasan estos límites, la libertad sería destruida. Se trata principalmente de la libertad y los derechos de los más débiles en una sociedad. Para evitar que los más fuertes se impongan despiadadamente sobre ellos o que se creen estructuras opresivas, se necesitan regulaciones para proteger a los más débiles. Así el Decálogo quiere proteger, por ejemplo, a los trabajadores, incluidos los esclavos, de la explotación, asegurándoles un día libre. Él quiere proteger a los padres de familia, viejos y frágiles, pidiéndoles a los hijos e hijas que se comporten con respeto. Así se puede continuar la serie de derechos de protección. Esto también explica la formulación negativa en forma de prohibiciones. Estas definen el margen del comportamiento dentro del cual se pueden mover los comportamientos éticos. Esta interpretación es fundamentalmente diferente de la práctica frecuente de derivar una tabla de valores fija a partir de los Diez Mandamientos o calificarlos como principios eternos. Las normas dadas por o atribuidas a Dios sirven directamente para proteger a los débiles e indirectamente para la realización de una vida en libertad.

- **Observaciones acerca de los mandamientos individuales**[44]

    El primer mandamiento: *Soy el Señor tu Dios. No tengas otros dioses además de mí.*

    El primer mandamiento es el corazón del Antiguo Testamento, la escala de todas sus escalas para las enseñanzas de Dios y la conducta correcta ante Él.[45]

Está formulado como un discurso divino. En este mandamiento Dios se presenta a sí mismo. La obligación de no adorar a otros dioses aparte de Yahvé presupone todavía la existencia de otras deidades. Sin embargo, la adoración exclusiva a Yahvé se basa en la liberación de Egipto, la confesión original de Israel: "*... quien te sacó de la tierra de Egipto, de la casa de esclavos*". Esta adición fue omitida

---

[44] En lo siguiente sigo las explicaciones de Jörg Jeremias, *Theologie des Alten Testaments*. Göttingen: Vandenhoeck & Ruprecht, 2017, 363-384.

[45] Jeremías, 367.

en la tradición protestante de acuerdo con la formulación de Lutero en sus catecismos, probablemente con el objetivo de promover la generalización. Sin embargo, de él se desprenden los fundamentos y la motivación de todos los mandamientos siguientes: El Dios que conduce a la libertad ofrece a su pueblo pautas de vida para que conserve la libertad.

La prohibición de imágenes[46] no está dirigida contra las imágenes en general, sino contra la producción de imágenes de culto y su adoración, como por ejemplo representaciones de jinetes y caballos o imágenes de toros. Es característico de la religión de Yahvé y algo único entre las religiones orientales. El mandamiento traza un límite muy definido entre el Creador y la criatura, preservando así la condición incomparable e inaccesible de Dios. Al mismo tiempo, el mundo está siendo liberado de deidades y demonios. Se vuelve profano. Sin embargo, Dios es percibido como cada vez más trascendente y alejado del mundo.

El segundo mandamiento: *No pronuncies el nombre del Señor tu Dios a la ligera.*

Esta prohibición originalmente provino de la ley procesal y fue dirigida contra el perjurio, haciendo referencia a Dios. En el contexto del Decálogo se amplió su significado. Está prohibido cualquier abuso del nombre de Dios, ya sea como maldición, brujería o prácticas mágicas. Probablemente las mismas eran comunes en la época de los reyes de Israel. La prohibición de pronunciar el nombre de Dios con propósitos vanos, protege el honor de Dios de la manipulación humana.

El tercer mandamiento: *Acuérdate del sábado, para consagrarlo.*

El mandamiento del sábado fue inicialmente establecido durante el pre-exilio como regla de un día de descanso en el que no se

---

46 La prohibición de imágenes se adjudica según la forma de contar, al primer mandamiento (tradición luterana y católica) o como segundo mandamiento individual (en la tradición reformada o anglicana). Para llegar a diez en el primer caso se distribuye entonces la prohibición de la codicia a los mandamientos noveno y décimo.

debía trabajar. Esta regla era válida para todos los trabajadores dependientes, esclavos, forasteros, e incluso los animales de trabajo como toros y burros (Ex 23.12). El día de descanso aún no estaba relacionado con actividades religiosas o de culto. Eso cambió con la inclusión del mandamiento en el Decálogo en el período de exilio. Cuando ya no se podía realizar el culto tradicional de sacrificio, el sábado se convirtió en un signo de identificación de culto y en una característica confesional crucial del pueblo de Yahveh. El respeto del sábado se convierte en una exigencia religiosa. El sábado es el día de Yahveh. El sábado tiene distintas justificaciones: en Dt 5.12-15 por la conexión histórica de salvación con la liberación de la esclavitud en Egipto (Éxodo), en Ex 20.11 al referirse al relato de la Creación, según el cual Dios mismo descansó al séptimo día.

A esto corresponde también la demanda de descanso en cada séptimo año. En el "año sabático", la tierra del campo debe descansar (Ex 23.10ss., Lv 25.1ss). Con ello se recuerda que Yahvé es el dueño de la tierra y que toda propiedad de la tierra debe entenderse solamente como un préstamo.

El cuarto mandamiento: *Honra a tu padre y a tu madre.*

Con el cuarto mandamiento comienza la llamada "segunda tabla" del Decálogo, que regula el comportamiento hacia el prójimo. Igual que el tercer mandamiento, no está formulado como una prohibición, sino como una instrucción positiva, y por lo tanto está destinado a orientar el comportamiento humano. El mandamiento de honrar al padre y a la madre no exige obediencia ni amor. Tampoco está dirigido a niños, sino a adultos y exige responsabilidad por los padres mayores. Se trata concretamente de proveerles alimentos, ropa y vivienda, así como de brindarles respeto y reverencia. El comportamiento hacia los padres es considerado como una condición básica para una comunidad social exitosa. En contraste con las siguientes prohibiciones, por lo tanto, va acompañada de una amplia promesa: *"para que se sienta bien y vivas largo tiempo en la tierra".* El bienestar radica en el hecho de que se puede partir de la suposición que si se observa esta regla igualmente será tratado con reverencia y de manera humana cuando también alcance una edad avanzada. Una vida larga y plena se considera una prueba de la gracia de Dios y también puede entenderse como una recompensa.

El quinto mandamiento: *No mates.*

Con la prohibición de matar se marca el comienzo de una serie de tres prohibiciones cortas destinadas a prevenir la destrucción de la comunidad: no matar, no cometer adulterio, no robar. La vida, la familia y la propiedad deben ser protegidas. Si se cree que Dios es el Creador y Dador de toda la vida, entonces básicamente toda vida tiene derecho a la protección. La prohibición de matar tiene como objetivo proteger la vida humana de la arbitrariedad humana. La palabra hebrea *rsh* para matar no se usa para matar animales o matar en la guerra. Más bien a lo que se refiere es a matar o asesinar a un adversario personal en el sentido de un acto brutal de violencia, es decir, no en combate o en defensa propia. Con esto también se quiere evitar la venganza de sangre.

El sexto mandamiento: *No cometas adulterio.*

Este mandamiento no regula toda el área de la sexualidad. Solamente se refiere a un matrimonio y una familia existentes. Dado que es el núcleo de una comunidad ordenada, debe protegerse de la destrucción. El adulterio no se juzga tanto moral como individualmente, sino más bien por sus consecuencias sociales. El adulterio de una mujer casada resultaba cuando ella sostenía una relación sexual con otro hombre; en el caso del hombre solamente se consideraba adulterio si él rompió otro matrimonio, es decir, tuvo relaciones con una mujer casada. No cuando rompía su propio matrimonio. La razón de esta evaluación moral desigual era que el hombre, desde el punto de vista de una comprensión patriarcal de la familia, tenía que estar seguro de que sus descendientes fueran hijos legítimos. Entonces, el propósito del mandamiento es proteger la existencia de la familia extendida y un patrimonio seguro.

El séptimo mandamiento: *No robes.*

La prohibición de robo presupone la existencia de propiedad privada. Evidentemente, la propiedad privada fue considerada desde muy temprano como un derecho legal individual que goza de protección en una comunidad. La apropiación ilegal de la propiedad también puede interpretarse como el "robo" de personas en el sentido de privación de libertad (compare Ex 21.16, donde se usa el mismo verbo *gnb* para esta situación). Con ello queda prohibido esclavizar a un israelita. Ambos eventos representan una violación del orden legal que se supone debe facilitar la convivencia humana.

El octavo mandamiento: *No des falso testimonio en contra de tu prójimo.*

El mandamiento proviene del derecho procesal israelita y está relacionado con la jurisprudencia pública que se basa en la credibilidad de los testigos. De su testimonio dependían la propiedad, el honor y la vida de los acusados. Por lo tanto, este mandamiento tiene el objetivo de permitir una jurisdicción ordenada y justa. Es una institución esencial de convivencia humana que necesita ser protegida. En la tradición cristiana, este contexto se amplió cada vez más y de este modo se creó una prohibición general de la mentira.

El noveno y décimo mandamiento: *No codicies.*

Estos dos mandamientos establecen un nuevo acento en la serie de prohibiciones. Mientras que los cuatro mandamientos anteriores pueden formalizarse, es decir, traducirse a la jurisprudencia, la prohibición de la codicia apunta a una actitud básica del ser humano. Es la persona codiciosa quien se coloca a sí mismo en el lugar de Dios (del primer al tercer mandamiento) y quien viola la dignidad, la vida, la comunidad, la propiedad y la ley. Visto de esta manera, los mandamientos noveno y décimo son la contraparte directa del primer mandamiento, formando el marco del Decálogo. Todos los demás mandamientos se pueden interpretar desde el concepto de la codicia, el pecado fundamental del ser humano.[47]

---

[47] Franz Hinkelammert ve en el décimo mandamiento el más importante de todos y para ello se apoya en Pablo, quien en Ro 13.9-10 cita los mandamientos como sigue: "... *los mandamientos: ¡No cometerás adulterio! ¡No matarás! ¡No*

La exhortación de no codiciar el hogar del prójimo proviene consecuentemente de la esfera de la vida cotidiana. La palabra hebrea *hmd* para "codiciar" incluye todo el proceso de observar, codiciar, querer poseer y tomar posesión. Se resumen en la intención y el hecho. El codiciar algo es una sola acción. En contraste con el robo (del séptimo mandamiento), los mandamientos noveno y décimo también contemplan comportamientos que tienen lugar bajo la cubierta de la ley, como por ejemplo, las prácticas que legítimamente se apoderan del sustento de los agricultores libres a través de la ley de obligaciones y expulsan a las familias de sus tierras.[48]

El décimo mandamiento expande el objeto original de la codicia, la casa, más allá a la "mujer, criado, sirvienta, vaca, burro". No está muy claro el porqué se incluye a la mujer en esta lista, aún cuando el adulterio ya queda prohibido en el sexto mandamiento. Se podría suponer que esto no se refiere principalmente a la relación sexual, sino a la intención de llevar a la mujer a ser parte de su propiedad a través de la institución de la esclavitud por deudas: como trabajadora y, eventualmente de manera secundaria, como objeto sexual. El apropiarse de la casa y el patio, la familia, el servicio y la propiedad bajo el "pretexto del derecho", habla a favor de esta táctica. La codicia amenaza así toda la base material y social de vida.

---

robarás! ¡No codiciarás! Y los demás mandamientos que puedan existir....". "Pablo se refiere por tanto a la segunda parte de los diez mandamientos. ... Son leyes existentes, pero también otras normas, acerca de las cuales Pablo solamente hace una indicación – "y los demás mandamientos que puedan existir." Sin embargo, el décimo mandamiento – no codiciarás – no puede ser expresado como norma formal, aún cuando para Pablo evidentemente es el más importante. Decide sobre el significado de las normas formales y contiene para Pablo el elemento central para la deducción de la justicia que desarrollará en los próximos capítulos." En *La maldición que pesa sobre la ley. Las raices del pensamiento crítico en Pablo de Tarso*. San José, Costa Rica: Arlekin, 2010, 75.

48 Tanto Miqueas como Isaías condenan estas prácticas como dignas de muerte. Véase Mi 2.2: *"Codician las heredades, y las roban; y casas, y las toman; oprimen al hombre y a su casa, al hombre y a su heredad."* Is 5.8: *"¡Ay de los que juntan casa a casa, y añaden heredad a heredad hasta ocuparlo todo!"*

• El Decálogo en el marco de una ética cristiana

Aun cuando la inclusión del Decálogo en la ética cristiana rompe su marco histórico de referencia inmediato - va dirigido al pueblo de Israel, presupone el éxodo de Egipto y crea un sistema legal dentro del pacto con Dios – la misma sin embargo se justifica por tres razones:

(1) Por una parte en el primer mandamiento, *"Yo soy el Señor tu Dios"*, se presenta un Dios quien es también el Dios del Nuevo Testamento. Es el Dios de Moisés, a quien Jesús llama Padre (*Abba*).

(2) Por otra parte Jesús mismo, según los evangelios, hace referencia en algunas ocasiones a los mandamientos del Decálogo (p.ej. Mc 10.17ss.). Llama la atención, sin embargo, la libertad con la cual en algunos casos los radicaliza, como en las antítesis del Sermón de la Montaña (p.ej. Mt 5.21ss.; 5.27ss.; 5.38ss.), o los relativiza, como en Mc 2.27. Allí precisamente se trata del mandamiento de guardar el sábado, el cual adquiere un nuevo y destacado significado a raíz del exilio babilónico, y el cual Jesús ahora coloca bajo el criterio de la humanidad: *"El sábado se hizo para el hombre, y no el hombre para el sábado"*. El mandamiento del amor a Dios (Dt 6.4ss.) y el mandamiento del amor al prójimo (Lv 19.18) los resume en el así llamado mandamiento doble del amor y lo presenta como el "mandamiento principal" (Mc 12.28-31) por encima de los otros mandamientos.

(3) Por último, el motivo del éxodo que está detrás del Decálogo, no es simplemente una indicación de un hecho histórico aislado, sino caracteriza – como vimos – la obra de Dios en la historia como una obra fundamental de liberación. Y como tal se presenta a través del Nuevo Testamento. Los reformadores lograron la descripción precisa con la formulación "liberación del pecado, de la ley y de la muerte". La ética cristiana sigue esta huella del recuerdo del éxodo o bien del comportamiento de liberación.

El filosofo social norteamericano Michael Walzer habla de un "pensamiento de éxodo" de la tradición judío-cristiana, que desemboca en una "política de éxodo".[49]

> Las condiciones egipcias no se dejan simplemente atrás. Son rechazadas y juzgadas moralmente. Dado que la evaluación ética se da desde la esperanza de un cambio y no de la resignación, el éxodo se convierte en un movimiento hacia adelante. ... Existe un lugar mejor, una sociedad más justa; donde uno vive, tiene que ver con Egipto. Este impulso empuja un movimiento hacia adelante. El impulso es comparativo; insiste en más humanidad, más justicia, más derechos de libertad. La lucha respectiva por más humanidad y justicia es solo una variación; la versión original es el éxodo de Egipto.[50]

Ya en Pablo encontramos este pensamiento de éxodo, cuando inicia su párrafo sobre ética en la carta a los Gálatas con las palabras: *"Cristo nos liberó para que vivamos en libertad. Por lo tanto, manténganse firmes y no se sometan nuevamente al yugo de esclavitud"* (Gá 5.1).

Pablo hace mención en Ro 7.7 y 13.8-10 al Decálogo; allí resume los mandamientos de la segunda tabla (mandamientos cuatro a diez) en un mandamiento de amor. El cumplimiento de los mandamientos de la Torá resulta a través del amor; y el amor solamente es posible como "cambio en el espíritu", como vida "en Cristo" (compárese Gá 5.13-16).

• **Conclusiones**

Cuando la ética cristiana hace referencia a los diez mandamientos, trae sobre el tapete normas que transportan ciertos motivos del comportamiento; estos son el amor a Dios y el amor al prójimo. Este hecho es de gran relevancia especialmente desde el punto de vista pedagógico. Al mismo tiempo estas normas deben ser entendidas

---

49 Michael Walzer, *Exodus und Revolution*. Berlin: Rotbuch, 1988, 142 u. 141-157, traducido al español por Marion Dieke.

50 Franz Segbers, *Die Hausordnung der Tora. Biblische Impulse für eine theologische Wirtschaftsethik*. Luzern: Exodus, 2002, 111.

como expresión y concretización del amor. Esta es la escala sobre la cual se deben de medir. De tal forma se evita cualquier aplicación legalista. También para una ética de normas es válido el viejo principio: *summa lex, maxima iniustitia* – "la legalidad absoluta es la injusticia absoluta".[51] Jesús mismo rompió este principio en forma paradigmática, por ejemplo en su trato con la adúltera (Jn 8). La ley condenatoria era clara, pero su amor era más grande.

Así podemos resumir: una ética crítica va a hacer referencia a las normas del Decálogo para proteger los derechos precisamente de los más débiles y para posibilitar una vida en libertad. Esto solamente es posible si se garantiza esta perspectiva superpuesta – siguiendo el primer mandamiento. Seguir este impulso inicial de la Torá también marca una ética cristiana.

4.4.4 Las parénesis del Nuevo Testamento

Las normas del Nuevo Testamento juegan, junto a los diez mandamientos, un papel importante para la orientación del comportamiento en la ética cristiana. Las encontramos en distintas formas de hablar con diferentes funciones. Así por ejemplo la parábola del buen samaritano culmina con la apelación final: *"Anda entonces y haz tú lo mismo"* (Lc 10.37). En lo que concierne al contenido, la norma de comportamiento de este ejemplo no se encuentra en la apelación misma sino en la conducta modelo del samaritano.

En el encuentro de Jesús con el joven adinerado toda la conversación gira en torno a lo que hay que hacer. Jesús menciona las exigencias de los mandamientos y finalmente las radicaliza: *"Todavía te falta una cosa: vende todo lo que tienes y repártelo entre los pobres, y tendrás tesoro en el cielo. Luego ven y sígueme"* (Lc 18.22). Jesús no solamente formula una ley de aplicación común para todos, sino

---

51 Véase Franz Hinkelammert, *La maldición,* 297: Hay que recordar un dicho muy frecuentemente usado en la Edad Media, que viene de la antigüedad (Cicerón): *summum ius summa iniuria*. También muchas veces expresado en la Edad Media como *Summa lex, maxima iniustitia*.

que reacciona a la situación específica del hombre rico, quien dice de sí mismo haber obedecido desde joven los mandamientos de Dios.

Incluso las así llamadas antítesis del Sermón de la Montaña sobre el asesinato, el adulterio, el juramento, las represalias y el amor al enemigo (Mt 5.21-48) ofrecen a primera vista indicaciones concretas sobre normas de comportamiento. Sin embargo, una mirada más cercana revela que no todas las formulaciones normativas apuntan a un cumplimiento literal. Jesús con toda seguridad no habrá querido instigar a la mutilación voluntaria cuando exige: *"Por tanto, si tu ojo derecho te hace pecar, sácatelo y tíralo"* (Mt 5.29) o bien cuando dice: *"Y si tu mano derecha te hace pecar, córtatela y arrójala"* (Mt 5.30).

Más bien, estamos tratando aquí con un recurso estilístico específico del habla: la charla hiperbólica, es decir, la exageración o la agravación. Esta forma de hablar tiene el propósito de enfatizar y advertir contra la gravedad de la situación (en este caso de posible adulterio). Su intención es "orientarnos de nuevo por el camino de una desorientación provocada".[52] Por lo tanto, sería completamente erróneo entender todas las normas del Nuevo Testamento como leyes atemporales, de validez eterna. Con ello se pierde precisamente su intención característica. Según ellas, hay que volver a replantear las preguntas antes de que los estándares del tiempo pasado se trasladen al día de hoy.

En la parte final del Sermón de la Montaña sobre las angustias (Mt 6.19-34), utiliza diferentes razonamientos para concluir siempre con la misma indicación: *"No se preocupen por su vida, qué comerán o beberán; ni por su cuerpo, cómo se vestirán"* (6.25 y similar en 19.31,34) y no exige con ello un comportamiento específico, sino una actitud básica. Tales parábolas, informes de encuentros, así como apelaciones directas, por nombrar solo algunos géneros,

---

52 Wolfgang Schrage, *Ética del Nuevo Testamento*, traducido del alemán por Javier Lacarra. Salamanca: Sígueme, 1987, 80; cita al Hans Richard Reuter, "Die Bergpredigt als Orientierung unseres Menschseins heute", *ZEE* 23 (1979): 95.

transmiten instrucciones o impulsos para la reflexión sobre el comportamiento; o sea, vienen siendo orientaciones normativas.

En las cartas del Nuevo Testamento se encuentran incluso algunos párrafos de cartas parenéticas (ver Ro 12-15; Gá 5-6; 1Ts 4).[53]

Como *parénesis*, o mejor dicho: *paráclesis* (de la palabra *parakalein* = alentar, exhortar, alertar, animar, consolar) se define en el lenguaje bíblico el recordatorio de advertencia que incita a actuar en forma adecuada al evangelio. Es una instrucción directa y, como tal, indispensable en la predicación y la enseñanza. A menudo adopta las normas de comportamiento del entorno helenístico o judío y de la filosofía popular, por ejemplo, en las listas de virtudes y vicios, pero las coloca en el contexto de la comunidad cristiana. Con ello se transforma su motivación o su impulso. No requiere de ninguna manera que sólo se haga "lo obvio", como afirman algunos exegetas. Las paráclesis del Nuevo Testamento están más bien diseñadas como exhortaciones para las comunidades sobre el trasfondo de la cristología y la escatología. Resulta significativo el hecho, de que Pablo utiliza la misma palabra *parakalein* para la proclamación del Evangelio que para la exhortación de la comunidad, y logra demostrar con ello la unidad de la acción salvadora y orientadora de Cristo. La paráclesis del apóstol no forma un sistema ético cerrado, sino que sigue la visión del mundo y la vida obtenida de la historia de Cristo y la concretiza adaptada a los diferentes destinatarios en Tesalónica, Galacia, Corinto o Roma. Allí las comunidades deben prepararse para el encuentro cercano con su Señor como juez. Por lo tanto, ya no deben ajustarse a los estándares de este mundo transitorio (Ro 12.2), sino que deben orientarse por la venida del Señor (Ro 13.11 ss.).

Para la utilización de estas normas es importante tener presentes los diferentes tipo de parénesis, ya que existen tres tipos [54]:

---

53 Compárese en relación con la parénesis de Pablo: Schrage, *Ética*, 226-237.

54 La diferenciación de las parénesis de salvación y las parénesis de situación se encuentra en Rainer Mayer, *Ethik lehren*, 53f. Yo agrego las parénesis generales, las que no se refieren a situaciones concretas. Compárese para ello: Theissen/von Gemünden, *Der Römerbrief*, 81-84.

(1) Parénesis de salvación

Estas parénesis instan a los cristianos a convertir en realidad lo que ya son en Jesucristo, "nuevas creaciones" (2Co 5.17). Son llamados a fortalecer el estado de su salvación, a desligarse del "hombre viejo" y abrazar al "hombre nuevo" (Ef 4.22ss.). El regalo de esa libertad debe ser preservado (Gá 5.1) y la vida debe ser guiada en el Espíritu. Las parénesis de sanación exhortan al destinatario a preservar su identidad cristiana y a fortalecerla una y otra vez.

(2) Parénesis generales

- El segundo tipo de normas son parénesis generales. Describen de manera general la acción y el comportamiento del "hombre nuevo". Esta categoría también incluye la así llamada famosa Regla de Oro: *"Así que en todo traten ustedes a los demás tal y como quieren que ellos los traten a ustedes"* (Mt 7.12).

- La Regla de Oro renuncia a la relación con Dios que predica el doble mandamiento del amor y se orienta exclusivamente hacia sí mismo y hacia el otro. En esta concepción formal, puede convertirse en una norma universal.

En el párrafo Ro 12.1-13.14 Pablo dicta normas generales de comportamiento dentro de la comunidad y ante el estado:

- ... les ruego que cada uno de ustedes, en adoración espiritual, ofrezca su cuerpo como sacrificio vivo, santo y agradable a Dios (12.1).

- No se amolden al mundo actual (12.2).

- Aborrezcan el mal; aférrense al bien (12.9).

- Todos deben someterse a las autoridades públicas (13.19).

- Paguen a cada uno lo que le corresponda (13.7).

Este tipo de normas exhortan a los "frutos del espíritu", como lo son el *"amor, alegría, paz, paciencia, amabilidad, bondad, fidelidad, humildad y dominio propio"* (Gá 5.22). Estas parénesis generales sugieren a los destinatarios ciertas actitudes básicas, que corresponden a una identidad cristiana, sin por ello darles indicaciones concretas de comportamiento.

(3) Parénesis de situación

Esto es lo que hacen las llamadas parénesis de situación, haciendo advertencias específicas a las comunidades o a los individuos en una situación concreta. Brindan indicaciones concretas de comportamiento adecuado. Estas advertencias intentan formular, dentro del marco de estructuras sociales antiguas, cómo debería ser el comportamiento cristiano bajo las condiciones dadas aquí y ahora. Se refieren, por ejemplo, a su posición ante el estado, el orden en una familia extensa, la relación entre ricos y pobres, hombres y mujeres, o los conflictos en la comunidad, como en Roma o Corinto. En la disputa sobre los lineamientos en relación a los alimentos, por ejemplo, Pablo advierte:

- *"El que come de todo no debe menospreciar al que no come ciertas cosas, y el que no come de todo no debe condenar al que lo hace, pues Dios lo ha aceptado."* (Ro 14.3).
- En 1Co 7 Pablo confronta a los corintios con su advertencia e instrucción incluso en temas de ética sexual. Las listas de virtudes y vicios (p.ej. Ro 1.29-31 y Fil 4.8) que Pablo toma de su ambiente helenístico, sirven para concretar el comportamiento cristiano.

Por lo tanto, la parénesis de Pablo muestra una estructura muy similar a la que hemos visto en el modelo del círculo ético: las actitudes éticas que se derivan de la fe cristiana y de su entendimiento dirigen el comportamiento de rutina de los cristianos y, por lo tanto, se inculcan constantemente. Sin embargo, en situaciones especiales de toma de decisiones, deben ser especificadas nuevamente para poder proporcionar ayuda concreta para enfrentar la vida. Por tanto, también la ética cristiana de Pablo es una actitud relacionada con el tiempo y la situación, orientada en base a la venida de Cristo. Es la interacción de las actitudes éticas y las advertencias concretas la que permite esta relación con la situación al tiempo que preserva la propia identidad. Leyendo las indicaciones sobre los peinados y los tocados durante el culto (1Co 11.2ss.) así como sobre el silencio de las mujeres en la iglesia (1Co 14.33b ss.) vemos cómo también Pablo se vio obligado a repetir frecuentemente sus advertencias.

Habiendo hecho esta distinción ahora se puede concluir que la fidelidad a la Biblia no consiste en elevar una parénesis de situación relacionada a un tiempo específico a ser una ley atemporal. La instrucción de que *"la mujer haga silencio en la iglesia",* fue por ejemplo una instrucción relacionada a una situación particular en la comunidad [55]. Hoy debe corregirse a la luz del conocimiento básico de Pablo: *"Ya no es válido: judío o griego, no esclavizado o libre, ni más: hombre o mujer, porque todos son uno solo en Cristo Jesús"* (Gá 3.28). La distinción entre los tres tipos de parénesis representa una herramienta hermenéutica para realizar la aplicación de normas éticas de manera responsable a las situaciones y los contextos actuales.

4.5 Formas y modelos de comportamiento ético

La cuarta categoría básica de la ética son las formas de comportamiento concretos y los modelos de comportamiento. Como vimos, representan el lado exterior del comportamiento. Las normas y los criterios de la ética transmiten el interior, las motivaciones, a un comportamiento visible y vivido. El comportamiento en sí mismo siempre incluye tanto las formas de actuar como las de dejar de actuar. El dejar de actuar también refleja un comportamiento que puede ser éticamente reflexionado y evaluado. Así, por ejemplo, el negar una asistencia no solamente es reprochable, sino incluso castigable. Incluso el silencio ante una injusticia, por el motivo que sea, es un comportamiento que se puede evaluar desde el punto de vista ético.

Ya en las indicaciones sobre comportamiento ético en el Nuevo Testamento, hemos visto que pueden estar orientadas hacia formas

---

[55] Exegéticamente hay varias indicaciones de que esta instrucción (1Co 14.34-36) fue incluida posteriormente al texto de Pablo, ya que es demasiado obvio cómo interrumpe el pensamiento entre 14.32 ss. y 14.37, que habla de los profetas de la comunidad. Además, contradice directamente la argumentación de Pablo en 1Co 11.5, donde subraya la cooperación de la mujer en el culto e incluso en discursos proféticos. Compárese: Ugo Vanni, *Las Cartas de Pablo*. Buenos Aires: Claretiana, 2009, 43f.

de comportamiento comunes como la misericordia, la paciencia o la no adaptación, así como también a formas de comportamiento concretas como la renuncia de los "fuertes" a comer carne (Ro 14) o la sumisión bajo las autoridades romanas en un período determinado (Ro 13). Por lo tanto, las formas de comportamiento se mueven entre una orientación básica general y una relación específica con una situación concreta. Este rango de margen del comportamiento representa el perfil de una ética protestante. Wolfgang Schrage ya trabajó esto claramente para la ética del Nuevo Testamento:

> A pesar de toda la diversidad de las modalidades concretas de comportamiento existen dentro de la cristiandad primitiva modelos permanentes de actuación y señalizaciones de la dirección a seguir, que impiden lo mismo un relativismo que un código de costumbres dotado de autoridad. El precepto del amor y determinados mandamientos concretos se mantienen invariables, prescindiendo de cualquier tipo de análisis de la situación. Así, por ejemplo, las palabras y los hechos de Jesús, aunque no se hayan repetido de manera estereotipada en otras situaciones diferentes siempre, sin embargo, se han intentado actualizar. Precisamente la reinterpretación de tradiciones éticas que se puede observar en el nuevo testamento demuestra que no existe una tendencia a reproducir servilmente comportamientos estandarizados. Pero a pesar de toda la libertad y de toda la fuerza de innovación con las que se podría no sólo interpretar sino crear algo nuevo, se intenta, no obstante, mantener las orientaciones de Jesús y las experiencias de la comunidad primitiva, con objeto de poder solucionar situaciones análogas o nuevas.[56]

- **¿Existe un atributo propio de la ética cristiana?**

En la historia de la ética cristiana, sin embargo, ha surgido repetidamente la pregunta si existe algo así como formas de comportamiento cristiano específicos, o sea, una ética cristiana material. De hecho, en un caso concreto, la conducta cristiana difícilmente puede distinguirse de la conducta no cristiana. Por ejemplo, una comunidad cristiana que recoge ropa para los

---

56 Schrage, *Ética*, 17s.

refugiados hace lo mismo que una iniciativa cívica similar. Incluso la prohibición de matar (o asesinar) parece plausible tanto para cristianos como para no cristianos. Por lo tanto, todavía es una respuesta común decir que la diferencia se encuentra como mucho en la motivación de dicha conducta, pero no en sus formas.

Sin embargo, esta formulación puede quedar corta. Las formas de comportamiento concretos no son una mera deducción de motivaciones o normas, sino resultan de la interacción de la propia identidad con su percepción de la realidad, sus motivaciones y normas. Las formas de comportamiento que se desarrollan en un caso concreto dependerán de la identidad de los sujetos. ¿Cuál es la visión de una buena vida que persiguen y cuáles son los criterios para una vida justa que los guían? Las respuestas a estas preguntas se reflejan en sus formas de comportamiento. Son más que simples reacciones automáticas o predecibles a estímulos específicos. En última instancia, transmiten fe, amor y esperanza desde una perspectiva cristiana. Las formas de comportamiento practicados o elegidos deben ser evaluados desde ese punto de vista. El hecho de que el lado exterior del comportamiento cristiano a menudo no se pueda distinguir de otros esfuerzos humanos no es, por lo tanto, un reclamo sobre un atributo específico de la ética cristiana, sino evidencia de su capacidad de diálogo y comunicación.

- **Modelos de comportamiento, instituciones y roles**

El lado externo del comportamiento se define además por modelos de comportamiento. Estos son procedimientos y formas de comportamiento sociales y morales definidos. A través de la socialización, el ser humano individual adquiere modelos establecidos. A modo de ejemplo, uno podría pensar en el deber humano de socorrer a una víctima en un accidente. Este es un modo de comportamiento establecido que normalmente se lleva a cabo de forma automática, sin la necesidad de un debate ético que conlleve la toma de decisiones. En el caso de que no se brinde la ayuda, se provoca la indignación de la opinión pública, lo que a su vez viene a reforzar este patrón de comportamiento.

Dicho en otras palabras, las personas no diseñan su convivencia simplemente de manera "espontánea", sino que crean reglas que traen una cierta estabilidad a la vida y la convivencia. Esto crea las llamadas *instituciones* que regulan ciertos contextos de vida. Son instituciones y formas de organización tales como el matrimonio, la familia, el trabajo, el derecho, la educación y el estado. En ellas se "condensan", por decirlo de esta manera, los modelos de comportamiento que son socialmente reconocidos e incluso exigidos. Así, por ejemplo, la institución del matrimonio o bien de la familia regulan las formas de vida socialmente aceptadas para la vida sexual y para la garantía de la descendencia. Por lo tanto, las instituciones usualmente fungen como una especie de "guardianes de la tradición". Las formas comprobadas de la convivencia deben permanecer estables. Por el bien de la convivencia saludable, se debe asegurar un continuo moral. Es por eso, que transmitir aquellas normas que sean esenciales para la institución respectiva, es una función importante para la institución. En la institución de la familia éstas son normas como la solidaridad, el cuidado de los niños y de los adultos mayores.

Aparte de este lado necesario de las instituciones, también hay un lado crítico. Y es que, si las formas sociales de vida han cambiado con el tiempo, surge un conflicto con las instituciones correspondientes que desean preservar lo tradicional. A menudo les resulta difícil realizar cambios o solamente los hacen muy lentamente.

Este es el caso, por ejemplo, con otras formas de coexistencia sexual que se salen del marco del matrimonio clásico. En este campo ha habido más cambios en las formas sociales durante las pasadas décadas que en las normas que rigen la institución del matrimonio. Tales procesos de cambio se vuelven difíciles cuando, entre otras cosas, las instituciones tradicionales son justificadas con la religión. Esto se practicó durante mucho tiempo en la tradición luterana bajo el concepto de orden de creación. El matrimonio y la familia, el trabajo y el estado - y en la época del nacionalsocialismo en Alemania, incluso la sangre, la raza y el pueblo - fueron interpretados como órdenes incluidos por Dios en la creación, los cuales debían salvar al mundo de ahogarse en el caos. Estos órdenes encarnan por tanto la voluntad de Dios y, por lo tanto, no permiten el acceso y la modificación por parte del ser humano. Eran "órdenes sagrados". Desde el punto de vista exegético esta teoría es insostenible: en Gn 1-2 se habla por ejemplo de la creación del hombre y la mujer, pero en ninguna parte se habla del matrimonio, al menos no del matrimonio monogámico y por lo tanto se puede cuestionar desde el punto de vista histórico.

El desarrollo de las instituciones a lo largo de la historia es más que evidente. ¿Qué forma de matrimonio o estado podría entonces describirse como la voluntad invariable de Dios?

Para una ética crítica, el manejo que Jesús dio al mandamiento del sábado dictará la pauta: *"El sábado se hizo para el hombre, y no el hombre para el sábado"* (Mc 2.27). Así responde a las críticas de los fariseos cuando sus discípulos arrancaron algunas espigas de trigo durante el sábado. Jesús no cuestiona la institución del sábado en general, pero le atribuye una función de servicio para la vida.

Lo mismo sucede cuando las instituciones también liberan fuerzas innovadoras. Precisamente porque tienen una función básicamente estabilizadora, también ayudan a aliviar la carga de las personas, que a su vez permite una distancia crítica. Desde allí se puede llegar a un cambio dentro de las instituciones y a un cambio en las instituciones mismas. Las instituciones pueden multiplicarse o diferenciarse. Dentro de las instituciones pueden cambiar las normas vigentes. Esto se puede observar, por ejemplo, en la educación. Hay una marcada diferencia entre que la pedagogía en las escuelas se oriente de manera tradicional hacia la transferencia de conocimiento y la subordinación a las autoridades o que promueva "la liberación de los oprimidos" (siguiendo a Paulo Freire) y el pensamiento crítico.

A las personas que se encuentran dentro de una institución, la misma le asigna un *rol*, o varios roles por varias instituciones. A estos roles institucionalizados van ligadas las expectativas de los roles correspondientes, es decir, ciertos modelos de comportamiento. Así, por ejemplo, una maestra tiene el papel de pedagoga, de colega, de subordinada (al director), de supervisora (de sus alumnos) y también en su vida privada personifica los roles de la esposa (si está casada), la madre (si tiene hijos), la hija (frente a sus padres), etc. Todo el que asuma un rol acepta hasta cierto punto también las expectativas asociadas a ese rol. Completar un patrón de roles también significa comportarse de manera confiable y permitir una sana convivencia. Se puede considerar un acto de socialización, por tanto, el incorporarse y adaptarse a ciertos roles. A la inversa, una sociedad o grupo sancionará correspondientemente un comportamiento que se salga de su rol.

El aspecto social de la percepción de roles fue enfatizado en la investigación sociológica, especialmente en el llamado *funcionalismo estructural*. Un representante clave, Talcott Parsons[57], interpretó la competencia de roles en el sentido de lo expuesto como una internalización de las expectativas de los actores en la interacción. Para poder actuar de manera segura y confiable, el titular del rol debe conocer la información, o sea las expectativas que conlleva ese rol y, en la medida de lo posible, cumplir con las mismas.

En contraste, el *interaccionismo simbólico* enfatiza más el aspecto personal. Los roles, en esta interpretación, no están definidos estrictamente por una estructura social, sino que deben negociarse en la interacción entre el individuo y el sistema social. La competencia de roles entonces no significa solamente la internalización de normas y formas de comportamiento, sino también la reflexión personal y activa con las mismas, que puede extenderse hasta a un distanciamiento de las expectativas de rol. El individuo puede y debe reaccionar ante las expectativas de rol que se le presentan. Puede aceptar y cumplir las expectativas, pero también las puede negar y rechazar. Deberá encontrar un equilibrio

---

57 Talcott Parsons, *The Social System*. London: Routledge & Kegan Paul Ltd, 1951; new edition 1991.

entre su propio Yo y el Yo ideal.[58] El objetivo es alcanzar una autorrepresentación adecuada, no solamente resguardando la propia identidad en este proceso, sino reorganizándola constantemente. Esto se logra entendiendo las expectativas de los roles, detectando las represiones asociadas a esas expectativas y aceptando o distanciándose (incluso parcialmente) de dichos roles. Siendo cada persona además titular de múltiples roles, pueden surgir conflictos entre ellos, que deben ser equilibrados o solucionados.

En su *teoría de la socialización*[59], Jürgen Habermas describe de forma similar la percepción de los roles como la interacción entre los individuos y el sistema social. En este proceso los roles oscilan entre integración y represión, identidad y discrepancia, conformidad y distancia del rol. Esto se traduce en tres tareas claves para él:

(1) Percepción de represiones, solución consciente de conflictos de roles y aceptación de ambivalencias de roles (tolerancia de frustración).

(2) Equilibrio de tensiones a través de interpretación de roles, representación de sí mismo de forma adecuada y reconocimiento de los demás en sus representaciones.

(3) Consideración reflexiva de las normas adoptadas, aplicación de los roles de manera flexible y práctica del distanciamiento a los roles.

Si aplicamos estos lineamientos a los modelos de comportamiento de una ética crítica, el ejemplo dado anteriormente sobre cómo Jesús manejó el mandamiento del sábado nos brinda algunas indicaciones claras:

Jesús es conocedor de la expectativa del rol de respetar el descanso durante el sábado (inclusive arrancar espigas de trigo), que

---

58 George Herbert Mead, *Mind, Self & Society*. Chicago: University of Chicago, 1934 y 2015.

59 Jürgen Habermas, *Thesen zur Theorie der Sozialisation. Stichworte und Literatur zur Vorlesung im Sommersemester 1968*. Frankfurt/Main: o.V., 1968.

está arraigada dentro del marco religioso y social de la identidad judía. Al mismo tiempo, sin embargo, reconoce la represión que impone esta expectativa cuando se reclama de manera atemporal y desligada de la situación. Entra conscientemente en el conflicto de roles para enfatizar el verdadero significado del mandamiento del sábado *("el sábado está ahí por causa del hombre")*. Al hacerlo, reconoce la intención de los representantes del mandamiento del sábado, pero maneja los roles con flexibilidad (representante del mandamiento - representante del salvador de vida). Así, el ejemplo de Jesús aparece como modelo de ejecución de una competencia de roles.

Lo mismo se ve en Pablo cuando, en el conflicto entre los fuertes y los débiles en Roma, él sopesa de manera flexible las expectativas de los fuertes contra los débiles: algunos insisten en el patrón de comportamiento, en cumplir con las indicaciones sobre la libertad del consumo de alimentos. Los otros siguen el patrón de guardar solidaridad con la comunidad: entre los ricos, que pueden cocinar y comer carne, y los pobres, a quienes no les es posible.

Se puede deducir de lo anterior que una ética crítica también tiene que reflexionar constantemente sobre modelos de comportamiento concretos y modelos de comportamiento establecidos, para revisarlos y, si es necesario, para transformarlos. No son los modelos como tales los que pueden garantizar que sean cristianos. Siempre se vuelve a encontrar en el círculo ético entre el amor y el *káiros* (según Tillich) o la identidad y la situación. En la ética material esto se vuelve relevante cuando pensamos en modelos de comportamiento tradicionales, tales como: las relaciones sexuales solamente son legítimas dentro del matrimonio entre un hombre y una mujer, o bien: la prohibición de matar siempre está por encima de la vida de la madre y el niño, o también: la prohibición de matar no aplica en caso de la pena de muerte o servicio militar. Desde un punto de vista positivo, se han establecido nuevas normas y modelos de comportamiento en las últimas décadas, tales como "el medio ambiente debe ser protegido"; o incluso "en las decisiones económicas siempre debe ser considerado también el aspecto ecológico".

Por lo tanto, el margen del comportamiento parece ser el modelo apropiado, por un lado, para evitar el legalismo en los valores, normas y modelos de comportamiento, y por el otro, para combinar la libertad y la responsabilidad.

5. La conciencia

Luego de esbozar el marco teórico de una ética bíblica-protestante surge la pregunta de cómo es que se llega a formar la conciencia ética en el ser humano. ¿Cómo es que una persona cataloga su obra como buena o mala y cuál instancia será la que emita un juicio acerca de la misma?

Desde el punto de vista de una fe evangélica se puede en principio contestar con una respuesta simple: que lo bueno y lo malo no resultan de la comparación con una ley aplicada -cualquiera que sea su naturaleza- sino de la concordancia entre una persona con su fondo de ser, la cual las personas creyentes denominamos Dios. Paul Tillich lo formula de manera precisa como sigue:

> Puede decirse que una consciencia es transmoral si juzga no en obediencia a una ley moral, sino según su participación en una esfera que trasciende la esfera de los mandamientos morales. Una consciencia transmoral no niega el ámbito moral, pero va más allá que éste a causa de las tensiones insoportables de la esfera de la ley.[60]

Esta definición rompe la concepción clásica de la conciencia, de índole estrictamente normativa y moralista. La conciencia más bien se relaciona con la identidad del Yo de la persona que obra. Refleja la propia persona y evalúa la propia manera de obrar en relación al Yo personal. Esta persona no debe ser imaginada como un sujeto aislado, sino –como indica Tillich – como "persona en comunidad con personas". En consecuencia, la norma de la conciencia es la identidad de la persona desde la comunidad y de cara a un horizonte trascendente, no una ley moral interna o externa.

---

60 Tillich, *Moralidad y algo más,* 70.

Esta comprensión significa un giro significativo del concepto clásico de conciencia. En Pablo ya encontramos ambas líneas, la moral y la transmoral.

5.1 El entendimiento moral de la conciencia

Pablo escribe en Romanos 2.14-15:

> De hecho, cuando los gentiles, que no tienen la ley, cumplen por naturaleza lo que la ley exige, ellos son ley para sí mismos, aunque no tengan la ley. Éstos muestran que llevan escrito en el corazón lo que la ley exige, como lo atestigua su conciencia, pues sus propios pensamientos algunas veces los acusan y otras veces los excusan.

Pablo retoma ideas de la filosofía helenística, en especial del estoicismo y del epicureísmo.[61] Según esta filosofía, la conciencia es la capacidad innata de todas las personas de evaluar su comportamiento en base a la ley natural. El filósofo Filón posteriormente sustituyó la naturaleza objetiva por la parte subjetiva de la conciencia, de la cual surgen las bases de la moral. Filón la considera expresión de la voz de Dios. La conciencia aparece aquí por tanto como elemento de la naturaleza humana, que rinde testimonio de la ley moral, sea en forma de ley de la naturaleza o de ley mosaica, pero de cualquier manera como norma divina. El concepto base de este concepto es en griego "*syneidesis*", y en latín "*conciencia*" y según su significado literal describe este conocimiento innato.

Esta línea de comprensión de la conciencia es la que se ha convertido en determinante dentro de la tradición eclesiástica. Si la conciencia se pone en relación con la ley y hasta se llega a identificar con ella, como en Agustín (la conciencia es la ley escrita), entonces las obras del ser humano pasan a primer plano y son determinantes para la salvación eterna. Esta argumentación lleva a una legitimación y fortalecimiento del poder de la iglesia, convirtiéndola en la

---

[61] Véase Vicente Miranda, "Conciencia moral" en *Conceptos fundamentales de ética teológica,* editado por Marciano Vidal. Madrid: Trotta, 1992, 318-320.

administradora a través de sus sacramentos de la gracia divina, que es capaz de liberar a los creyentes del círculo vicioso del fracaso moral, los remordimientos y el miedo al rechazo. También se debe ver el papel de la ley natural en la tradición católica bajo este aspecto de legitimación. La escolástica sentó el fundamento con la creación del concepto *"sindéresis"* para la identificación de la conciencia con la ley natural. Según este concepto, la *sindéresis* refleja el conocimiento básico del bien y el mal, mientras que la conciencia expresa el juicio actual de la conciencia.

El concepto de conciencia de Immanuel Kant se convirtió en característico para la filosofía. Ya no se aferra a una ley natural divina como base moral general porque se le destruyó en el racionalismo de la época moderna. Más bien, él desarrolla una ley moral con valor universal sobre la base de la razón autónoma y práctica, la cual sigue el imperativo categórico:

> Obra sólo según aquella máxima por la cual puedas querer que al mismo tiempo se convierta en ley universal.[62]

Toda persona razonable tiene que ser capaz de comprenderlo. Dentro de esta concepción, la conciencia se convierte en el juicio interno de cada ser humano. Allí chocan la conciencia de normas morales con las actuaciones reales del ser humano, se reprochan y se juzgan mutuamente. En esta interpretación también domina la dimensión moral-legislativa de la conciencia.

Este lado de la conciencia también esta considerado en Pablo, pero curiosamente en el pasaje Ro 1.18-3.20, el cual da una retrospectiva de historia de salvación sobre una situación superada, pasa a segundo plano ante una interpretación distinta:

---

62 Immanuel Kant, *Grundlegung zur Metaphysik der Sitten*. En *Akademie-Ausgabe* IV. Berlin: De Gruyter, 421; citado en *Fundamentación de la metafísica de las costumbres*. Traducido por José Mardomingo (edición bilingüe). Barcelona: Ariel, 1999.

5.2 La comprensión transmoral y personal

Pablo define la conciencia en el ser humano principalmente desde la perspectiva de su ser en tanto persona. Con ello retoma la visión judía del Antiguo Testamento del ser humano. El Antiguo Testamento no habla expresamente del concepto de conciencia, pero si menciona en forma concreta el contacto del ser humano con una realidad trascendental y lo ancla antropológicamente en el corazón, en la sabiduría o el conocimiento del ser humano.

Sobre todo, el *corazón* es considerado la sede de los sentimientos y el centro de la persona. Y esto incluye sus relaciones, incluso su relación con Dios. El interior del ser humano es su centro. Allí moran la verdad y la autenticidad del ser humano, lo que nosotros definimos como identidad. El corazón también dirige la actividad intelectual, las decisiones éticas y los proyectos del ser humano. En relación con Dios, la falta de fe o la infidelidad se describen como consecuencia de un corazón alejado de Dios (Dt 29.17).

Asimismo, la *sabiduría* o la *razón* según el Antiguo Testamento no solamente consisten en intelectualidad sino también y sobre todo en la creación de relaciones entre personas. De esta manera se incluye la dimensión religiosa en la sabiduría. La sabiduría se experimenta en una serie de manifestaciones, como también en la inteligencia, en la capacidad de juicio y en la reflexión ética. El corazón y la sabiduría son categorías vitales y personales.

Ésto se manifiesta en la comprensión que Pablo tiene de la conciencia. Es expresión del ser persona, de su auto-comprensión, sus relaciones básicas, su compromiso religioso y su comportamiento ético. Esto se hace muy marcado cuando Pablo combina la conciencia directamente con la fe. Así por ejemplo en Romanos 14 Pablo argumenta en relación al conflicto en Roma no con la conciencia sino con la fe como base de la decisión ética. Lo hace a diferencia de 1 Corintios 8, en donde convirtió en norma la protección de la conciencia de los débiles. De esta manera, en Pablo se une a las interpretaciones helenísticas y judías del Antiguo Testamento una tercera variante interpretativa particular, la comprensión de la nueva fe cristiana. Le brinda una nueva base a la conciencia. Se cimenta en el ser persona "en Cristo". Las expresiones "vivir en Cristo" o "vivir según el Espíritu", provienen de Pablo y definen una nueva situación ontológica de la persona. Tillich describe este cambio o transformación como la "vida en la esencia", el destino original del ser humano, en lugar de la simple "vida en la existencia".

En este sentido hay que entender la conciencia como el llamado recurrente del yo actor a la unidad consigo mismo.[63] Se trata de la preservación de la identidad personal y de evitar auto-contradicciones. Desde el punto de vista de la fe siempre hay que pensar en el lado religioso de la identidad. En situaciones de conflicto surge el llamado de la conciencia, porque la identidad, la unidad y la persona completa están en juego. Es por eso que Dietrich Bonhoeffer pudo formular tan certeramente: "La conciencia es el llamado de la existencia del ser humano hacia la unidad consigo mismo."[64]

5.3 La conciencia liberada en Martín Lutero

Nadie expresó más claro que *Martín Lutero* el carácter liberador de esta nueva comprensión de conciencia en contraposición a la autodestrucción moral o la determinación moral por terceros. Lutero no puede reconocer en la conciencia ninguna condición natural positiva o voz de la razón y menos la voz de Dios, que permita al ser humano reconocer lo bueno.

Lutero rompe con la antigua noción escolástica de conciencia como punto de partida para el conocimiento de Dios a raíz de su experiencia personal de fracaso constante ante la ley de Dios. La conciencia no debe ser entendida desde la ley. Para Lutero la

---

[63] Véase Hans-Richard Reuter, "Gewissen". En *Evangelische Ethik kompakt. Basiswissen in Grundbegriffen*, editado por Reiner Anselm und Ulrich H.J. Körtner. Gütersloh: Gütersloher Verlagshaus, 2015, 7.

[64] Dietrich Bonhoeffer, *Ética*. Editado y traducido de alemán por Lluís Duch, Madrid: Trotta, 2000, 77.

conciencia se lleva "en la carne". Más bien es a través de la fe en Cristo que se reconoce al "vencedor sobre la ley y el pecado".[65] Para Lutero se diferencia el concepto de la conciencia con esta distinción entre ley y evangelio en relación a la conciencia.

Lutero reconoce por una parte la *conciencia desesperada* o *errante*. Esta es la evaluación que el ser humano se da a sí mismo en base a sus obras y que de manera errónea traslada a Dios. De tal forma, su conciencia se convierte en "bestia espantosa y diabólica" la cual provoca "la muerte y el infierno" y "provee armas" a "toda la creación" en su contra"[66]. En vista de sus insuficientes obras el ser humano tiene que juzgarse a sí mismo y piensa que con ello recibe el juicio de Dios. Esto lo hace caer en la desesperación.

Sin embargo, Lutero gana una nueva comprensión de la conciencia desde el Evangelio. Si en él reina la fe en Jesucristo, el reproche pierde fuerza y se *libera la conciencia*[67]. Se trata aquí de un cambio de poderes: el ser humano ya no se dice a sí mismo quién es en base a sus obras y su forma de llevar la vida. Esta ya no es la ecuación de identidades "yo = yo"; sino que en la fe el Yo se define por aquello que hizo un tercero, Cristo, en representación de uno mismo. Por lo tanto, Lutero llega a decir:

> Así debemos aprender que en la fe que aprehende a Cristo mismo entramos con la conciencia en una nueva ley (por decirlo de alguna manera), que devora la otra ley que nos tenía atrapados.[68]

Para Lutero la conciencia no es solamente el reclamo de lo ético, o sea el distinguir entre lo bueno y lo malo, sino se trata de la persona

---

65 Véase *Gran comentario de la carta a los Gálatas* (1531). Traducido de alemán por Dámaris Zijlstra Arduin en Hoffmann. *La locura de la cruz*, 111s.

66 *Lecciones sobre Génesis* (1535-1545). En Hoffmann, *La locura de la cruz*, 111: "Esforcémonos entonces cada uno de nosotros para ser liberados de esa bestia espantosa y diabólica [...] La conciencia provoca y fortalece a la muerte y al infierno, y provee armas a toda la creación en nuestra contra."

67 Véase Lutero, Gran *comentario Gálatas*, 111s.

68 Lutero, *Gran comentario Gálatas*, 112.

misma de este ser humano. La pregunta de quién se es se define en base a la relación de la conciencia consigo mismo (ley) o con Dios (Evangelio).

Es una maravillosa e impactante definición decir que vivir a la ley significa morir para Dios, y morir a la ley significa vivir para Dios. [69]

Para Lutero la conciencia liberada también es una *con-ciencia* de la verdad definitiva que define al ser humano. El hombre en su conocimiento acerca de las cosas y acerca de sí mismo en relación con ellas – solamente puede alcanzar la certeza y la paz con Dios escuchando la Buena Nueva, de que todo está hecho, de que Cristo se convirtió en su justicia y que por ende él es libre. Esta certeza de la salvación intrínsecamente grabada en su conciencia le brinda entonces la *libertad* de obrar - aún sea en rebelión contra las autoridades. No es casualidad por tanto que, en 1521, ante el Emperador de Worms, Lutero argumentara en relación a la retractación de sus escritos haciendo alusión a la conciencia:

> Si no me convencen mediante testimonios de las Escrituras o por un razonamiento evidente (puesto que no creo al Papa ni a los concilios solos, porque consta que han errado frecuentemente y contradicho a sí mismos), quedo sujeto a los pasajes de las Escrituras aducidos por mí y mi conciencia está cautiva de la Palabra de Dios. No puedo ni quiero retractarme de nada, puesto que no es prudente ni recto obrar contra la conciencia. ... ¡Que Dios me ayude! [70]

La conciencia liberada no desemboca entonces en una falta de compromiso o de arbitrariedad del ser humano sino más bien en un nuevo compromiso de la relación con Dios. Este compromiso tiene consecuencias sobre un comportamiento moral – más ahora libre de la obligación de tener que ganarse el favor de Dios por la persona.

---

69 Lutero, *Gran comentario Gálatas*, 112.
70 Lutero en la Dieta de Worms (1521). *Obras de Martín Lutero* I, 271s. y en Hoffmann. *La locura de la cruz*, 58s.

Se puede resumir que la conciencia representa, especialmente en Lutero, el *lugar de la identidad* del ser humano. Se trata de la unidad de la persona; porque la conciencia en su reclamo muestra la experiencia de la no-identidad y de la auto-contradicción del ser humano: ¿Me reconozco en mi obrar? ¿Me identifico con mi obrar? La pregunta por el obrar pone a la persona en juego. ¿A qué se aferra esta persona? ¿Desde dónde se determina? ¿Quién es dueño de la conciencia – la preocupación, el miedo, la posesión, el prestigio o el Evangelio? La conciencia entonces se vive también como lugar de conflicto en el cual se enfrentan distintas fuerzas y poderes, la fe frente al reproche. Pero donde se encuentran la conciencia con la fe, allí se logra la liberación.

5.4 La conciencia en tensión entre individualidad y generalidad

En todas las discusiones sobre la conciencia, cuando la conciencia tiene que ver con la auto-reflexión de un individuo, se plantea como un problema que solamente la persona individual puede tener conciencia, no un colectivo. ¿Entonces cómo puede y cómo debe una comunidad o sociedad encontrar un fundamento moral común – aquellos muy mencionados valores comunes - si el individuo se puede referir a su juicio subjetivo de la conciencia? Por otra parte, una negación de parte de la sociedad de una decisión consciente personal despojaría al ser humano de un derecho humano fundamental, el de la libre conciencia. El filósofo *Georg Wilhelm Friedrich Hegel* dio en el punto al describir esta tensión. Según su interpretación, la conciencia describe

> la justificación absoluta de la autoconciencia, esto es, saber *en sí misma (in sich) y desde sí misma,* lo que es derecho y deber, y no reconocer nada sino aquello que sabe como bien, y a la vez, la afirmación de que aquello que así sabe y quiere es en *verdad* derecho y deber.[71]

---

[71] Georg Wilhelm Friedrich Hegel, *Rasgos fundamentales de la filosofía del derecho o compendio de derecho natural y ciencia del estado.* Traducido del alemán por Eduardo Vásquez. Madrid: Biblioteca Nueva, S. L., 2000, § 137, 203s. Citado en Reuter, *Gewissen,* 72s.

Él llega a la conclusión de que el contenido de la conciencia hay que medirlo en base a las "leyes y las normas" generales, sean o no ciertas; porque la "subjetividad formal" siempre está "a un paso de volcarse hacia lo malo".

Aun cuando aquí reconoce claramente el problema de la tensión entre individualidad y generalidad y de subjetividad y objetividad en cuanto a la verdad, la conciencia individual no deja de estar subyugada bajo una moral burguesa y cerrada. Con ello la libre conciencia pierde su pretensión normativa y crítica.

Esta pretensión todavía estaba presente en *Kant* cuando situó la conciencia más allá de la experiencia subjetiva en el centro de su enseñanza sobre la vida pública. Desde el punto de vista del juicio interno de la conciencia, Kant estudió la legislación y la vida pública y social colocándolas ante el reclamo de la ley universal de normas. La razón moral que habla en la conciencia del individuo, también es la conciencia que, siguiendo el imperativo categórico de la determinación de los objetivos y de la finalidad, determina el obrar social y estatal. Kant pudo así postular la paz eterna como meta del orden de las naciones.

Dado a que su concepto solamente toma en cuenta la intención del actor, el mismo permanece atado a un pensamiento de obligación formal, que deja sin consideración la situación concreta y las actuaciones y sus consecuencias. Esto define el carácter de ley de la Ética kantiana y su concepto de conciencia.

En contraposición la *conciencia transmoral* ofrece un intento de solución al dilema completamente distinto, ya que, como se dijo, no se basa en la razón y la ley moral, sino sobre la identidad de las personas actoras.

Desde la perspectiva de la fe cristiana la identidad del Yo, a la cual la conciencia dicta "nuevo ser en Cristo" o más concreto aún "vivir en el espíritu de Cristo" encierra dos momentos: El momento de la libertad y el momento del compromiso. La libertad es libertad de la ley esclavizadora y libertad en la búsqueda de un comportamiento acorde al espíritu de Cristo. Compromiso significa encontrar orientación común en la fe. La conciencia no solamente tiene un lado individual de concordancia consigo misma, sino también un lado común colectivo. Se manifiesta en la con-ciencia del Reino de Dios y de su justicia como horizonte común del comportamiento. Esta es la dimensión escatológica de la conciencia.

La conciencia transmoral guarda el carácter auto-reflexivo individual así como también crítico-normativo público de la conciencia cristiana. Lutero mencionó ambos momentos en su disertación ante la Dieta de Worms: su libertad de no retractarse de la verdad reconocida y su compromiso con la palabra de Dios y con su interpretación accesible desde un razonamiento libre. Sobre esta base la iglesia como comunidad cristiana se convierte igualmente en agente del discurso a favor del derecho y la justicia en la sociedad.

6. El desarrollo de la conciencia ético-moral

En relación a la pregunta sobre la formación de la conciencia ética, las explicaciones modernas, desde distintos trasfondos, coinciden en su mayoría en que la conciencia no se puede explicar como un conocimiento innato sobre el bien y el mal ligado a la naturaleza misma del ser humano.

La *antropología cultural* en especial nos enseña que las formas de vida del ser humano con sus respectivos valores para la vida humana no siempre y no en todas partes son las mismas. Estas más bien se aprenden, adquieren y eventualmente cambian durante el transcurso de la vida según los respectivos contextos de vida.

Lo anterior es válido tanto para la historia de la humanidad (aspecto filogenético o bien de historia de la cultura) como también para la vida del individuo (aspecto ontogenético o bien de desarrollo psicológico).

En este sentido la conciencia no se puede utilizar para la formulación de estándares universales para un comportamiento ético. En la tradición católica también esto solamente fue posible al definir de manera magisterial el contenido de la así llamada ley natural, o sea, como una instrucción con pretensiones universales.

Sin embargo la *Ética Evolucionaria* [72] parte del concepto de que el genoma humano presenta estructuras de acción y de comportamiento codificadas de relevancia moral. Según este concepto el ser humano cuenta biológicamente con una capacidad de organización y comportamiento social. Naturalmente hay que considerar además la educación y el condicionamiento social del desarrollo humano.

Desde el punto de vista de la evolución de las culturas, resultó de gran utilidad para los clanes promover formas de conducta como el carácter pacificador, así como modalidades de interacción social que fortalecieran la cohesión social. La disposición del individuo a la cooperación era más útil para el grupo a largo plazo que la capacidad individual de imponerse. Este tipo de experiencias de aprendizaje son aprovechadas por las disposiciones genéticas para el amor, la compasión y la atención, así como para la capacidad de cooperación, renuncia y equiparación. Pareciera que estas "características" se dan porque el ser humano es un ser relacional, que desde su infancia depende de las relaciones exitosas. Pero finalmente las manifestaciones o modificaciones concretas de sus características serán el resultado de su proceso de aprendizaje. Por lo tanto, una moral general no existe como una programación previa de los genes o una relación hilvanada en las tradiciones. Como mucho el ser humano lleva dentro de sí estos elementos que resultan útiles para la moral.

¿Qué otras alternativas de abordaje se presentan para tratar de explicar la formación de la conciencia ética? Como ejemplos se pueden mencionar:

---

[72] Véase Hans Mohr, *Natur und Moral. Ethik in der Biologie* (Dimensionen der modernen Biologie, Tomo 4), Darmstadt: Wissenschaftliche Buchgesellschaft, 1987.

- El psicoanálisis, en especial según la teoría de Sigmund Freud, la cual entiende la formación de la conciencia como la interiorización de normas predeterminadas.

- La ética del deber de índole formal, representada en especial por Immanuel Kant, quien sienta las bases de la conciencia sobre la autonomía moral según la ley moral universal.

- La psicología cognitiva de desarrollo, especialmente en el modelo de Lawrence Kohlberg, que explica la conciencia ética desde el desarrollo de la capacidad de pensamiento.

- La ética del discurso, especialmente según la teoría de Jürgen Habermas y Karl-Otto Apel, quienes toman los procesos de entendimiento intersubjetivos como la base de la conciencia ética.

6.1 El desarrollo cognitivo de la moral

Por tratarse de una presentación muy certera desde un punto de vista descriptivo del fenómeno del comportamiento ético, presentamos como ejemplo la teoría del desarrollo moral de Lawrence Kohlberg[73].

Kohlberg retoma las investigaciones de Jean Piaget, estudioso de la conciencia moral en los niños.[74] Profundiza esta investigación colocando en paralelo el desarrollo de la moral con el desarrollo de la capacidad intelectual. De esta forma llega a una "teoría del desarrollo cognitivo-estructural de la moral", la cual según sus observaciones transcurre en tres niveles relevantes:

---

73 Lawrence Kohlberg, *The philosophy of moral development*. San Francisco: Harper and Row, 1981. Véase también la descripción en Peter Ulrich, *Integrative Wirtschaftsethik. Grundlagen einer lebensdienlichen Ökonomie*, 4ª edición. Bern: Editorial Haupt, 2008, 51-57.

74 Jean Piaget, *Das moralische Urteil beim Kinde*, 4ª edición. Frankfurt/Main, 1981.

(1) El nivel pre-convencional

(2) El nivel convencional

(3) El nivel pos-convencional.

- En el nivel pre-convencional unas autoridades determinan los criterios de lo bueno y lo malo. El niño se guía por estos preceptos y forma una moral heteronómica.

- En el nivel convencional los jóvenes y muchos adultos se orientan por las reglas, las convenciones y los criterios que define la sociedad en sus estructuras de orden y sus modelos de roles.

- En el nivel pos-convencional la orientación moral se guía por los principios universales, los que se encuentran arraigados más allá de las convenciones sociales. Se aceptan con responsabilidad autónoma.

Dentro de cada nivel Kohlberg distingue otras dos etapas adicionales, las cuales se viven en el transcurso del desarrollo de la razón y de la moral. El resultado es el siguiente modelo de seis etapas:

I. NIVEL PRE-CONVENCIONAL
(moral heteronómica – nivel niño pequeño)

1. etapa: *Principio de orientación de castigo y recompensa:*

   El niño obedece estrictamente las instrucciones para evitar castigos y para alcanzar recompensas. Lo motivan razones egoístas. El respeto a la posición de poder de la persona de relación primaria lleve a una internalización de las normas de la persona de autoridad.

2. etapa: *Principio de orientación individualista ("Do ut des"- "doy para que me des"):*

   El comportamiento es definido por un intercambio, pero la meta sigue siendo la satisfacción de las necesidades y los deseos propios. Las necesidades de los demás solamente se respetan mientras la consecuencia no represente una desventaja para el que actúa. En este estadio se busca la reciprocidad pragmática y la garantía de ella. Se siguen las normas si favorecen al individuo.

II. NIVEL CONVENCIONAL
(moral interpersonal – nivel del niño y adolecente bien socializado)

3. etapa: *Principio de orientación interpersonal (ser un "niño bueno")*

   La orientación la dictan las expectativas morales del propio grupo, en especial de las personas de autoridad. Se cumplen sus expectativas morales para lograr ser una "buena figura", un "good boy" o una "good girl". En este estadio "lo correcto" consiste en cumplir las expectivas de las personas del propio entorno.

4. etapa: *Principio de orientación hacia el orden social ("Ley y orden"- "Law and order"):*

La norma moral más relevante es el mantenimiento del orden social. La orientación se obtiene a través de reglas sociales, convenciones y leyes. Son determinantes las instituciones establecidas y los reglamentos. El criterio moral se basa en si el comportamiento cumple los deberes y obligaciones institucionales.

III. NIVEL POS-CONVENCIONAL
(moral autónoma – nivel del adulto independiente)

5. etapa: *Principio de orientación del "contrato social":*

La orientación ética va más allá de las normas y los valores establecidos y cuestiona su legitimación. Se valoran los diferentes intereses y necesidades desde una perspectiva predeterminada. Esto puede ser un acuerdo contractual entre personas libres con los mismos derechos o bien entre grupos (contractualismo). También el orden social es sujeto de un acuerdo social democrático (constitucionalismo). Esta moral contractual se basa en motivos como la justicia (el cumplimiento de los derechos contractuales) y la conveniencia (bienestar común).

6. etapa: *Principio de orientación de los principios éticos universales:*

La idea de una dignidad igual y de derechos básicos para todos los seres humanos claramente se antepone a las reflexiones sobre la utilidad. El individuo se entiende como sujeto moral autónomo que se debe exclusivamente a su conciencia. Los principios universales son imperativos.

Según las investigaciones empíricas de Kohlberg esta sexta etapa del desarrollo moral solamente es alcanzado por una minoría de personas. Posteriormente Kohlberg añadió a su esquema de niveles una etapa intermedia 4,5, cuando descubrió que los adolescentes frecuentemente se desligan del nivel convencional pero no necesariamente encuentran una conciencia moral pos-convencional.

> *Etapa 4,5:* *Principio de orientación de la arbitrariedad subjetiva*
>
> Ya no se aceptan las obligaciones sociales predeterminadas, pero aún no se alcanzan los principios humanos sobrepuestos. Existe una falta de conciencia de las normas y de los valores universales, así como las reglas intersubjetivas de la convivencia humana. Muchos adultos también quedan estancados en esta fase que debería ser intermedia, y viven en un relativismo y escepticismo ético.

Piaget y Kohlberg explican el desarrollo de la conciencia ética como desarrollo paralelo al desarrollo de la inteligencia. Para Piaget por ejemplo la "autonomía ética" por tanto no es una característica del individuo sino más bien la meta de un proceso grupal. El individuo necesita de los demás para en conjunto encontrar normas y valores éticos sostenibles. Pero esta creación de consenso en grupo es interpretada por Piaget como un acto racional y cognitivo.

Este modelo de interpretación goza de aceptación, pero también sufre de críticas. Las fortalezas del esquema de desarrollo según Kohlberg se pueden definir como sigue:

(1) La teoría de Kohlberg se fundamenta sobre investigaciones empíricas y es generalmente aceptada en su planteamiento básico. El planteamiento básico es poder comprobar una secuencia de desarrollo generalizada de la conciencia moral. Se lleva a cabo durante el desarrollo cognitivo, el cual incluye la capacidad del cambio de papeles tanto a nivel intelectual como también afectivo.

(2) Kohlberg logra demostrar con su lógica sobre el desarrollo, cómo se amplía la perspectiva social en la persona en crecimiento: desde un punto de vista egocentrista pasa por la reciprocidad de los reclamos morales hasta un punto de vista universal de la moral.

(3) En su entendimiento de la moral o bien de la ética Kohlberg logra diferenciar claramente entre las motivaciones (intereses, necesidades), normas (autoridades, reglas, principios) y patrones de comportamiento y ponerlos en relación coherente entre sí gracias a la ayuda de la lógica del desarrollo.

(4) El paso gradual hacia la autonomía del comportamiento moral puede ser interpretado como un avance en dirección a la autodeterminación.

(5) Igualmente se puede interpretar el razonamiento de Kohlberg acerca del comportamiento moral como una racionalización creciente. La misma sobrepasa la motivación hedonista, orientada hacia el placer o la desgana, así como a la motivación conformista adaptada a las reglas sociales.

Pero en especial la lógica de desarrollo en esta teoría de la moral genera las siguientes críticas:

(1) La secuencia de las seis etapas puede dar la impresión de que cada etapa superior es implícitamente un mayor nivel de moral. Esto solo sería aplicable como mucho a la conciencia de la moral, pero no a la decisión moral o ética como tal. La decisión de participar por ejemplo en una manifestación contra una dictadura puede ser tomada en el primer nivel según Kohlberg, obedeciendo sencillamente al primer mandamiento *"Yo soy el Señor tu Dios, no tendrás dioses ajenos delante de mí"*. Esta decisión en su contenido es más apropiada y responsable que el argumento que se da en la fase 4, de adaptarse a las reglas establecidas por la sociedad.

(2) El modelo de niveles tiene un cierto aire elitista. Solamente el que haya pasado por todo el desarrollo tiene una conciencia moral alta. La aseveración de Kohlberg de que la gran mayoría

de personas se quedan en las etapas 4 o 4,5 lleva a cuestionarnos si las fases 5 y 6 son vistos más bien como una infraestructura superior filosófica-psicológica, la cual no está siendo confirmada por la dinámica de desarrollo de las personas. Un punto de vista pos-convencional que se basa en principios universales, puede ser interpretado también como un subjetivismo exagerado, cuando estos principios universales ya no son comunicados socialmente. En la fase 4 también se puede dar la discusión crítica con la moral convencional cuando por ejemplo los derechos humanos reconocidos u otros principios religiosos son confrontados con convenciones sociales. El estadio 6 del esquema de Kohlberg vive de la abstracción. Se trata de principios y reglas universales, los cuales deben ser abordados por conclusiones lógicas, o sea, por el uso de la razón. Sin embargo, de esta manera se desvía la atención de los acuerdos con retos, relaciones, necesidades individuales y el contexto específico. Es altamente cuestionable si efectivamente se alcanza una mayor justicia con un apego más cercano y fiel a los principios.

(3) Cuando Kohlberg se basa en sus investigaciones empíricas, habría que considerar adicionalmente aquellas observaciones que no solamente determinan un desarrollo constante hacia adelante, sino que frecuentemente también constatan "recaídas" hacia los niveles ya recorridos. Se puede observar este aspecto por ejemplo en la apreciación de los diferentes roles. Por ejemplo, aún cuando reconoce la inmoralidad de una decisión (nivel 4) el empleado quizás obedece las instrucciones de su jefe (nivel 1). Esto demuestra que la conciencia moral no puede ser equiparada a la moral puesta en práctica. Una conciencia moral más elevada no necesariamente lleva a una "moral mejor".

(4) La teología feminista exterioriza un reclamo importante:[75] los niveles de moral de Kohlberg tienen una orientación unilateral

---

75 Carol Gilligan, *In a different voice: psychological theory and women's development*. Cambridge, Mass.: Harvard University Press, 1982. Trad. esp.: *La moral y la teoría*. México, FCE, 1985.

hacia la conciencia moral masculina. Es determinada desde el punto de vista de la justicia, o sea, se orienta según un "otro" generalizado. Sin embargo, la conciencia moral femenina se orienta en mayor medida hacia la atención y el cuidado de un otro más concreto. Cabe preguntarse si la razón y el sentimiento se pueden clasificar tan claramente según los estereotipos femenino-masculino. Sin embargo, este tipo de crítica ataca directamente el núcleo de la teoría de Kohlberg, quien asume la conciencia moral como dependiente exclusivamente del desarrollo racional.

En resumen, podríamos decir que la conciencia ética es la reflexión de moral y *ethos* y que la misma es por tanto influenciada por la razón que dirige la reflexión. Pero la moral y el conjunto de costumbres éticas en sí mismos son una expresión de la identidad humana, la cual presenta tanto aspectos cognitivos como afectivos y pragmáticos. Por lo tanto, toda ética debe considerar tanto la orientación afectiva del comportamiento como la toma de decisiones cognitiva. Desde el punto de vista teológico este argumento se confirma, cuando en el Antiguo Testamento se habla del corazón y de la sabiduría como las instancias que guían la ética (en el sentido de la conciencia) y en el Nuevo Testamento se habla de fe y vida en el Espíritu. Lo cual nos lleva a las preguntas de cómo surgen ciertos comportamientos básicos en el contexto cristiano de manera afectiva y cómo se puede llegar a un juicio racional en una situación de decisión ética.

6.2 La formación narrativa de actitudes éticas básicas

La formación de la conciencia ética se origina con la *vida* misma.

Antes de poder reflexionar sobre el Buen Vivir y una justa convivencia siempre tienen que haberse vivido experiencias positivas. Estas experiencias suceden primeramente en el plano afectivo. Son experiencias de confianza, amor, seguridad, caridad, solicitud y perdón. La experiencia de confianza se traduce en el surgimiento de un sentimiento de confianza como valor ético. Y de esta forma, los sentimientos éticos se pueden convertir en guía de acción.

Por otra parte, también las experiencias de lo negativo, como la desconfianza, el odio, el egoísmo y la enemistad son realidades que van ligadas a la vida. También estas experiencias negativas pueden llevar a la formación de algo diferente, algo "mejor". Pueden ser la base de las concepciones de lo positivo. Este tipo de experiencias fluyen de manera inconsciente, y a la hora de reflexionar sobre ellas, también fluyen de forma consciente en las actitudes básicas. Como hemos visto, este tipo de actitudes básicas son los que guían el comportamiento rutinario de las personas y los libera de la presión constante de tener que tomar decisiones.

Son las experiencias en el transcurso de la vida las que determinan las actitudes básicas. Las experiencias se pueden comprimir en historias, ya sean propias o de terceros. A través de figuras de identificación estas historias presentan patrones o modelos de comportamiento que se traducen inconscientemente en los principios básicos. Es por esto que en todas las culturas a los niños se les narran mitos, leyendas y cuentos. Con ellos se les transmite a los niños lo que es bueno y lo que es malo y lo que define el sentido de la vida.

La formación de la conciencia ética se lleva a cabo *en la vía de la narrativa*. El lenguaje figurado de las historias tiene como meta la fantasía ética del oyente. No va dirigida hacia su habilidad racional de formación de opinión sino más bien hacia su capacidad de experiencia, al nivel de sus sentimientos (dimensión afectiva) y de sus actitudes (dimensión pragmática). A través de la consternación quiere despertar una conciencia ética, la cual a su vez provoca el paso hacia la acción ética. Este tipo de formación narrativa de una conciencia ética la encontramos de manera acentuada en la Biblia.

• **Las historias generan identidad**

"Nosotros los seres humanos siempre estamos envueltos en historias."[76] Lo que define la identidad del ser humano, depende,

---

[76] Inicio del estudio de Wilhelm Schapp, *In Geschichten verstrickt. Zum Sein von Mensch und Ding*, 5ª edición. Frankfurt/Main: Klostermann, 2012. Retomado y

como ya vimos, de su historia, o sea de las historias que ha vivido y que han determinado su ser. Se puede ir tan lejos hasta aseverar: "Si tengo que explicar quién soy, lo mejor es contar mi relato ("*Story*"). Cada uno de nosotros tiene un relato inconfundible, cada quien es su propio relato."[77] El estar inmerso en la propia historia determina la identidad.

Precisamente este [...] concepto de identidad tiene un enfoque principalmente narrativo. En este contexto el concepto de identidad en principio no significa nada más que una vida no se desintegra en partes no vinculadas entre sí.[78]

La narrativa logra entonces involucrar a los oyentes en las historias; por lo tanto, tiene un carácter de asignación o confirmación de identidad; y más aún por el hecho de que en un sentido específico la narración descubre y explora el pasado, el presente y el futuro. Toda narración sucede bajo una cierta perspectiva por lo cual al narrar el pasado a la vez se interpreta el presente y a la vez se proyecta una cierta imagen sobre el futuro. Por ejemplo, cuando los profetas del Antiguo Testamento narraban sobre los tiempos en el desierto del pueblo de Israel, se hilvanaba en la narración la crítica a las condiciones del momento. Según la intención, esta narración sobre el desierto podía ser una intimidación ante un tribunal amenazante

---

citado por Albrecht Grözinger, *Erzählen und Handeln*. München: Kaiser, 1989, 40.

77 Ritschl, *Zur Logik der Theologie*, 45. En su concepto de relato ("*Story*") Ritschl utiliza este término en idioma inglés en vez de la palabra "historia" ("*Geschichte*" en idioma alemán) que le parece demasiado cargada, y en lugar de la palabra "narración" ("Erzählung"), que le parece muy limitante. La diferenciación que hace entre relatos individuales y relatos generales, es de gran ayuda. Ver ahí mismo, 45s. El conjunto de los relatos individuales resulta en un relato general pero no de manera objetiva sino a través de una cierta manipulación, o sea creando un relato general guiado por un interés determinado. Adoptando esta inquietud me apego a la posición de A. Grözinger y prefiero utilizar la terminología "historia" e "historias".

78 Wolfgang Schoberth, "Prolegomena zu einer ‚narrativen Ethik". Zum Zusammenhang von Anthropologie und Ethik, en Marco Hofheinz y otros, eds., *Ethik und Erzählung*, 265. Schoberth resalta en esta exposición la estructura narrativa necesaria de la identidad, en la cual se basan la individualidad, sociabilidad y responsabilidad.

como a la vez una esperanza de un nuevo comienzo. De esta forma se visualiza otro alcance del narrar:

• **Las historias generan comunidad**

Aquí se hace palpable el sentido ético constitutivo de identidad; crece desde su estructura narrativa en cuanto a las historias sobre la identidad de un ser humano cuando va más allá de su simple individualidad. [...] La identidad [es] una categoría social que se nutre de las interacciones; en ella se entrelazan la individualidad y la sociabilidad de la humanidad.[79]

La narración se dirige a los oyentes con la esperanza de vincularlos en una historia común. No por nada en las narraciones comunitarias se encuentran los orígenes del cristianismo y el judaísmo. La comunidad en ese sentido posee tanto un carácter diacrónico como un carácter sincrónico, quiere decir, que la narración se remonta por un lado a una historia inicial en común y por otro lado crea vínculos entre personas que vivieron durante la misma época, pero en lugares y condiciones diferentes. De esta manera se establece una comunidad de los que son parte del proceso de vivencia de los sufrimientos y las esperanzas de otros cristianos.

En los casos exitosos en cuanto a identificación y participación de lo narrado, la historia de vida personal se remonta al horizonte de la historia del pueblo de Dios y se fusiona con la historia del Dios vivo, con lo cual, por ende, en esta comunidad se logra constituir el sujeto del *ethos*.[80]

• **Las historias revelan otras perspectivas**

Las historias no contienen una enseñanza, solamente muestran algo. Muestran aspectos de la realidad que no habían sido vistos o

---

79 W. Schoberth, Prolegomena, 265s.

80 El concepto aportado por Gadamer sobre la fusión de horizontes, se encuentra en Grözinger, *Erzählen und Handeln*, 57 y otros, y es utilizado allí como revelación. Por lo tanto, esta fusión de horizontes no puede ser llevada a cabo por el hombre, sino que depende de la obra del Espíritu de Dios.

hasta ahora no habían sido reconocidos o apenas un poco. Este es uno de sus intereses primordiales: hacer visible, sacar a la vista todo aquello que no se debe dejar de ver.[81]

Todos aquellos que se identifican con las historias de la Biblia o con historias en general están familiarizados con esta experiencia: las historias pueden abrir los ojos. De esta manera, por ejemplo, volver a la historia de Jesús siempre es pertinente para abrir los ojos ante la injusticia y opresión del mundo. Esta se desarrolla en un marco de dominio imperialista y discriminación tanto social como religiosa. Esta capacidad de la historia muestra su fuerza subversiva. Puede fragmentar y desordenar las costumbres de visiones inflexibles y romper las interpretaciones y valoraciones conocidas. Y mientras lo hace, se distingue una nueva visión de la realidad: la realidad como también podría ser; la realidad como seguramente va a ser, según la profecía bíblica. Este es el excedente utópico en ellas, abrir los ojos hacia aquello que aquí todavía no tiene lugar (u-topía). Por lo tanto es correcto hablar de una "escuela de visión" de las historias (147). Pero donde los modos de ver las cosas sufren cambios, también tienen cambios los comportamientos habituales. Donde se desvía el punto de vista, también se desvía la orientación de vida. El resultado es una "innovación del comportamiento como consecuencia de una innovación de la visión" (148).

Lo que se describe aquí de manera general se aplica en especial a las historias de la Biblia. Por su naturaleza estas son historias de revelación, es decir, se recuerdan las situaciones del pasado, porque en ellas se encuentra la fuerza para descubrir aquí y ahora el futuro. Esto es válido tanto para la celebración de la Pascua judía como para la Santa Comunión cristiana. En especial las celebraciones de los judíos y los cristianos son los lugares y los tiempos en que en la esperanza del recuerdo se entrelazan los tiempos, se vuelven sincrónicos. Y precisamente allí es donde estas historias cambian

---

[81] Bernhard Sill, "Sinn für die mögliche Wirklichkeit". Ars narrandi und ethische Predigt, en *Erzählter Glaube – erzählende Kirche,* editado por Rolf Zerfaß. Freiburg i. Breisgau, Basel, Wien: Herder, 1988, 148. Comparar también en lo sucesivo.

el mundo abriendo y manteniendo accesibles las perspectivas que en la rutina diaria y en el círculo de las costumbres habituales se obstaculizan con facilidad. De forma consciente, al inicio del Sermón de la Montaña se encuentran las Bienaventuranzas; que se enfocan exclusivamente en los lineamientos del Reino de Dios, en el cual los necesitados tienen algún valor, puede también aquí alcanzarse una "mejor justicia". La identidad ética de los cristianos vive por tanto de las historias de esperanza de la Biblia y su historia de efectos.

• **Las historias determinan los principios básicos**

Las historias pueden transmitir contenidos éticos. Jesús participó mediante sus parábolas en una cultura en donde la narración de historias es vital. Aprovechó las funciones y las oportunidades que estas historias brindan. Hay innumerables pruebas de ello. Solamente hay que recordar parábolas como la del buen samaritano (Lc 10.30-37), la del rico insensato (Lc 12.16-21), la del rico y Lázaro (Lc 16.19-31) y la del fariseo y el publicano (Lc 18.9-14) – las cuatro así llamadas historias ejemplares – o la parábola de los dos deudores (Mt 18.23-35). A esta serie hay que sumar también un sinnúmero de figuras gráficas, por ejemplo, en el Sermón de la Montaña, siendo prácticamente relatos resumidos en un cuadro, o bien metáforas no explicadas. Hablamos por ejemplo de las figuras gráficas como la de la sal y la luz (Mt 5.13-15), de la ciudad sobre la montaña (5.14), de la puerta estrecha (7.13 ss.) o la del árbol y su fruto (7.15-20), donde encontramos impulsos claramente éticos:

- para el encuentro y la confirmación de la identidad de las personas
- para las perspectivas (orientación hacia metas) de su conducta
- para sus principios y patrones de conducta.

• **Las historias provocan la acción**

Las narraciones tienen el poder intrínseco de poder conmover a las personas, de que se sientan perturbados, que cambien su modo de ver las cosas y también de que entren en acción. Por ejemplo, la parábola de Natán conmovió al rey David a un juicio propio sobre sí mismo, y luego también a la ejecución de un ritual de penitencia y arrepentimiento. Como toda historia cuyo fin es conmover, ésta vive del efecto de *"Tua fabula narratur, Tua res agitur"*(151). Las narraciones también pueden transmitir normas y criterios de conducta, pero su fuerza conmovedora se centra casi siempre en el ofrecimiento de un modelo de conducta.

> Un modelo ético quiere fomentar una iniciativa creadora propia; puede y quiere inspirar una actividad y una acción que congenien. Presenta una conducta que sin duda alguna es loable imitar, pero no precisa la forma en que debe de llevarse a cabo, sino más bien de manera consciente y clara la deja a la libre elección de cada quien (150s.).

El narrar historias ofrece la libertad de dejarse conmover o no, y brinda la libertad de implementar los impulsos recibidos de manera independiente y de concretizarlos. Obviamente esta libertad no debe ser confundida con una arbitrariedad subjetiva, ya que una buena narración lleva consigo mucho más que solamente un incentivo para la acción. Va estrechamente ligada a la historia que le da su identidad y su perspectiva. Esta relación entre el vínculo y la libertad es constitutiva para el camino de la historia hacia la acción.

El factor de unión entre ambas son los comportamientos básicos éticos, los cuales en el caso de los cristianos y los judíos resultan de su recuerdo y de su esperanza, o sea, de su historia de fe. Se transmiten primeramente a través de ejemplos y modelos. Así las parábolas mencionadas en un inicio pueden entenderse como modelos para algunos comportamientos éticos básicos: el amor al prójimo y la disposición de ayuda (el buen samaritano), la preocupación y la solidaridad, el velar por los demás (el rico necio, el hombre rico y el pobre Lázaro), modestia y humildad (fariseos y publicanos) y la capacidad de perdonar (los dos deudores). Si estos comportamientos básicos se traducen a situaciones distintas provocan e incentivan una concretización de un comportamiento ético.

En un caso de conflicto ético de decisión es frecuente que ya no resulten suficientes los comportamientos básicos por sí solos para actuar de manera justificada. En esos casos adquiere mayor importancia la toma de *decisiones éticas de índole argumentativa*. Es necesario ponderar, valorar y decidir de manera ética.

Ambos lineamientos de la ética se complementan entre sí. La dimensión pragmática se hace visible en ambas formas: como modelo negativo o positivo en las historias y como comportamiento intencional y justificado en la decisión ética.

6.3 El discernimiento argumentativo – Un esquema de una decisión ética

La palabra clave "argumentativo" demuestra que para un juicio ético no se puede tratar solamente de la aplicación de un principio, de una norma o de un mandamiento a una situación concreta. Esto fue una práctica común durante mucho tiempo tanto en la tradición protestante como también en la católica.

La casuística moral católica parte de un principio superior, como por ejemplo del *principio* "Hay que hacer lo bueno, hay que evitar lo malo." Este principio se concretiza entre otros también en los diez mandamientos. Se aplica entonces a casos individuales en especial. Procediendo de esta forma se puede determinar moralmente toda la vida y a la vez establecer una práctica de penitencia que reaccione ante las violaciones de estas reglas. En este procedimiento una norma atemporal rige sobre la vida real. Claramente se limita la libertad de juicio en el caso individual. Corresponde a ello el entendimiento de la conciencia. En él se manifiesta, como vimos en una línea de interpretación, la voz uniforme de Dios. Denuncia, valora y juzga.

Es en este punto donde se enciende la protesta de los reformadores. Estos entendían la conciencia desde el punto de vista liberador de la fuerza de la fe. Esta fe mueve al ser humano a una nueva unidad consigo mismo, afianzándose en su nuevo ser en Cristo. Sin embargo, durante muchos años también la ética protestante siguió el camino de aislar el mandamiento de Dios o sus regulaciones como un esquema y luego acercarlo a la vida concreta, a pesar del peligro de la casuística. Con esta actitud socavó la naturaleza viva de la palabra de Dios y el escuchar actual a sus nuevas palabras en una situación concreta. La palabra de Dios no es un principio siempre uniforme, sino que es la respuesta a la pregunta: ¿cuál es la voluntad actual de Dios en esta situación? No existe una definición inicial. Hay que buscar, valorar y revisar – como dice Pablo:

> No se amolden al mundo actual, sino sean transformados mediante la renovación de su mente. Así podrán comprobar cuál es la voluntad de Dios, buena, agradable y perfecta (Ro 12.2).

Este planteamiento tiene como resultado dos consecuencias: Por una parte, una opinión ética debe ser un asunto tanto argumentativo como también comunicativo: argumentativo porque debe ser justificado de manera que sea entendible racionalmente: ¿cuál es la opción de conducta más cercana a la "voluntad de Dios"?; y por otra parte comunicativo, porque esta opinión no se limita a un juicio individual y subjetivo sino que es el producto del intercambio y ojalá resultado del acuerdo a partir de las convicciones de la comunidad cristiana.

Además, la formación ética de criterios siempre va a tener que tomar en consideración el contexto en el cual se toma la decisión: la situación concreta, la identidad de los involucrados, sus perspectivas de vida, las normas y los patrones de conducta habitual que se cuestionan.

¿Cómo será entonces el camino de esta formación de opiniones?[82] Como guía nos pueden servir los tres momentos del método de

---

82 El siguiente esquema se deriva de dos versiones del discernimiento ético: una es la versión de Heinz Eduard Tödt, uno de los fundadores de la disciplina de la ética social en Alemania. Es un esquema de seis pasos. Véase "Versuch einer ethischen Theorie sittlicher Urteilsfindung", en *Perspektiven theologischer Ethik*. München: Kaiser, 1988, 21-48. La otra es la nueva versión de Hans-Richard Reuter, un esquema de cuatro pasos. Véase "Grundlagen und Methoden der Ethik", en *Handbuch der Evangelischen Ethik*, editado por Wolfgang Huber, Torsten Meireis y Hans-Richard Reuter. München: C.H.Beck, 2015, 112-116.

la teología de la liberación latinoamericana, ver-juzgar-actuar. Siguiendo este lineamiento es posible llegar a una decisión ética en seis pasos. Los pasos del uno al tres se refieren al aspecto de "ver", el cuatro y el cinco a "juzgar" y el sexto a "actuar":

(1) Constatación del problema

En el primer paso de trata de determinar la dimensión ética o el desafío ético del problema en cuestión. No todas las decisiones a tomar son decisiones éticas. La exigencia por ejemplo de reducir las emisiones de dióxido de carbono de los vehículos puede ser manejada igualmente como un problema técnico. La pregunta es: ¿Cuál es el aspecto ético que presenta este problema? No es hasta que se define el aspecto específicamente ético de una situación que se puede buscar y encontrar una decisión ética.

En este proceso resulta importante no solo el análisis racional del problema, sino también la sensibilidad de descubrir el desafío ético. Se podría definir como la "sensibilidad ética". A su vez tiene que ver con los principios básicos del ser humano. La realidad sobre la extinción de algunas especies de animales solamente será percibida como un problema por aquel quien haya interiorizado una actitud de compasión o que tenga un sentido acerca de la relación holística de todos los seres vivientes. En ese sentido es evidente, que el problema ético no se determina de manera puramente empírica, sino que ya en este paso influyen las medidas éticas del fondo, como por ejemplo la visión de la realidad de la fe. Esto no necesariamente tiene que llevar a un entendimiento básicamente distinto de los problemas, pero sin duda la fe puede originar ciertas sensibilidades, abrir los ojos a diferentes problemáticas, necesidades e intereses, así como concientizar acerca de los miedos - propios o de terceros - en vista del problema ético. La disposición básica de asumir responsabilidad por la vida es inherente a la fe. En resumen, los principios sensibilizan para la percepción de un problema ético.

(2) Análisis del contexto

Una decisión ética apropiada exige un análisis minucioso de la realidad y su contexto. No se trata solamente de la aplicación de un principio o una norma relacionados con la situación, sino de que la decisión sea justa para el escenario y para las personas involucradas. El análisis erróneo de la situación y de su contexto podría tener consecuencias nefastas. El ejemplo de la guerra de Estados Unidos contra Irak, basada en un análisis de situación que posteriormente se demostró como equívoco, demuestra, cómo un falso o falsificado análisis puede llevar al sacrificio de miles de personas.

El análisis mismo de la situación en cuestión también presenta claramente un problema ético. Por una parte, se lleva a cabo de manera intuitiva e inconsciente, lo que lleva a conclusiones decisionistas o arbitrarias. Por otra parte, en algunos casos el análisis depende de conocimientos técnicos de otras ramas científicas como la sociología, la económica, la medicina, la ecología y muchas otras. A esto se suma que frecuentemente las opiniones de los expertos no concuerdan o se contradicen entre sí, porque igualmente están orientados hacia sus propios intereses.

Esta circunstancia hace casi imposible un análisis de situación objetivo y comprensivo, sobre todo en el caso de problemas complejos, y esto tiene como consecuencia, que la teología y la iglesia frecuentemente se abstengan de opinar en temas delicados del sector social, político y económico y más bien se retiren a la moral en el "horizonte cercano", o sea, a una conducta individual en el plano de las relaciones más cercanas. La opinión pública se ve privada por tanto del aporte específico desde la perspectiva cristiana de la situación. Esta participación es la que cuestiona los intereses involucrados, los modelos de un Buen Vivir y los criterios para una convivencia justa. El análisis técnico tiene que buscar información abarcadora, por un lado, pero por otro debe limitarse a un enfoque selectivo, analizando y adaptando ambas partes desde su propia perspectiva cristiana, por ejemplo, en una información como sigue: Esta es la situación con los factores conocidos, en la cual se plantea el problema ético de la siguiente manera. Con este razonamiento se puede enmendar la determinación inicial del problema, y se llega a una nueva definición del problema ético.

Son considerados los siguientes factores importantes para el análisis situacional y contextual:

- Los hechos empíricos relevantes y el marco de condiciones.

- Las regulaciones legales existentes en el sector técnico respectivo. Deben ser consideradas, pero pueden contradecir ciertas normas morales y provocar una contradicción.

- Los afectados directa o indirectamente por este problema ético, sus necesidades, sus intereses y reclamos. Hay que poner atención en la percepción de las instituciones afectadas, sus relaciones de poder en el ámbito del problema a tratar, sus patrocinadores y sus posibilidades de influencia.

- Las formas de vida y normas presentes en el problema ético, así como las intuiciones morales, convicciones y convenciones en las cuales se basan. Frecuentemente están determinadas por la cultura en específico y por lo tanto tienen una consecuencia directa sobre la descripción de la situación problemática. La percepción y valoración del problema ético puede ser dirigido consciente o inconscientemente por experiencias colectivas. Es el caso por ejemplo de la discusión acerca de la política israelí hacia Palestina, donde en Alemania este debate se encuentra influenciado claramente por una experiencia histórica de culpabilidad ante el pueblo judío.

(3) Revisión de las opciones de comportamiento

En este tercer paso se trata de encontrar las diferentes posibilidades de solución resultantes de la situación problemática. Con ese fin hay que considerar las metas correspondientes, los medios y las consecuencias: las metas que se pretenden alcanzar con una opción de conducta concreta, y quién persigue esta meta; los medios que serán utilizados para alcanzar esta meta, y las consecuencias que trae consigo esta opción y a quién afectan.

En este paso aun no se hacen valoraciones. Aún cuando resulta casi imposible una definición libre de valores, se deberían de tratar de comparar de manera objetiva las posibles alternativas de comportamiento. Habrá que considerar que se trata aquí de opciones de comportamiento temporales; el estudio de los motivos iniciales puede cambiar estas opciones de comportamiento posteriormente y modificarlas. Con ello se llega al cuarto paso del procedimiento.

(4) Valoración de los motivos, normas y opciones del comportamiento

Para la valoración y la ponderación de las alternativas de comportamiento no son solamente decisivas las normas éticas relevantes, sino en primer plano las suposiciones éticas de fondo. ¿Cuál visión de un buen vivir se esconde detrás de una opción de comportamiento? ¿Cuáles metas o bienes éticos se persiguen o están en juego? ¿Existen principios e intuiciones éticas que hablen a favor de una alternativa? Estas son preguntas acerca de los motivos de las alternativas de solución. Como quedó demostrado en la descripción del círculo ético, estas preguntas tienen que ver con la identidad de la persona afectada, con su percepción de la realidad, su visión del sentido y el objetivo de la vida. Posteriormente habrá que revisar las normas y los criterios afectados por las opciones de comportamiento o los que hay que introducir en la ponderación desde el trasfondo ético propio. Desde el punto de vista cristiano la meta-norma del amor y los lineamientos de concreción media son relevantes como criterios de revisión. Ayudan a dar respuesta a una pregunta básica: ¿Qué debemos hacer? Las metas, medios y consecuencias descubiertos durante el tercer paso se revisan y valoran en esta etapa bajo los puntos de vista de la visión, las actitudes básicas, las normas y criterios.

(5) Decisión ética

Los aspectos anteriores en este proceso de decisión se unen ahora en un juicio. Deben llevar a una decisión concreta. Con los conceptos "juicio" y "decisión" queda claro, que esta opinión integra tanto aspectos de la razón y la comprensión como también aspectos de voluntad o bien de decisión, así como también de sentimientos, intuiciones y principios. Es importante ser conscientes de estas tres dimensiones en el juicio ético y considerarlas, ya que de la misma dependen la identidad y la integridad de los afectados y con ello la sostenibilidad de una decisión. Una decisión tomada exclusivamente siguiendo argumentos racionales puede tener consecuencias nefastas a nivel de sentimientos. Una decisión en base a sentimientos puede traer consigo consecuencias no consideradas y una falta de decisión puede llevar a un empeoramiento de la importancia del problema inicial. Una decisión ética responsable tiene por tanto que realizar una jerarquización de las orientaciones que guíen el comportamiento y valorar los medios y las consecuencias del comportamiento. La jerarquización desde el punto de vista cristiano, se da desde la visión de vida y de mundo de la fe cristiana, naturalmente no en el sentido de un reclamo universal. No se puede sostener de manera lógica - razonable ni en base a la naturaleza o la cultura. Más bien esta visión solamente puede tratar de convencer a través del diálogo. Para una valoración de los medios y de las consecuencias se puede hacer uso de las reglas de valoración de bienes. Las más importantes son:[83]

a) Los bienes inmediatos tienen preferencia ante los bienes mediatos o instrumentales. Los bienes inmediatos son las funciones y capacidades básicas del ser humano: bienes naturales como la vida, la integridad física y la salud; bienes sociales como las relaciones sociales y las oportunidades de cooperación; capacidades adquiridas individualmente como el desarrollo de aptitudes y talentos, conocimiento y habilidades.

b) En el caso de conflictos entre bienes inmediatos, aquellos que son requisitos (o condición) tienen preferencia ante bienes condicionados (p.ej. la salud tiene preferencia ante el desarrollo de las habilidades individuales, ya que éstas no podrán ser realizadas sino existe aquella).

c) En el caso de conflictos entre bienes instrumentales se deberá dar preferencia al bien que inmediatamente pueda ser un re-

---

[83] Véase también Reuter, Grundlagen und Methoden, 107-109.

quisito para los bienes naturales del ser humano (por ejemplo, la protección de los sistemas ecológicos se deberá preferir antes de la expansión de caminos para transporte, ya que de los mismos dependen la vida y la salud de las personas).

d) En el caso de conflictos entre bienes del mismo rango habrá que buscar un equilibrio cuidadoso entre ambos.

La valoración de los medios y de las consecuencias de una alternativa de comportamiento puede llevarse a cabo con vista al apoyo, la protección o el daño a los bienes éticos correspondientes. Sin embargo, no todas las situaciones de toma de decisiones éticas se dejan solucionar con una ponderación de bienes. Existen las así llamadas situaciones dilema, en las cuales cualquier opción de comportamiento confronta los bienes básicos o en las cuales un bien ético está en contraposición con una impotencia de acción subjetiva del actor. Este tipo de dilemas no se logran resolver con reglamentos generales, sino más bien exigen decisiones individuales con responsabilidad de razonamiento en cada situación concreta, aunque las mismas contengan un riesgo de asumir culpabilidad.

(6) Realización

En el último paso se trata de las posibilidades prácticas de implementación de una opinión ética alcanzada. Estas deberán ser revisadas con anterioridad, porque la opinión puede volver a cambiar si su factibilidad no resulta realista. En este proceso habrá que considerar al menos tres momentos:[84]

- Los actores de la acción deben estar de acuerdo sobre la opinión de manera deliberada, para de tal forma tener concordancia entre el razonamiento cognitivo y la aprobación práctica.

- Hay que revisar cómo manejar las tensiones que surgen durante la realización. Puede que la decisión ética se tope con resistencias a la hora de su implementación: normas y valores

---

84 Véase Reuter, Grundlagen und Methoden, 115s.

sociales, hechos conocidos o circunstancias legales. En estos casos es necesario aplicar la imaginación y además ofrecer la disposición para un compromiso ético legítimo. Cabe cuestionarse en este punto también sobre cómo proteger a las minorías afectadas ante las consecuencias de esta decisión o cómo compensar consecuencias negativas. Resulta sumamente importante esta reflexión sobre todo cuando se trata de decisiones relevantes a nivel social, ya que de la misma puede depender la aceptación de una decisión.

- Y por último hay que preguntarse por los medios y métodos para la implementación, por ejemplo, según su codificación legal, acuerdos voluntarios o compromisos propios, incentivos económicos, utilización de la comunicación pública, acciones de protesta o resistencia.

El siguiente esquema de preguntas facilita la comprensión de este procedimiento:

Esquema de una decisión ética

1. Constatación del problema
- Qué es la dimensión ética o el desafío ético del problema?
- Cuáles son los sentimientos al enfrentar el problema (la sensibilidad ética)?
- ¿Qué actitud básica es afectada por el problema?
- ¿Por qué demanda el problema nuestra responsabilidad?

2. Análisis del contexto
- ¿Qué informaciones tenemos sobre el problema?
- ¿Qué sujetos y con qué intereses están involucrados en este problema?
- ¿Qué personas son afectadas por el problema y sus soluciones?
- ¿Hay víctimas de la problemática y cuáles son sus necesidades?

3. Revisión de las opciones del comportamiento
- ¿Cuáles son posibles soluciones al problema?

4. Valoración de las perspectivas de la vida, normas y opciones del comportamiento
- ¿Qué ideal del buen vivir alimenta las propuestas de una solución?
- ¿Cuáles son las normas y criterios de la conducta en las opciones?
- ¿Qué significa una opción para la convivencia?
- ¿En qué se ve amenazada la identidad e integridad de las personas afectadas?

5. Decisión ética
- ¿Cómo valoramos las diversas directrices del comportamiento?
- ¿Cómo evaluamos los diferentes valores?
- ¿Cómo valoramos los medios y las consecuencias de las opciones?

6. Realización
- ¿Estamos de acuerdo con la decisión?
- ¿Cuáles son los medios y métodos de la realización?
- ¿Cómo tratamos las tensiones?
- ¿Cómo podemos proteger a las minorías?

6.4 Situaciones de dilemas éticos

Ahora bien, también existen aquellas situaciones, en las cuales es imposible realizar un juicio con una argumentación concreta y racional: son las así llamadas situaciones de dilema. Un dilema ético nos coloca en una situación de decisión ético-moral en la cual se nos presentan una diversidad de bienes, normas u opciones de acción de igual valor, pero que a su vez son excluyentes entre sí. Decidir por una opción significa ir en contra de la otra. Sea cual sea el camino que la persona que toma la decisión opte por seguir, el mismo lo va a comprometer en relación con las demás opciones ofrecidas. Seguidamente algunos ejemplos de este tipo de situaciones de dilema:

> Los *Whistle-Blower* (informantes), quienes por razones de conciencia divulgan información interna sobre anomalías, se encuentran en un dilema no solo legal sino también ético-moral. Un ejemplo notorio es *Edward Snowden*, un colaborador del servicio secreto, quien en el año 2013 publicó los bancos de datos parcialmente ilegales de la Agencia de Seguridad Nacional (NSA). Con este acto atentó contra su propio contrato laboral y aparentemente también contra las leyes nacionales, así como contra la norma de lealtad hacia su patrono. Por otra parte, su actuación se debió a su deseo de defender el derecho fundamental de privacidad y protección de datos, el cual él consideró que se estaba violando.

> ¿Puede un país o una alianza de países *intervenir militarmente*, o sea entrar en guerra, para evitar un genocidio? Esta fue la situación en la guerra de los Balcanes de las tropas de paz de las Naciones Unidas (los cascos azules) en la zona de seguridad Srebrenica cuando se mantuvieron como observadores sin intervenir en el genocidio de musulmanes bosnios por tropas de Serbia.

> ¿Es *razonable la tortura* en casos de emergencia con el fin de salvar vidas? ¿Será ético "tratar con mano dura" (o sea p. ej. torturar físicamente) a personas sospechosas de terrorismo para obtener información sobre una red peligrosa de terroristas y con ello evitar nuevos ataques terroristas? O ¿se puede torturar a un sospechoso de secuestrar a un niño para que revele el escondite del mismo y poder salvarle la vida al pequeño?

Al ponderar los diferentes bienes éticos o al observar las reglas de preferencia (véase el esquema para la decisión ética en 6.3) el o los actores se encuentran en una situación de dilema: En el caso 1 el derecho a la privacidad y la protección de datos se encuentran en contraposición con la intención de salvar vidas a través de la recopilación de datos. En el caso 2 el mandato de ayuda está en contra de la prohibición de matar. En el caso 3 se contraponen la dignidad humana y la inviolabilidad de la persona contra la dignidad de las (posibles) víctimas.

Otro conflicto de decisión puede surgir cuando se enfrenta un bien ético o un deber ético a una "impotencia subjetiva".[85] En el caso de un aborto se enfrenta el derecho a la vida del feto al derecho de autodeterminación de la mujer, y se podría dar más valor al derecho a la vida. Sin embargo, este derecho general no se puede sobreponer a la impotencia existencial del afectado. En una situación concreta un aborto también puede ser visto como la destrucción de la vida física o social de la mujer o también del niño (en el caso de una incapacidad física). El conflicto se vuelve imposible de solucionar en el sentido de una decisión libre de culpa, estando en juego la identidad y la integridad de los afectados. Por lo tanto, se apoya la conclusión de H.R. Reuter:

> Los dilemas imposibles de solucionar no son casos para definir reglas generales, sino más bien requieren de decisiones de responsabilidad individual en situaciones singulares. Se presenta aquí un límite definitivo para la "moralización" y la racionalización de situaciones de dilema.[86]

Los ejemplos mencionados demuestran una vez más, que las decisiones éticas son mucho más que la simple aplicación de principios y reglas y más que solamente el actuar. Como hemos visto anteriormente, la pregunta fundamental de la ética no es solamente" ¿Qué debo hacer?" sino que primero hay que contestar la pregunta "¿Quién debo/puedo ser?". Con ello incluimos en la ecuación un horizonte en el cual nos percibimos en nuestro actuar, o, dicho de otra forma: el horizonte transmoral de la ética.

---

85 Véase Reuter, Grundlagen und Methoden, 111.
86 Reuter, Grundlagen und Methoden, 111.

El teólogo protestante alemán, Dietrich Bonhhoeffer, analizó minuciosamente esta situación, cuando se vio ante la situación de tener que decidir si participaba en el intento de atentado contra Hitler en la época del nacionalsocialismo. En sus fragmentos sobre ética, Bonhoeffer argumenta su dilema con una profundidad teológica especialmente innovadora. Él ve su conflicto ético con toda claridad y cita una frase bíblica referente a la situación: *"Guarda tu espada —le dijo Jesús—, porque los que a hierro matan, a hierro mueren"* (Mt 26.52). Es decir, un atentado está en contra de la prohibición de homicidio, pero la continuidad del régimen de Hitler también. Bonhoeffer se desliga de este conflicto no con excusas, atenuaciones o disculpas. El está consciente de que su participación en este derrocamiento violento lo hace culpable ante el mandamiento. Este tipo de conflicto de conciencia puede paralizar e incapacitar. Pero Bonhoeffer gana su libertad de decisión sobre la base de su fe en un Dios lleno de gracia. Aquí se plasma su identidad personal. Él lo formula así:

> Quien con responsabilidad toma sobre sí la culpa – y ningún responsable puede sustraerse a esto –, ése se atribuye a sí mismo esta culpa y no a otro, y, además, la representa, sintiéndose responsable de ella. No lo hace con la insolente soberbia de su poder, sino con el conocimiento de que se ve forzado a esta libertad y que en ella depende de la gracia. Ante los demás hombres, la necesidad justifica al hombre de la libre responsabilidad, su conciencia lo absuelve ante sí mismo, pero ante Dios él solamente espera en la gracia.[87]

El pecador es justificado exclusivamente por la gracia de Dios – este principio fundamental protestante le da a Bonhoeffer la libertad de tomar una decisión responsable asumiendo conscientemente la culpa que conlleva su decisión. También aquí se trata de una actuación correcta. No se justifica la acción – lo cual es difícil en la situación de dilema – sino al que actúa. Su fe lo libera para actuar responsablemente.

---

[87] Dietrich Bonhoeffer, *Ethik*, en *Dietrich Bonhoeffer Auswahl, Bd. 4: Konspiration 1939-1943*, editado por Christian Gremmels y Wolfgang Huber. Gütersloh: Gütersloher Verlagshaus, 2006, 162.

7. Ética y Biblia – una hermenéutica de liberación

7.1 Formas de lenguaje bíblico

Como hemos visto, la Biblia nos habla en distintos lenguajes sobre la ética: habla en un *lenguaje de narrativa*. Las narraciones de ejemplos brindan identidad, ofrecen actitudes básicas, despiertan esperanza y ponen a disposición modelos para el actuar propio.

La Biblia habla de ética en el lenguaje *de la argumentación*. Se ponderan los bienes y las metas éticas, se revisan las normas y los criterios, se consideran las consecuencias y se toman decisiones conscientes. Es la razón práctica que controla el juicio ético, pero una razón que tiene al amor como marco de referencia. El amor en este sentido no es sólo un sentimiento romántico, sino una autoridad de evaluación. Examina lo que es correcto e incorrecto en el horizonte de la relación con Dios y la relación con el prójimo.

La Biblia habla de ética en el *lenguaje de invitaciones y exhortaciones*. Las mismas se centran en permanecer en la fe, la adhesión a la confesión y la identidad cristiana, las actitudes éticas generales y los comportamientos concretos en situaciones específicas.

Estas formas de lenguaje surgen de la Biblia misma y muestran la amplitud del horizonte ético. Este horizonte no puede ser reducido a una simple apelación de acción. Por lo tanto, resultaría una reducción inadmisible si se quisiera justificar una ética cristiana directamente desde la Biblia.

- Por un lado, esto sucede cuando las normas del comportamiento cristiano se deducen directamente de los principios bíblicos, por ejemplo, del mandamiento del amor o la regla de oro (Mt 7.12). Al hacerlo, se ignora tanto el proceso de evaluación necesario ante una situación concreta, como también la integración del comportamiento en la propia identidad. La ética pierde su referencia mundial.

- Por otro lado, esto sucede cuando las normas bíblicas se trasladan literalmente al presente. Esta es la aberración del fundamentalismo. Elevar las parénesis condicionadas temporal e históricamente a imperativos eternos y eternamente válidos pierde como marco de referencia el amor que percibe lo concreto y lo individual. Esto crea una ética y moral legalizadora.

7.2 Hermenéutica ética

La relación entre la ética cristiana y la Biblia, por lo tanto, solo puede ser determinada por una hermenéutica ética consciente. La pregunta central es: ¿Cómo se debe leer, entender e interpretar la Biblia en miras a un comportamiento ético acorde a la situación concreta y al tiempo presente? Después de todo lo que hemos visto acerca de la nueva identidad de los creyentes (en la fe, la esperanza y el amor) a través de un acto de liberación y la justificación de las normas en la liberación de Dios (primer mandamiento), solamente puede ser una hermenéutica liberadora.

Juan José Tamayo ve en ella, como en la teología de la liberación en general, un nuevo paradigma de la teología:

> Las condiciones externas e internas dieron lugar a un nuevo paradigma en el discurso cristiano: la teología de la liberación, la primera gran corriente teológica de América Latina con identidad propia y carácter ecuménico, ha llevado a cabo una verdadera revolución metodológica al incorporar las ciencias sociales y humanas en la epistemología teológica y considerar la praxis y la experiencia religiosa como acto primero, y la reflexión como acto segundo a partir del compromiso con los oprimidos desde el lugar social de los pobres y desde una hermeneútica liberadora de los textos fundadores del cristianismo.[88]

Clodovis Boff ha descrito esta hermenéutica de manera fundamental para el contexto latinoamericano.[89] Él parte de una "correspondencia

---

88 Tamayo, *Otra teología*, 193.
89 Clodovis Boff, *Theologie und Praxis. Die erkenntnistheoretischen Grundlagen*

de relaciones". Es decir, para una adaptación del mensaje bíblico a la época actual, no es la identidad del mensaje lo que importa, sino las relaciones entre el mensaje y su contexto correspondiente, entonces y ahora. El contexto de los autores bíblicos se pone en relación con el contexto de los lectores y oyentes de hoy. Esto prohíbe la transmisión directa de, por ejemplo, instrucciones éticas de la Biblia.

> Lo que ella puede ofrecernos son orientaciones, modelos, tipos, pautas, principios, inspiraciones, en resumen, elementos con los cuales podemos desarrollar nuestra propia "competencia hermenéutica" porque nos dan la posibilidad, para nosotros mismos, de juzgar "en el Espíritu de Cristo" o "de acuerdo con el Espíritu Santo" nuevas e imprevistas situaciones con las que nos enfrentamos hoy constantemente. Las escrituras cristianas no nos dan un algo, sino un cómo: una manera, un estilo, un espíritu".[90]

La relectura de la Biblia es fundamental para esta hermenéutica, en la cual los contextos se relacionan entre sí para escuchar la actualidad del mensaje. De esta manera, los "pobres" en sus diversas formas se convierten automáticamente en sujetos de lectura y actuación porque son más fácilmente reconocibles en el contexto de la época. La relectura de la Biblia vive así de los dos aspectos, de la "memoria viva" y de la "fidelidad creativa".[91]

Severino Croatto es uno de los exégetas y teólogos de la liberación que especificaron los métodos de este enfoque hermenéutico para provecho de la reflexión ética. Él parte desde el punto de vista de que se puede abordar un texto desde diferentes acercamientos:[92]

---

der Theologie der Befreiung. München, Mainz: Grünewald, 1983, 241. Traducido al español por Marion Dieke.

90 C. Boff, 244.

91 C. Boff, 353.

92 Severino Croatto, "Hermeneútica bíblica" en R. Krüger, S. Croatto, N. Míguez. *Métodos exegéticos*, 2ª edición. Buenos Aires: Publicaciones EDUCAB, 2006, 333.

```
                    ┌─────────────────────┐
                    │    Narratividad     │
                    │ Estructura manifiesta│
                    └─────────────────────┘

┌──────────────────────┐                    ┌────────────────────────┐
│Métodos histórico- críticos│   ┌────────┐  │      Hermenéutica      │
│ (desde el texto hacia su │   │ TEXTO  │  │(no sólo realidad presente,│
│  origen y retorno al texto)│  └────────┘  │ sino desde ella al texto,│
└──────────────────────┘                    │   y regreso a la vida) │
                                            └────────────────────────┘

                    ┌─────────────────────┐
                    │ Componente narrativo│
                    │Componente descriptivo│
                    │ y estructuras profundas│
                    └─────────────────────┘
```

- Para la comprensión del texto y su mensaje en su contexto histórico son de utilidad los métodos clásicos histórico-críticos de la exégesis: La crítica textual, la filología, la crítica literaria, la crítica y historia de las formas, la historia de las tradiciones, la crítica y historia de la redacción y además un análisis sociopolítico. Estos métodos tienen como objetivo la explicación del texto.

- El análisis estructural o semiótico estudia el texto mismo, independientemente de su historia, y rescata su identidad propia con base a sus estructuras y forma lingüística. Se detiene a examinar tanto la estructura narrativa de la superficie como también los elementos descriptivos y la estructura de profundidad del texto.[93]

- El abordaje hermenéutico finalmente examina el texto desde la vida. El texto es cuestionado en cuanto a su mensaje actual en un proceso creativo. Más allá de la simple explicación, se trata aquí de la interpretación del texto. Croatto describe este abordaje como sigue:

---

93 Véase René Krüger, "Análisis estructural o semiótico", en *Métodos exegéticos*, 279-305.

Leer un texto es producir (y no repetir) un sentido latente en un texto, codificado lingüísticamente pero nunca totalizado en su forma literaria. Contiene siempre una reserva-de-sentido que emerge en el texto cuando es leído (y por tanto releído) desde la vida.

Todo texto es unívoco en el momento de su producción, pero se hace polisémico al ser transmitido, para volver a clausurarse en el acto de recepción, la lectura, que en realidad es relectura.

Leer un texto significa acumular sentido, que no queda limitado por la intención de su autor. Consciente o inconscientemente, toda lectura se hace desde las prácticas o desde el contexto cultural o ideológico de quien lee. Respecto de la Biblia, este fenómeno puede ser una desventaja, pero también una condición que permite tomarla como mensaje pertinente para su relectura creativa desde el compromiso con la vida.[94]

- **Correspondencia con los ejes de sentido de la Biblia**

¿Qué significa entonces este abordaje hermenéutico de la liberación cuando se trata de cuestiones éticas? Por una parte, enfatiza una vez más que la definición o aplicación de normas éticas no puede ser una simple repetición de normas bíblicas. Por la otra, la relectura de la Biblia tiene que ver tanto con comprender el texto en su contexto original como con capturar la "reserva de sentido" para el contexto actual.

Pero, ¿qué relaciona la "memoria viva" (la referencia a la escritura) con la "fidelidad creativa" (referencia al tiempo), de modo que el "nuevo sentido" no se separe por completo del "antiguo sentido" del texto?

Croatto ha creado un concepto para esta pregunta, que puede convertirse en la clave de una hermenéutica ética: los ejes semánticos o ejes de sentido del texto. Con ello se refiere a los motivos básicos que impregnan los textos bíblicos. Los mismos no

---

[94] J. Severino Croatto, *Hermenéutica bíblica*, 2ª edición. Buenos Aires: LUMEN, 1994, contraportada.

simplemente se repiten a lo largo de la Biblia, sino que se retoman y acentúan siempre en nuevas situaciones. Así, por ejemplo, la narrativa del Éxodo sobre la liberación de Egipto se retoma en el exilio babilónico (en viva memoria del motivo) para dar a los deportados la esperanza de un regreso a Judea (con una fidelidad creativa al motivo). El motivo del "Éxodo" es representativo para la liberación y, como tal, se convierte en un eje de sentido de diversos textos e interpretaciones. La justicia también es uno de estos ejes de sentido para Croatto. Organiza contenidos individuales en el contexto general de la gran narración judeo-cristiana. Los ejes de sentidos dan una orientación general a la tradición bíblica con su variedad de diversidades y, a menudo, también contrariedades.

Para nuestro contexto ético, debemos pensar en los ejes de sentido que resultan de las actitudes básicas y perspectivas éticas de una vida plena: hemos reconocido la libertad, la responsabilidad, la lucha por la justicia, el compromiso, la misericordia y la solidaridad como actitudes básicas o bien ejes de sentido del comportamiento cristiano. Agregamos como perspectivas la justicia, la paz y la armonía con la creación. Esta lista no puede considerarse de ninguna manera final. Se puede complementar con más ejes de sentido. Lo que importa es que se relacionen con la identidad cristiana en la fe, el amor y la esperanza.

Entonces, incluso si no hay una deducción directa de las normas del comportamiento cristiano desde la Biblia, esta correspondencia con el significado de los ejes de sentido de la Biblia es indispensable. En esta correspondencia están estrechamente relacionadas la libertad (de la literalidad) y la vinculación (a los motivos bíblicos básicos). Es solamente en esta dialéctica que la ética cristiana puede estar basada en la Biblia.

> En el caso concreto, por ejemplo, de la pregunta sobre el reconocimiento de una pareja del mismo sexo, no se preguntaría por tanto directamente: ¿qué dice la Biblia sobre la homosexualidad? para luego tomar eso como la norma para el comportamiento "cristiano". En la cultura helenística del tiempo de Pablo, que a menudo se cita en este contexto,

> la homosexualidad puede significar una práctica completamente distinta a la de una pareja homófila de hoy. Más bien, sería necesario preguntarse: ¿qué formas institucionales de convivencia hacen justicia a la dignidad del hombre (imagen de Dios) y al amor como norma básica? ¿Qué significa la libertad en términos de género y qué significa la responsabilidad en este contexto? Esto es más que un cambio conceptual en los criterios.

Los ejes de sentido se disfrazan en narraciones, modelos y conflictos en forma de ejemplo. Como modelos siguen siendo actuales para las concreciones y decisiones de hoy en día.

7.3 Un ejemplo histórico: Martín Lutero

Un texto paradigmático de Martín Lutero sobre el significado del Antiguo Testamento para los cristianos demuestra que este entendimiento no es una novedad en la tradición protestante: *"Una enseñanza a los cristianos de cómo posicionarse frente a Moisés"* de 1525.[95]

> La Ley de Moisés no concierne a los gentiles, sino solamente a los judíos.
>
> La Ley de Moisés obliga a los judíos. A nosotros desde el principio no nos obliga. Porque la ley fue dada solo para el pueblo de Israel e Israel la tomó para sí y sus descendientes, y los gentiles quedaron excluidos de ella. Sin embargo, los gentiles tienen muchas leyes en común con los judíos, por ejemplo, la de que no hay más que un solo Dios, la de no ofender, cometer adulterio o robar y otras de ese tipo. Pero todo esto lo ha escrito la naturaleza en sus corazones y no lo escucharon directamente del cielo como los judíos. Por eso este texto no tiene vigencia para los gentiles. ...
>
> Ya no queremos tener a Moisés como soberano o legislador, incluso el mismo Dios no lo quiere así. Moisés fue un mediador y un legislador únicamente del pueblo de Israel,

---

[95] El texto fue traducido y publicado en sus partes más importantes por primera vez en español en Martin Hoffmann, *La locura de la cruz*, 63s. y 159-161. Para la interpretación véase allí mismo 174 y Traugott Jähnichen y Wolfgang Maaser, *Die Ethik Martin Luthers*. Bielefeld: Luther Verlag, 2017, 53-59.

a ellos les dio la Ley. ... Si admito una sola disposición de Moisés, por fuerza he de admitir a Moisés completo. ...

Queremos considerar a Moisés como maestro, pero no como nuestro legislador, a no ser que coincida con el Nuevo Testamento y la ley natural. ...

Alguno dirá: si Moisés no nos obliga, ¿por qué lo predicas? Respuesta: quiero conservar a Moisés y no esconderlo debajo de la silla, porque hay tres cosas de Moisés que nos pueden ser de utilidad. ...

Esto es, por lo tanto, lo primero que debo ver en Moisés, esto es los preceptos que no me obligan, a no ser que se encuentren en las leyes naturales y escritos en mi corazón. ...

En segundo lugar, allí se encuentran las promesas de Dios, en las que se refuerza y se conserva la fe. ... leamos a Moisés por las promesas que nos hablan de Cristo, que existe no solo para los judíos, sino también para los gentiles. Porque a través suyo todos los gentiles tienen la bendición que se le prometió a Abraham. ...

En tercer lugar, leamos a Moisés por los bellos ejemplos de fe, de amor y de la Cruz, como vemos en los queridos santos padres Adán, Abel, Noé, Abraham, Isaac, Jacob, Moisés y todos los demás, con los que debemos aprender a confiar en Dios y a amarlo. ... no hay ningún otro texto con tan maravillosos ejemplos de ambos, de fe y de incredulidad, como los que encontramos justamente en Moisés. Es por esto que no hay que dejar de lado a Moisés. Es así, pues, como se entiende el Antiguo Testamento de la mejor manera: si leemos las bellas promesas referentes a Cristo en los profetas y si consideramos y recordamos estos hermosísimos ejemplos, y si usamos las leyes según nuestro agrado y las aprovechamos para nuestro beneficio.

El texto demuestra con toda claridad la manera en que Lutero comprende la ley de Moisés como un modelo a seguir: al inicio se distancia de la misma: "La Ley de Moisés no concierne a los gentiles, sino solamente a los judíos" y "Ya no queremos tener a Moisés como soberano o legislador". Con ello Lutero nos llama la atención sobre el significado particular de los mandamientos de la Torá. Originalmente eran válidos solamente para el pueblo de Israel, no para los paganos, inclusive los cristianos, ya que se basan en la liberación de Israel de Egipto. Cumplen para Israel la misma función que el código de derecho para el estado de Sajonia.

En el segundo paso, Lutero sí reconoce la relevancia intermediadora a la ley mosaica. Moisés no puede ser reconocido como el legislador del cristianismo, pero si como maestro. Con este paso, Lutero gana una comprensión de la Torá como modelo, que como tal adquiere relevancia universal. Hay dos razonamientos que permiten esta comprensión:

Por un lado, la validez de los mandamientos de la Torá para los paganos está enraizada en la naturaleza, es decir, los mandamientos están "implantados por naturaleza" en cada ser humano. En esto Lutero piensa en semejanzas y similitudes en el contenido entre los Diez Mandamientos y las leyes de la sociedad civil en otros pueblos.[96] Él reconoce como un mínimo consenso moral las directrices de no matar, no cometer adulterio, no robar, mentir y codiciar la propiedad de otros. Aunque Lutero no basa su ética en la ley natural como lo hace Tomás de Aquino, espera aún así que este consenso mínimo esté "escrito en el corazón" de los paganos.

Por otra parte, Lutero reconoce algunos contenidos en la Torá, que anuncian a Cristo: "las promesas de Dios, en las que se refuerza y se conserva la fe". Las semejanzas con el Evangelio que se dirige a todas las personas, otorgan a la Torá vigencia universal.

Sobre esta base es que Lutero lee el Antiguo Testamento, y en especial la Torá, como colección de modelos a seguir para

---

[96] Sin embargo, se puede mencionar de manera crítica, que esto puede aplicarse, en el mejor de los casos, sólo a la segunda tabla de mandamientos. Lutero también incluye en esto el Primer Mandamiento, de la existencia de un solo Dios. Pero las correspondencias formales no pueden ocultar el hecho de que los contenidos materiales de los mandamientos dependen estrechamente de una creencia específica en Dios, Yahvé, el Libertador y Misericordioso, la prohibición de las imágenes y la santificación del sábado. Lutero presta poca atención a la correspondencia entre quien proclama los mandamientos y los mandamientos mismos. Al hacerlo, también corre el riesgo de perder el poder críticamente liberador de la fe ante las convenciones y sistemas morales y de hacer de la Torá la variante interpretativa de la ley natural en vez de entenderla como su constante cuestionadora profética y de orientación.

- acciones del gobierno, o sea ética política (p.ej. el año jubilar)
- confirmaciones y promesas de Dios, o sea, la proclamación del Evangelio
- ejemplos de fe, de amor y de la cruz. Los "patriarcas "desde Adán y Abrahán hasta Moisés se convierten en modelos de autoimagen y vida cristiana.

Los ejes de sentido "fe" y "amor", que brindan la base de los "ejemplos" de la Torá, liberan a Lutero de una interpretación legalista de las leyes y le posibilitan aplicar la Torá como modelo para la ética cristiana.

7.4 Un modelo ampliado de correlación

Nuestra pregunta inicial sobre si acaso y cómo se debe justificar bíblicamente la ética cristiana ha revelado que tanto una deducción directa de las normas éticas como una aplicación legalista de referencias bíblicas resultan inapropiadas para el razonamiento ético. No le hacen justicia ni al carácter ejemplar de las declaraciones bíblicas éticas ni a la vinculación de problemáticas éticas al contexto respectivo. La "justificación" bíblica del comportamiento ético significa, más bien, "poner en perspectiva" bíblicamente los cuestionamientos éticos, quiere decir, realinearlos dentro de un horizonte de fe fundada en la Biblia. Bajo las perspectivas de fe, amor y esperanza, los problemas éticos pueden cambiar y provocar nuevas respuestas.

Con este pensamiento guía se puede ampliar o bien especificar el conocido modelo de correlación de Paul Tillich. Tillich lo había desarrollado en su momento como un método para su teología apologética. Es útil para ganar plausibilidad expresando sus afirmaciones en la dialéctica de "cuestiones existenciales y las respuestas teológicas" [97]. Tillich había enfatizado tanto la independencia de la pregunta y la respuesta como su interacción:

---

97 Tillich, *Teología sistemática* II, 27. A ello se refieren los números de página en el siguiente texto.

> En este método, preguntas y respuestas son independientes entre sí, ya que es imposible deducir la respuesta de la pregunta o la pregunta de la respuesta. La cuestión existencial, es decir, el hombre mismo sumido en los conflictos de su situación existencial, no es la fuente de la respuesta reveladora que formula la teología. La automanifestación divina no es posíble deducirla de un análisis de la condición humana… Igualmente erróneo es deducir de la respuesta reveladora la cuestión implícita en la existencia humana. Tal deducción es imposible, porque la respuesta reveladora carece de sentido si no existe una pregunta previa de la que ella sea la respuesta. El hombre no puede recibir una respuesta a una pregunta que él no ha formulado (28). …
>
> El segundo problema, y el más difícil, es el de la mutua dependencia en que se hallan las cuestiones y las respuestas. Que exista una correlación entre ellas significa que, mientras en ciertos aspectos las cuestiones y las respuestas son mutuamente independientes, en otros aspectos dependen unas de otras (29).

Este problema solamente tiene solución dentro del "círculo teológico".

> Podemos entender este círculo teológico como una elipse (y no como una circunferencia geométrica) cuyos dos centros están constituidos por la cuestión existencial y la respuesta teológica. Ambos centros se hallan situados en el interior de la esfera del compromiso religioso, pero no son idénticos (30).

Si aplicamos este círculo sin variaciones a las preguntas éticas, rápidamente se hace evidente que hay muchas áreas de problemas éticos actuales que no pueden encontrar una respuesta inmediata de la palabra de revelación. Por ejemplo, la producción y el almacenamiento de armas nucleares con el objetivo de disuadir o combatir posibles enemigos, es un problema ético sobre el cual la Biblia, obviamente, no se expresa directamente. Lo mismo ocurre con los cuestionamientos en ética médica, bioética, ética tecnológica, ética empresarial y ética ambiental.

La correlación requiere de un paso intermedio: las preguntas específicas planteadas deben examinarse en términos de las dos preguntas fundamentales de la ética: la pregunta del sentido: ¿Qué modelo para una vida plena está en discusión? Y la pregunta de la legitimidad: ¿Qué aspecto tiene la convivencia justa (en esta problemática precisa)? Con estas preguntas, automáticamente entran en juego las perspectivas bíblicas para una vida plena, así como las actitudes y criterios básicos del comportamiento ético. Un juicio concreto estará entonces en la línea de la percepción y las perspectivas de acción bíblicas. El paso intermedio hace que el modelo de correlación de Tillich sea plausible para la ética. La pregunta existencial (o ética) busca la respuesta bíblica con la ayuda de las preguntas éticas fundamentales. La respuesta provoca un cuestionamiento de las opciones de acción éticas a través de las preguntas básicas. Esta correlación se puede representar de manera gráfica de la siguiente forma:

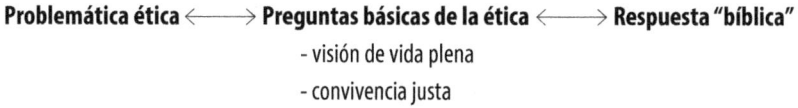

Problemática ética ⟵⟶ **Preguntas básicas de la ética** ⟵⟶ **Respuesta "bíblica"**
- visión de vida plena
- convivencia justa

Con esto se obtiene un modelo, de cómo en cuestionamientos éticos discutibles, la Biblia, con sus perspectivas de una vida plena, puede llevar a decisiones apropiadas para la situación y el contexto.

8. La iglesia como sujeto de ética – hacia una ética cristiana de paz

Una ética que vive de la identidad de los creyentes y se basa en las perspectivas bíblicas de la vida no puede ser solamente una ética de los individuos, sino que es una "ética comunitaria".[98] Las perspectivas de vida plena, las actitudes y los criterios de comportamiento se presentan en la "historia general" de esta comunidad y se transmiten a través de ella. Por lo tanto, la iglesia no

---

[98] Compárese el escrito sobre ética de Enrique Dussel, que coloca este aspecto de la comunidad como elemento central: *Ética comunitaria*. Petrópolis: Voces, 1986.

es el único, pero sí el tema esencial de la ética cristiana. El teólogo estadounidense Paul Lehmann, por lo tanto, ha desarrollado su ética con enfoque en la *koinonía* (comunidad) consecuentemente como "Ética en el contexto de la iglesia cristiana". En este sentido, define la ética de la siguiente manera:

> La ética cristiana, como disciplina teológica, es la reflexión sobre la pregunta: ¿Qué he de hacer yo, como creyente en Jesucristo y miembro de su Iglesia?, y la respuesta a la misma.[99]

Míguez Bonino también subraya el aspecto de comunidad de la ética cristiana. Depende de la esencia de la fe:

> ... no es un acto individual aislado: la (!) es la forma común de vida de un grupo de personas, de una comunión o comunidad (koinonia en el original), que abarca todos los aspectos de la vida (véase Hechos 2.42-47). Ingresar por la fe a la nueva humanidad que nos es dada es incorporarse a esa comunidad, venir a ser "un cuerpo, al que osadamente el Nuevo Testamento llama "el cuerpo de Cristo".[100]

Con ello plantea dos preguntas básicas: la pregunta por la identidad o la esencia de la iglesia y la pregunta por la forma de contenido o bien orientación general de una ética cristiana.

8.1 Esencia y misión de la iglesia

Si nos dejamos llevar por la manera en que Pablo relata a la comunidad sobre su origen – en este caso a la de Corinto –, se puede resumir brevemente:

> La comunidad de Jesucristo es la comunidad de aquellos que escuchan la palabra de la reconciliación del mundo con Dios en Cristo, la aceptan y la siguen.[101]

---

99 Paul L. Lehmann, *La ética en el contexto cristiano* (Original: Ethics in a Christian Context, 1963). Reimpresión San José, Costa Rica: Universidad Bíblica Latinoamericana, 2007, 13.

100 Míguez Bonino, *Ama y haz lo que quieras*, 46.

101 La cita proviene del borrador de Hans Joachim Iwand sobre la así llamada "Palabra de Darmstadt" de 1947. En el mismo, la Iglesia Confesante de Alemania

La iglesia tiene en este caso un nombre: *Comunidad de Jesucristo*. Es decir, se puede identificar. Lleva el nombre de aquél que dio el Sermón de la Montaña, el nombre de aquél que proclamó a los pobres, los que sufren y los que claman por justicia, la proximidad del Reino de Dios; el nombre de aquél, a través del cual el hombre vive el perdón de Dios, la reconciliación entre Dios y el hombre, y la comunidad de una nueva hermandad. Es el nombre de aquél que fue a la cruz por este mensaje y resucitó; es el nombre de aquél que fue *Shalom* de Dios en persona. Una iglesia que lleva este nombre solo puede ser una iglesia de reconciliación y paz o ha olvidado su origen, su fundamento y a su Señor. Y un segundo punto es notable en esta definición de iglesia: el comportamiento ético de esta comunidad es constitutivo para su esencia: "... aquellos que escuchan, aceptan y siguen la palabra de la reconciliación del mundo con Dios en Cristo".

Esta concepción no es tan obvia en la tradición protestante. La declaración de la justificación solo por la fe fue practicada de manera tan dominante en ocasiones, que la práctica de la acción —las obras, como decían los reformadores— ya no parecían jugar ningún papel. Pero la justicia de Dios no se manifiesta solamente en la afirmación. Cuando Dios habla con justicia a las personas, también es su propósito que se hagan justos y, por lo tanto, que así llegue la justicia al mundo. La justicia de Dios es un poder creativo que apunta a una transformación del individuo y del mundo. Así es como Pablo defiende este concepto en su carta a los romanos, capítulo 6. Los que están separados de Dios deben reconciliarse con Dios, que ingresen en el ministerio de reconciliación – lo expresa en 2Co 5.19-21. Es así como encontramos una definición clara del contenido de la iglesia: es la comunidad al servicio de la reconciliación.

---

reconocía los caminos equivocados en la época del régimen nacionalsocialista. La definición se apega a 2Co 5.17-21.

8.2 La iglesia como herramienta y signo del Reino de Dios

Con esta definición se transforma la tarea de la iglesia, que frecuentemente se presenta con el concepto de misión.[102] Una iglesia o comunidad que se encuentra en el servicio de la reconciliación con Dios, no está enfocada principalmente en convertir a las personas para que ingresen a la iglesia, dedicada a los programas misioneros y a la evangelización.

La misión más bien define la misión de Dios *(Missio Dei)*, el proceso histórico del actuar de Dios. La historia trinitaria de Dios en, con y para su mundo, es la verdadera misión. Tiene aplicación universal y apunta al Reino de Dios, un reino de justicia y paz. La biblia hebrea llama *Shalom* a esta paz abarcadora. La misión de Dios alcanza su objetivo cuando todos los poderes contrarios y resistentes al *Shalom* han sido vencidos. Así que la relación básica de misión es Dios y el mundo. En este actuar de Dios, la iglesia es un instrumento y no el objetivo del *Missio Dei*.

Bajo la acción del Espíritu de Dios, la iglesia trabaja en la formación de la paz. Sin embargo - y esto defiende una definición de la iglesia puramente funcional - el *Shalom* escatológico del mundo

---

102 El trabajo teológico sobre el ecumenismo sobre la estructura misionera de la comunidad (Consejo Mundial de Iglesias, Nueva Delhi, 1961) tomó este tema y abrió un nuevo camino, que llevó a un mayor consenso interconfesional y a la apreciación conjunta de la responsabilidad social de las iglesias. Fue en general un movimiento en el cual la iglesia se abrió al mundo. La teología del apostolado holandesa, con los impulsos de J. Ch. Hoekendijk, apoyó este camino con un concepto novedoso sobre la misión. Véase Wolfram Weisse, *Reich Gottes*. Bensheimer Hefte, H. 83: Ökumenische Studienhefte, H. 6, Göttingen 1997, bes. 135; y Johannes Christiaan Hoekendijk, *Die Zukunft der Kirche und die Kirche der Zukunft*. Stuttgart: Klett, 1964. Además, para el contexto latinoamericano: Roberto E. Zwetsch, *Misión como compasión: Por una teología de la misión en perspectiva latinoamericana*. Traducido del portugués por Roseli S. Giese. Sao Leopoldo: Sinodal; Quito: CLAI, 2009. Véase también Alberto F. Roldán, "Concepciones del Reino y *missio Dei*", en *Reino, política y misión. Sus relaciones en perspectiva latinoamericana*. Lima: Centro de Investigaciones y Publicaciones (CENIP) - Ediciones Puma, 2011, 19-47.

ya se vislumbra aquí y ahora de manera rudimentaria y allí, donde el Espíritu de Dios renueva a las personas y las reúne como una comunidad. En este sentido, la iglesia no es solamente un instrumento, sino también es la forma de este *Shalom*, pero al mismo tiempo, siempre dependiente del mundo a raíz de su "existencia para los demás". En consecuencia, en la discusión ecuménica, la iglesia se entiende comúnmente como una herramienta y un signo anticipatorio del reino venidero de Dios.[103] Así se explica una relación eclesiológica y ética:

> Por lo tanto, el mensaje del Reino de Dios no sólo significa una conversión de los corazones, sino que apunta también a un cambio de la sociedad, que comienza simbólicamente primero en el pueblo de Dios y por su plausibilidad interna se gana al resto de las personas. ... En sus acciones, la iglesia se hace visible como un signo del Reino de Dios, al formar una nueva familia de hermanas y hermanos; que en su seno desaparecen las barreras nacionales y sociales; que renunciando al poder sus miembros se ayudan entre ellos, y se convierten en una comunidad de creyentes ... .[104]

Esta estructura corresponde bíblicamente al prólogo de Juan, donde se dice del Logos: *"Vino a lo que era suyo"*, al mundo, *"pero los suyos no lo recibieron. Mas a cuantos lo recibieron, a los que creen en su nombre, les dio el derecho de ser hijos de Dios"* (Jn 1.11s.), es decir, ser comunidad. La comunidad es por tanto una nueva forma de vida, es la forma que se manifiesta a través de la acción del espíritu divino en este mundo, la forma social de la fe, la nueva creación (*kaine ktisis*) de la cual Pablo habla en 2Co 5.17.

El modelo de la *Missio Dei* se muestra en el siguiente gráfico. El movimiento del Reino de Dios va dirigido en primera instancia al mundo entero y a las personas, no a la iglesia. El Reino de Dios ya ha

---

103 Vgl. Margot Kässmann, *Die eucharistische Vision. Armut und Reichtum als Anfrage an die Einheit der Kirche in der Diskussion des Ökumenischen Rates*. München 1992, 324-326.

104 Hermann Josef Pottmeyer, "Die Frage nach der wahren Kirche". En *Handbuch der Fundamentaltheologie, Bd. 3: Traktat Kirche*, editado por W. Kern, Freiburg i. Breisgau: Herder, 1986, 234; citado por M. Kässmann, 325.

comenzado, por eso los círculos son permeables. La iglesia no está en el centro de la *Missio Dei*. Nace a través de la acción de Dios sobre el mundo en la creación, la reconciliación y la redención. Toma forma estableciendo señales para su esperanza de la culminación del mundo, el Reino de Dios. Ella manifiesta estos signos en una comunidad marcada por testimonio, servicio y celebración.

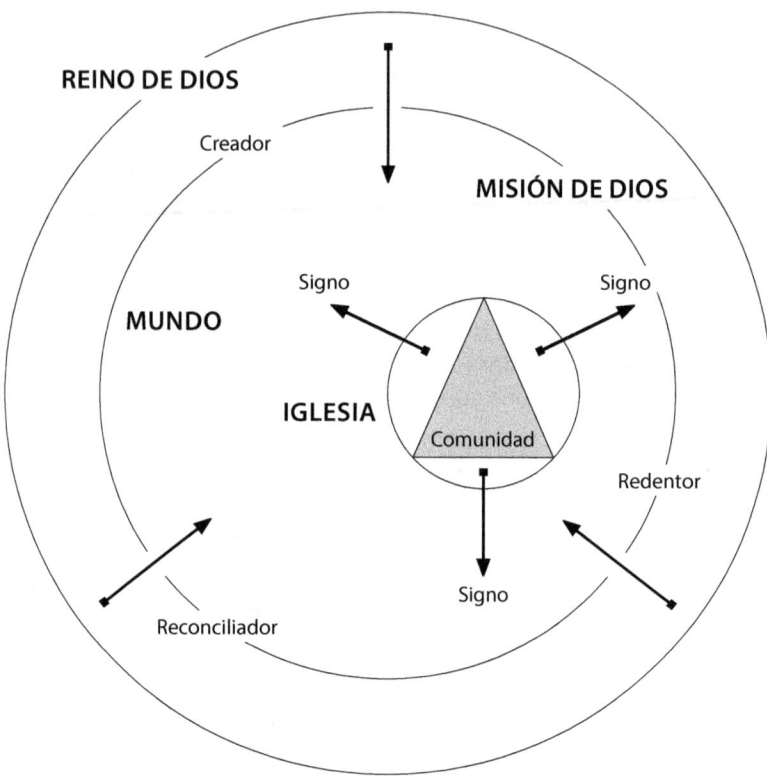

8.3 Las dimensiones básicas de la iglesia

El *Shalom* de Dios, la paz para el mundo, se predica, celebra y vive en las comunidades cristianas. Mientras la comunidad está de camino hacia el nuevo mundo de Dios, presentará estas dimensiones fundamentales: *Martyria* (testimonio), *Leiturgia* (liturgia), *Diakonia* (diaconía) *y Koinonia (comunidad)*. A raíz de su mandato es una comunidad de testimonio, celebración y servicio en el Reino de Dios.

Ya en la primera comunidad cristiana en Jerusalém encontramos estos aspectos fundamentales de su esencia. Hechos 2.42-45 dicen:

> Se mantenían firmes en la enseñanza de los apóstoles, en la comunión, en el partimiento del pan y en la oración. Todos estaban asombrados por los muchos prodigios y señales que realizaban los apóstoles. Todos los creyentes estaban juntos y tenían todo en común: vendían sus propiedades y posesiones, y compartían sus bienes entre sí según la necesidad de cada uno.

La nueva forma de vida, a la que son liberados los cristianos en la fe y la esperanza, está marcada por la enseñanza de los apóstoles (*martyria*), la comunidad (*koinonia*), el partir el pan y la oración (*leiturgia*) así como la distribución de bienes y posesiones (*diakonia*). La comunidad intenta hacer realidad esta nueva forma de vida. Nacida de la obra de Dios y viviendo de la reconciliación con Dios, la comunidad a su vez ahora busca practicar la reconciliación interna y externamente. Una práctica de reconciliación dentro de la comunidad es tan necesaria, como lo es actuar de manera activa, crítica, constructiva y, en dado caso, también de confrontación o resistencia, en una cultura que a menudo se vive como una cultura de competencia y oposición implacable. Esto sucede simbólicamente a través del mensaje de la comunidad (*martyria*), sus rituales (*leiturgia*), su unión (*koinonia*), así como de sus servicios hacia afuera (*diakonia*). Estas son expresiones de vida de una fe en el Reino de Dios y su esperanza de adoptar dentro del mismo una forma social.

La iglesia, que se alinea con el Reino de Dios, con *Shalom*, la "vida plena", siempre exhibirá las expresiones de vida de las cuatro dimensiones básicas en la práctica concreta. Son en sí mismos signos e instrumentos para el Reino de Dios. A través de ellos, el Reino de Dios adquiere realidad social en la comunidad.

A manera de resumen se puede decir, por tanto: En el sentido protestante, la iglesia se entiende como "la comunidad en testimonio y servicio del Reino de Dios". Esto impregna su ética con una orientación clara hacia la paz y la justicia (*Shalom*).

8.5 Conversión hacia una iglesia de paz

• **La visión de** *Shalom*

La ética de la iglesia se basa en la experiencia de la fe de que la vida humana se sustenta en la voluntad de paz de Dios. Los cristianos confiesan, que Dios como creador, reconciliador y salvador, quiere realizar la paz con y en el mundo. Es por eso que su ética se basa en la visión bíblica de *Shalom*.

En las tradiciones bíblicas, *Shalom* es un concepto de amplio significado. Se refiere a la totalidad, a la salvación y al bienestar de la vida en todas sus relaciones e incluye tanto la paz del individuo con Dios como consigo mismo, y a la paz con los semejantes y con la naturaleza. *Shalom* sucede en el mundo sanado por Dios. Por lo tanto, todos los esfuerzos humanos por la paz dependen de la acción salvadora de Dios en el hombre.

En la vida y la acción de Jesús se nos presenta una aparición anticipada del *Shalom* de Dios. En su persona, los pobres, los que sufren y los que tienen hambre de justicia (Mt 5.1ss., Lc 6.20-23) experimentan la cercanía del Reino de Dios. A través de él, las personas experimentan el perdón de Dios, la reconciliación entre Dios y el hombre y la nueva hermandad. La esperanza de un ordenamiento no violento de paz, ya establecido en el Antiguo Testamento (p.ej. Is 11), se convierte en figura central por el mensaje y el camino de Jesús. El camino de esta paz se caracteriza por la voluntad de servicio, la no violencia y la capacidad de amor al enemigo (Mt 5.39ss., Mc 10.42ss). Jesucristo es el *Shalom* de Dios en persona para el mundo desgarrado y enemistado.

El Espíritu de Dios convierte a la congregación seguidora de Jesús en la *"sal de la tierra"* y *"la luz del mundo"* en medio de la sociedad y el Estado de su tiempo. Es aquí donde debe ser un modelo con su mensaje y su vida propia y establecer señales e impulsos para la voluntad de paz de Dios. El trabajo de reconciliación es entonces, la tarea de una comunidad orientada hacia la paz de Dios y el acto de reconciliación de Dios. Por lo tanto, la comunidad no puede mantenerse al margen de las cuestiones sociales de su tiempo, sino que debe mirarlas a la luz de la promesa de paz y trabajar en ellas. Para ello sigue tres opciones básicas que resultan de la relación de justicia y paz en el *Shalom* de Dios:

- una opción preferencial por los pobres y los perjudicados;
- una opción preferencial por la no violencia;
- una opción preferencial por la protección y el fomento de la vida.[105]

Los acontecimientos políticos mundiales desde 1989 han confirmado claramente lo que ha declarado el *"Proceso conciliar de compromiso mutuo con la justicia, la paz y la integridad de la creación"* en repetidas ocasiones: la paz sólo puede hacerse realidad sobre el fundamento de una justicia abarcadora. En otras palabras, los dos problemas centrales de supervivencia de la humanidad, la injusticia social, como se refleja en la división económica norte-sur y este-oeste, y la destrucción de los fundamentos naturales de la vida representan una amenaza permanente para la paz. En las migraciones globales y los flujos de refugiados, en los conflictos por recursos cada vez más escasos como el petróleo crudo o el agua, se encuentran efectos de boomerang de conflictos de justicia no resueltos. La globalización de los mercados económicos provoca conflictos que ya no se pueden resolver con el pensamiento nacional-estatal y los instrumentos correspondientes. La dimensión económica, social y ecológica de la paz no puede ser asegurada ni establecida por medio de políticas de fuerza o a través de acciones militares. Exige el compromiso social de los estados y las instituciones internacionales para un ordenamiento económico mundial justo y una política ecológicamente responsable. La paz no es divisible: la paz política, la justicia social y la responsabilidad ecológica están relacionadas entre sí y deben verse como una sola. Una iglesia que vive desde la esperanza del *Shalom* de Dios, que abarca todas las áreas de la vida, será la defensora de esta posición.

---

105 Véase "Wort der Ökumenischen Versammlung in Dresden 1989". En *Texte der EKD 38*, 1991, 30-36.

- **Expectativas y reclamos a la iglesia**

Una iglesia que deriva de la acción de paz de Dios debe, ante todo, convertirse en una iglesia de paz. Si Cristo es el *Shalom* de Dios en persona, entonces la iglesia, como la comunidad de los reconciliados, debe permitir en todo momento que la paz tome forma en su seno. Esto incluye todas las dimensiones básicas de su esencia: comunidad (*koinonia*), servicio litúrgico (*leiturgia*), testimonio (*martyria*) y ministerio (*diaconia*). En vista de los retos actuales, esto significa:

- **La iglesia de paz convierte en realidad la comunidad transfronteriza.**

La comunidad en la iglesia nunca puede ser idéntica a las comunidades definidas por intereses nacionales, étnicos o ideológicos. El Espíritu de Dios reúne a su pueblo de todos los pueblos y naciones. De aquí se desprende como mandato para la iglesia:

- La formación e intercambio de opiniones, la cooperación y la búsqueda de decisiones en la iglesia deben estar reguladas por una estructura conciliar. Los modelos jerárquicos contradicen la igualdad de todos los miembros, basada en el sacerdocio de todos los creyentes.

- El pluralismo en la iglesia y en la sociedad no debe ser demonizado como una unidad en peligro. También puede reflejar la diversidad de los efectos del Espíritu de Dios. Un pluralismo exitoso, en el que se generan tolerancia, respeto mutuo y el intercambio fructífero, es un eje central de la formación de paz de hoy en día y el manejo de conflictos. En su papel de comunidad transfronteriza, la iglesia puede ser la promotora de un pluralismo exitoso.

- El trabajo ecuménico es el mandato por excelencia de la iglesia como trabajo de paz. No es una tarea adicional entre otras, sino más bien una dimensión básica de toda acción eclesiástica. Es la expresión directa de la esencia de una iglesia de paz. La promesa de paz de Dios, que sostiene la iglesia, también debe moldear las relaciones inter-eclesiásticas e inter-religiosas.

- **La iglesia de paz vive del presente del Shalom de Dios, así como lo afirma y celebra en el servicio litúrgico.**

El servicio litúrgico no marca un lugar perfecto lejos del mundo desgarrado. Pone en todos sus elementos el *Shalom* de Dios como una promesa hecha realidad en el medio de las tensiones, conflictos y desafíos de este mundo. La paz, la justicia y la preservación de la creación, tienen que ocupar, como promesa de Dios, el primer lugar en la oración y la oración por intercesión de la comunidad.

Es por eso, que la paz, la justicia y la preservación de la creación no deben ser temas especiales de ciertos domingos designados, sino que deben ser los temas fundamentales de la promesa de Dios, que dan forma al carácter de cada servicio litúrgico. El servicio se convierte en la celebración de *Shalom* de Dios.

- **La iglesia de paz da testimonio en palabra y obra de la promesa de paz que la sostiene.**

El testimonio de la iglesia tiene dos aspectos, uno crítico-profético y otro constructivo-educativo.

Como herramienta de espíritu profético, se convierte en la defensora de la paz, la justicia y la preservación de la creación ante los sistemas de poder globales y regionales. Trabaja para reducir los prejuicios y las imágenes enemigas y se opone a la resolución violenta de conflictos. Como comunidad constructiva-educativa, su tarea principal se enfoca en la educación para la paz. Esto incluye la educación en la capacidad de resolución de conflictos, la práctica del manejo no violento de conflictos y la mediación de conflictos en todas las áreas de acción: desde el trabajo con niños y jóvenes a través de las clases de confirmación y de educación religiosa en las escuelas, hasta la educación de adultos. Al hacerlo, redescubre nuevamente para sí misma los métodos de trabajo desarrollados por las clásicas iglesias de paz. Por ejemplo, la técnica de la mediación, en la que las partes en conflicto son apoyadas para encontrar creativamente una solución que se adapte a las necesidades de ambas partes, ha sido aceptada ya en la conciencia pública. La meta debe ser capacitar a los miembros de la iglesia a realizar pasos concretos para promover la paz.

- **La iglesia de paz es comunidad de servicio para la reconciliación y la paz.**

Si la iglesia se entiende como embajadora de reconciliación (2Co 5.20), entonces está llamada a promover y a acompañar localmente proyectos de paz, poner a disposición contactos ecuménicos para la prevención de conflictos o el manejo de conflictos y poner a disposición e involucrar a representantes de la iglesia en la mediación de conflictos.

9. La ética protestante en diálogo

9.1 El diálogo interdisciplinario: Ética teológica y filosófica

El proyecto de ética descrito hasta ahora tiene como ciencia de referencia principalmente las ciencias bíblicas. Entre otras cosas, esto se basa en el hecho de que queríamos desarrollar una ética protestante que adopte una forma crítica-profética, liberal-constructiva y comunicativa-dialógica frente a un fundamentalismo legalista y a un relativismo que renuncia a los principios. El lado crítico se expresa en la meta-norma del amor y el escrutinio de la razón. El carácter liberal-constructivo se expresa en el modelo del margen de comportamiento y de las nuevas posiciones de vida basadas en la fe, la esperanza y el amor. La apertura comunicativa de esta ética debe comprobarse ahora en el diálogo interdisciplinario (sobre todo filosófico), intercultural e interreligioso.

- **Teonomía, heteronomía y autonomía**

Por lo tanto, la primera pregunta es: ¿será una ética teológica basada en un contexto de razonamiento bíblico capaz de permitir el diálogo? ¿O trabaja con supuestos difícilmente accesibles desde una base de ética fundamentada en la razón común? La ética teológica también puede escapar a esta pregunta. Simplemente puede afirmar que posee la única verdad sobre el comportamiento moralmente correcto y, por lo tanto, dominar otros intentos éticos. Este es el peligro que se encuentra en la tradición católica y en un fundamentalismo protestante. Con ello crea, sin embargo, una moral interna que pierde cada vez más su plausibilidad y relevancia, especialmente para la vida pública. La ética teológica a menudo está expuesta al reclamo de formar una ética heterónoma. La heteronomía se entiende como una determinación externa, que va en contra de la autonomía, es decir, la autodeterminación de la persona ilustrada.

Pero los conceptos comunes de heteronomía, autonomía y agregamos también la teonomía, se pueden interpretar de manera distinta. Paul Tillich lo menciona repetidamente en sus reflexiones sobre la ética.[106] Según las mismas, la ética teológica debe ser entendida como ética teónoma, pero no por ello automáticamente como ética heterónoma. *Heterónomo* significa, que las normas y las conductas de un *ethos* se definen y sancionan por una autoridad externa al individuo que actúa. Esta autoridad puede estar en tradiciones o costumbres sociales, ideologías y líderes políticos o incluso también en Dios como legislador. La ética encuentra su fundamento en el mandato de esta autoridad. Es el trasfondo incuestionable del comportamiento moral. Dado a que la Biblia menciona en repetidas ocasiones a Dios como legislador, gobernante y rey, la ética teológica, a primera vista, efectivamente parece una ética heterónoma. *Teonomía*, en cambio, describe una ética que surge de la concordancia con el ser. Si Dios se entiende como fondo, poder y meta de este ser, entonces no se trata de un mandato externo en el sentido de la heterenomía, sino de que el individuo encuentre su verdadero destino (divino). Infaliblemente lo reclama. La distinción de Tillich de la esencia como la determinación del hombre a su verdadera humanidad y existencia como el ser bajo las condiciones existenciales reales, le permite reconocer su origen teonómico también en las éticas filosóficas. Al igual que la ética teológica, estas preguntan sobre la verdadera humanidad y los objetivos verdaderos y justos de la

---

106 Ver Tillich, *Teología Sistemática* I, 114-118 y *Moralidad y algo más*, 11-75.

conducta ética, aún cuando determinan su contenido de manera diferente. *Autónomo*, finalmente, describe un razonamiento ético que surge de la comprensión emancipadora–ilustrativa del ser humano. Según ésta, el hombre o bien la sociedad, establecen las normas y reglas de la moralidad desde ellos mismos, o sea, de la razón accesible a todos los seres humanos. Lo que contradiga la norma de la razón y la intuición debe cuestionarse y rechazarse como una determinación heterónoma.

De esta caracterización de la ética teológica surge obligadamente el diálogo necesario con las éticas filosóficas. Se cuestionarán mutuamente, qué conforma al ser humano, qué razón fundamental de la convivencia humana aceptan y de dónde se pueden derivar las normas y los criterios de esta convivencia. Se trata entonces no solamente de una justificación unilateral de la ética teológica ante el foro de la razón mundana, sino también de una indagación y cuestionamiento de la ética general desde la perspectiva de la ética cristiana. Por lo tanto, la relación puede describirse provisionalmente como una relación en "analogía y diferencia".

• **Tipología de la ética**

Los modelos generales de justificación de la ética pueden clasificarse según una distinción clásica en tres tipos: el tipo deontológico o no-consecuencialista, el tipo teleológico o consecuencialista y el tipo contextual. Forman la ética del deber, la ética de los bienes y virtudes, así como la ética contextual. Para lograr entender las analogías y diferencias en una ética teológica, pasamos a dar una breve descripción siguiendo la caracterización de Roy May[107].

(1) El tipo deontológico

> El tipo no-consecuencialista se interesa en *las obligaciones* que alguien tiene en una situación dada, *a pesar de las consecuencias* que impliquen o cual sea la meta final. Este razonamiento es "deontológico" porque, según la raíz

---

[107] Roy May, *Discernimiento Moral. Una introducción a la ética cristiana*. San José, Costa Rica: DEI, 2004, 57-75. Los números de página en el texto se refieren a este libro.

griega, *deon* significa "lo que obliga". Tiene que ver con los deberes; lo que determina la moralidad de una decisión o acción no es el resultado, sino el cumplimiento de la obligación o el deber. Por eso plantea la pregunta: ¿qué es lo correcto? Trata de aclarar los principios reguladores que establecen las "reglas del juego" de la vida. Lo importante es vivir siguiendo esas reglas u obligaciones. ... Este tipo de razonamiento moral, basado en las reglas de conducta o los códigos morales, ha sido sumamente importante en la tradición cristiana y ocupa un lugar central en la iglesia de hoy (62f.).

Este tipo de ética se remonta al filósofo alemán **Immanuel Kant** (1724-1804), considerado el verdadero fundador de la ética del deber. Su definición de una buena acción se puede resumir como sigue:[108]

- La buena acción es solo aquella acción, que brota de una buena voluntad. La voluntad es la capacidad del hombre de ponerse leyes a sí mismo y actuar según las mismas. Sólo la buena intención de la acción, la calidad de la voluntad, hace que la acción sea correcta. Los contenidos de la voluntad no importan. Por ejemplo, un médico que atiende emergencias durante el fin de semana podría estar actuando así con la intención de ganar más dinero.

- El deber decide si una voluntad es buena. Debido a que las personas actúan por motivos e intereses completamente distintos, siempre vuelven a requerir una guía por un deber. A raíz del deber es que actúa aquel que quiere hacer lo éticamente correcto por el hecho de cumplir con el mismo, o sea por moral.

- El deber se puede formular formalmente como una ley moral universal, que reivindica a los seres humanos como seres racionales. Kant formula esta ley como un imperativo categórico. Este es un imperativo que rige de manera incondicional y en todas las circunstancias. Dice así: "Obra sólo según aquella máxima por la cual puedas querer que al

---

[108] Véase Reuter, Grundlagen und Methoden der Ethik, 25-31.

mismo tiempo se convierta en ley universal."[109] Paralelamente Kant conoce otras formulaciones de la ley moral. La fórmula de humanidad reviste gran importancia: "Obra de tal modo que uses a la humanidad, tanto en tu persona como en la persona de cualquier otro, siempre al mismo tiempo como fin y nunca simplemente como medio."[110] La ley moral universal es el criterio para las máximas. Las máximas son actitudes básicas personales de comportamiento y reglas de vida, por las cuales se guía el ser humano. Si las mismas son morales, depende de si corresponden o no a la ley moral universal. Esta generalización es necesaria para posibilitar la convivencia de personas distintas con máximas distintas.

- En última instancia, todo esto presupone la autonomía de la voluntad humana; porque la ley moral, el imperativo categórico, no es una ley impuesta desde afuera, sino que surge de la razón humana. La libertad moral consiste precisamente en aceptar y cumplir la ley moral general por su propia voluntad.

La fuerza de la ética del deber, reside sin duda en la posibilidad de hacer que los principios éticos sean universalmente vinculantes, es decir, de universalizarlos. Pero su debilidad consiste en la forma puramente formal de la ley moral. Es absoluta y no permite considerar situaciones diferentes y cambiantes. Además, la ética del deber vive en una alta estimación, si no en una sobreestimación de la razón humana.

(2) El tipo teleológico o consecuencialista

Según el tipo teleológico la calidad del comportamiento no depende de la intención del que actúa, sino de los motivos que persigue. May explica al respecto:

---

109 Immanuel Kant, *Grundlegung zur Metaphysik der Sitten*. Akademie-Ausgabe IV. Berlin: De Gruyter, 421; citado según *Fundamentación de la metafísica de las costumbres*. Traducido por José Mardomingo (edición bilingüe). Barcelona: Ariel, 1999.

110 Kant, *Grundlegung* IV, 429; citado según *Fundamentación de la metafísica de las costumbres*.

> El tipo consecuencialista se preocupa y se caracteriza por su interés en las *consecuencias* de una decisión o postura ética. Se pregunta por el resultado o la meta. ¿Cuál es el resultado que se debe conseguir con la decisión? Está orientado hacia un fin. Por eso, en la filosofía se conoce este tipo como "teleológico". En griego, *telos* quiere decir "fin", así, una orientación teleológica apunta hacia un fin. La interrogación moral de este enfoque es "¿qué es lo bueno?". O sea, se trata de conseguir "lo bueno" como consecuencia de las decisiones o acciones tomadas. Es una orientación ética en función de ciertas metas que representan "lo bueno". Estas metas podrían ser, por ejemplo, el crecimiento económico, el máximo bienestar del pueblo y el bien común, la felicidad o la perfección personal, la salvación y la vida eterna, la erradicación de movimientos subversivos a fin de preservar la democracia, o la igualdad de mujeres y hombres. Existen tantas posibilidades como ideologías y criterios hay. ... Es decir, los medios son secundarios o menos importantes puesto que son relativos al fin. Cualquier ética que se preocupa mayormente por las consecuencias o los resultados es una ética de tipo consecuencialista (60).

Según este tipo de ética lo bueno consiste en las consecuencias de una actuación, o en las metas que se persiguen. Con ello el peso de la decisión ética recae en el resultado de la actuación. Los medios utilizados juegan un papel segundario.

El modelo básico de este tipo es la ética nicomaquea de *Aristóteles*.

- La pregunta orientadora de esta ética es: ¿cómo queremos vivir?

- Aristóteles partió de la premisa de que todo ser viviente, sea planta, animal o ser humano, tiene implantado su *"telos"*, o sea su destino. Entonces una buena actuación significa buscar esta meta.

- La meta más alta para los seres humanos es la *eudaimonia*, quiere decir, la felicidad o la vida exitosa. En la ética teleológica se conocen diferentes expresiones que se distinguen entre sí según la comprensión que tiene cada una de este contenido de la vida exitosa.

Para el hedonismo fue el sentido empírico del placer, para Platón la presencia del bien en sí. Después de que se desmoronó la cosmovisión teleológica en los tiempos modernos, las concepciones éticas consecuencialistas se concentran en las consecuencias intrínsecas de la acción. El utilitarismo, por ejemplo, pone la "mayor felicidad del mayor número (de hombres)" como el bien más alto. En la *ética política*, se citan a menudo objetivos como el aseguramiento de la paz, la protección de la libertad, el bienestar individual y colectivo. Siguiendo este enfoque, el sociólogo Max Weber desarrolló posteriormente la llamada ética de la responsabilidad. La misma incorpora conscientemente las consecuencias de la acción en la decisión ética y, por lo tanto, asume la responsabilidad de las consecuencias de una acción o de un juicio.

La ética de la virtud puede considerarse como un caso especial de ética teleológica.

> De igual manera, la ética de la virtud es de tipo consecuencialista porque se interesa por "el fin último" o "el propósito verdadero" como "la meta" de la buena vida, una vida que se conforma a las virtudes (61f.).

La pregunta guía de la ética de la virtud es ¿Cómo *podemos* actuar bien? No ve el bien en la observación y el seguimiento de reglas como la ética deontológica y tampoco en el resultado de acciones como la ética de los bienes, sino en el carácter del actor. Se concentra en la persona que actúa y en sus características. De este modo, toman protagonismo las habilidades individuales, los impulsos afectivos y también la sensibilidad para el contexto de la acción.

Aristóteles es también el antecesor de este tipo de ética. Para él, las virtudes son las actitudes adquiridas y practicadas por una persona, que le permiten alcanzar su destino. Partiendo de estas actitudes, el ser humano actúa bien.

(3) El tipo contextual

> La historia cambia, la vida es dinámica, las personas son diferentes. Esta realidad exige... que la referencia básica sea el contexto desde el cual emergen las cuestiones éticas.

> ... Algún grado de relativismo es inevitable frente a cada realidad ética justamente por las contingencias históricas, culturales y personales. Ninguna persona puede saber todo lo que necesita saber frente a una situación, pues las conclusiones éticas son siempre relativas al conocimiento humano que es parcial, incompleto y fragmentado. Son relativas a la formación personal y la ubicación social y cultural de una persona, sus posturas teológicas e ideológicas, es decir, sus premisas, presuposiciones o "precomprensiones". Son relativas a los valores y las respuestas históricamente producidas, a menudo en competencia uno con el otro. ... Lo que necesitamos es un método ético que nos permita tomar en cuenta las ambigüedades y las situaciones cambiantes que caracterizan la vida, esto es, el contexto de la decisión moral. El tipo de razonamiento moral que trata seriamente este problema es el contextualista (69f.).

Roy May sostiene que esta línea de ética tuvo sus raíces en Europa y los Estados Unidos. El teólogo alemán Dietrich Bonhoeffer con su ética de la responsabilidad, el estadounidense Joseph Fletcher con su ética de la situación y Paul Lehmann con su ética en el contexto cristiano, valoraron la situación concreta de la acción, en las cuales cada vez hay que preguntar de nuevo por la voluntad de Dios. En América Latina, fue adaptada y seguida por teólogos protestantes como Julio de Santa Ana, José Míguez Bonino, Samuel Silva Gotay, Ivonne Gebara, así como por algunos teólogos católicos como Jon Sobrino, Jorge Arturo Chaves y Jung Mo Sung y los filósofos José González Alvarez, Franz Hinkelammert, German Gutiérrez y Raúl Fornet-Betancourt. Todos tienen en común la ruptura con el tipo deontológico de la ética y el énfasis en el contexto.[111]

• **Diferencias**

Dialogo significa conversación de intercambio. Por lo tanto, estos modelos fundamentales ético-filosóficos también se pueden cuestionar desde la perspectiva de una ética teológica. Un enfoque de ética puramente *deontológico* se expresará como "ética de convicción", utilizando la terminología de Max Weber. Está enfocado

---

111 Véase Roy May, *Ética sin principios. Otra ética posible*. San José, Costa Rica: DEI, 2012, 22-35.

en la actitud interna, la rectitud del actor, independientemente de las circunstancias y las consecuencias de la acción. De esta forma puede adquirir fácilmente un carácter distante y ajeno al mundo. Resulta más importante seguir las reglas que conocer a la gente o una situación. El eticista huye de la ambigüedad de la vida y de la irracionalidad del mundo hacia la fidelidad a los principios. En el peor de los casos, esto puede convertirse en fanatismo. La ética cristiana tendrá que recordar siempre ante la ética por deber el ejemplo del manejo de Jesús de los deberes. Su comportamiento ante la adúltera que debe ser apedreada bajo la ley (Jn 8.1-11), demuestra en la situación concreta la misericordia, que abre vidas en lugar de terminarlas.

En el *tipo de ética teleológica*, todo depende del contenido del bien por el cual hay que luchar. Eudaimonia, la mayor felicidad, también puede significar la maximización de beneficios, lo que conduce a una economización de todos los entornos de vida. El propósito final del esfuerzo también puede ser una simple ganancia de placer, lo cual promueva el consumismo. Cuando Jesús agudiza su mensaje del Reino de Dios y dice *"busquen primeramente el reino de Dios y su justicia"* (Mt 6.33), este concepto de justicia debe ponerse en diálogo con las ideas de felicidad de la ética teleológica.

La *ética de virtudes* no puede justificar qué virtudes son las correctas sin especificar un bien supremo. Dependen de la tradición del respectivo entorno histórico y cultural. Cuando se encuentran dos tradiciones de virtudes distintas, resulta difícil decidir de manera abstracta, cuál tradición es la "mejor". La ética de la virtud también puede convertirse en egocéntrica. En esos casos, la fuerza de carácter propio se vuelve más importante que la sensibilidad hacia el prójimo. Por ejemplo, el honor de la familia entonces puede valer más que la vida de un miembro de la familia que haya dañado ese honor. La solicitud de Jesús al joven rico (Lc 18.18-27) de vender sus posesiones y dar el dinero a los pobres, con seguridad no fue concebida como una instrucción general. Más bien, Jesús revela con la misma, que el rico estaba más preocupado por su piedad -había cumplido con todos los mandamientos- que por la necesidad del otro.

Sin duda, la *ética contextual* tiene la gran ventaja de conciliar la libertad y la responsabilidad: la libertad de actuar por amor y la responsabilidad de ser justo con el prójimo concreto en la situación concreta. Sin embargo, los desafíos éticos centrales de la humanidad, como la migración y el cambio climático, se encuentran hoy en un horizonte cosmopolita. No pueden ser abordados a través de miles de éticas contextuales y exigen una ética trans-contextual. Si esta no existe, comienza el fenómeno de la retrotopía[112]. Debido a que las grandes utopías de un mundo mejor han perdido su poder en el posmodernismo, hay un giro hacia atrás que promete seguridad: la retrotopía en expresiones como nacionalismo, racismo, xenofobia y violencia.

Una ética cristiana deberá, por tanto, redescubrir con Pablo el aspecto universal de la ética. Para Pablo la consecuencia de la fe en Cristo se expresa como sigue: "*Ya no hay judío ni griego, esclavo ni libre, hombre ni mujer, sino que todos ustedes son uno solo en Cristo Jesús*" (Gá 3.28).

• **Analogías**

Ahora bien, si uno compara la ética cristiana mencionada con estos modelos éticos básicos, rápidamente se hacen evidentes las correspondencias. La ética cristiana igualmente refleja un aspecto del *deber*. Los principios de la conducta a seguir no solamente se mencionan en la norma básica del amor, en los Diez Mandamientos o en las instrucciones del Nuevo Testamento. Toda conducta ética debe entenderse como una conducta de respuesta a la bondad de Dios. El Antiguo Testamento formula esta respuesta como fidelidad al pacto de Dios con su pueblo. Es un compromiso. El Nuevo Testamento lo formula como una correspondencia a la acción de Dios.

El aspecto del *telos* o *bien superior* es bien conocido por la ética cristiana. El mensaje básico de Jesús fue: "*El Reino de Dios está cerca. ¡Arrepiéntanse y crean las buenas nuevas!*" (Mc 1.14). La conducta

---

112 Véase Zygmunt Bauman, *Retrotopia*. Frankfurt/Main: Suhrkamp, 2017.

cristiana debe orientarse según el gobierno y la justicia de Dios para lograr transformar el mundo hacia la justicia y la paz.

Las *virtudes* juegan igualmente un papel importante en la ética cristiana, como hemos visto en las posiciones éticas que guían el comportamiento de rutina. Las mismas dan la constancia al comportamiento ético y aseguran la confiabilidad y la orientación hacia la meta a los sujetos en acción.

Finalmente, la consideración del contexto para el comportamiento ético es esencial, ya que la calidad del comportamiento se mide por la manera en que se percibe "la necesidad del prójimo", según el criterio de Martín Lutero. El hecho de que Jesús rompa con el mandamiento de guardar el sábado por hambre o enfermedad (Mc 2.3-3.6) es el modelo para ello.

• **Ética cristiana como ética integradora**

Por lo tanto, la ética cristiana debe entenderse como *ética integradora* porque integra los elementos esenciales de una acción o un comportamiento: el poder o la capacidad de actuar (virtud), el acto de actuar de acuerdo a una regla (deber), el propósito determinante de la acción (bien) así como el contexto de la acción como marco de referencia.

No se puede esperar, por supuesto, que los conceptos filosóficos de la ética asuman el contenido de estos elementos desde su punto de vista. Sin embargo, se ha demostrado, que los diferentes enfoques de la ética giran en torno a las mismas preguntas. Son las preguntas mencionadas al inicio, acerca de una vida plena y una convivencia justa. Aunque las respuestas a estas preguntas dependan de la percepción respectiva del mundo y del ser humano, pueden muy bien entrelazarse para que también se puedan desarrollar perspectivas comunes para la acción.

El diálogo entre la ética teológica y la filosófica se lleva a cabo por tanto a nivel antropológico, es decir, gira alrededor de la pregunta de lo humano. Expresado de manera gráfica, la relación luce así:

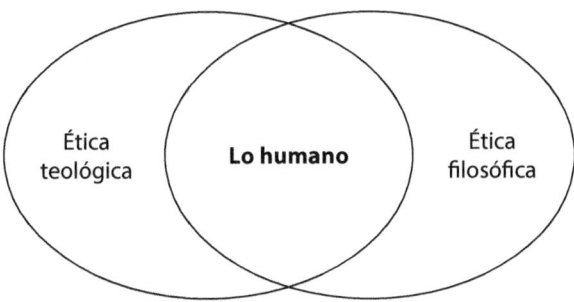

En este discurso, la ética cristiana aportará sus perspectivas sobre una vida plena y exitosa: paz, justicia y armonía con la creación. Las posiciones fundamentales como la libertad y la responsabilidad, la lucha por la justicia, la compasión y la solidaridad son sus contribuciones a la formación de virtudes morales. La "Regla de Oro" de *"Trata a los demás como quieres que te traten"*, puede jugar un papel especial para la pregunta por los posibles criterios de comportamiento ético útiles para el discurso.[113]

Significativamente, la Regla de Oro aparece en casi todas las altas culturas, en la antigua ética hindú, en el confucianismo en China y Japón, en la antigüedad griega, en el judaísmo, en el cristianismo y en el islam. Expresa principios que son subyacentes a cualquier ética basada en relaciones interpersonales:[114]

- Principalmente la misma vulnerabilidad y necesidad de protección de todas las personas,
- la capacidad humana de ponerse en el lugar de otros (pensamiento de intercambio de papeles o cambio de perspectiva),
- la reciprocidad de reclamos morales legítimos,
- la generalización racional de la reciprocidad moral (principio de universalización).

---

113 En el Evangelio de Mateo se encuentran bajo la formulación: *"Así que en todo traten ustedes a los demás tal y como quieren que ellos los traten a ustedes"* (7.12). También en este sentido en Lc 6.31.

114 Encontramos amplia referencia al tema en el escrito del eticista económico suizo, Peter Ulrich: *Integrative Wirtschaftsethik. Grundlagen einer lebensdienlichen Ökonomie,* 4ª edición. Bern, Stuttgart, Viena: Haupt Verlag, 2008, 59-99.

Por supuesto, lo que la Regla de Oro no logra, es la distinción entre reciprocidad estratégica y ética. Sería estratégico considerar los reclamos morales de otros simplemente por conveniencia, por ejemplo, si una empresa admite consideraciones ambientales porque de esta manera puede esperar obtener mayores ganancias. La palabra clave para esta actuación es "Good ethics are good business". La reciprocidad es ética cuando los demás son considerados por ellos mismos. Pero la Regla de Oro por si sola todavía no dice nada sobre eso. Por eso, en la tradición judeocristiana, se complementa con el mandamiento del amor al prójimo, que atribuye la misma dignidad a mi prójimo que a mí mismo.

En el diálogo con la ética filosófica, esta probablemente estará disconforme con la justificación metafísico-religiosa, pero por motivos éticos la razón llegará a menudo a la misma conclusión. Peter Ulrich cita, como ejemplos para ello, el punto de vista del espectador imparcial, a quien el filósofo moral escocés Adam Smith ha introducido como un criterio de reciprocidad; luego el imperativo categórico de Kant como un principio moral universalista, el criterio de generalización del utilitarismo "¿Qué pasaría si (en cierta situación) todos actuaran de la misma manera?" y la ética del discurso de Karl-Otto Apel y Jürgen Habermas, que establece una "comunidad ideal de comunicación" como una idea reguladora para equilibrar los reclamos morales de forma discursiva. Ulrich señala que este discurso sobre moral y ética debe tener lugar en tres niveles: a nivel de responsabilidad personal, a nivel institucional y a nivel de público crítico ilimitado.

9.2 El diálogo interreligioso: *Ethos* universal o particular

Así, la cuestión de la universalidad de las convicciones éticas se plantea al mismo tiempo que la cuestión de lo humano. ¿Hay reglas morales, posiciones y bienes que sean compartidos por todas las personas o que sean comprensibles para todas las personas? Esto sería necesario para resolver los grandes problemas de supervivencia de la humanidad y del planeta. A esto se anteponen, por supuesto, las diferencias de las variadas culturas y religiones, cada una de las cuales expresa su espíritu particular.

Los intentos tradicionales de razonar un *ethos* universal han llegado a límites obvios:

(1) La clásica *doctrina de la ley natural* (desde la filosofía presocrática griega, pasando por el estoicismo hasta la alta escolástica de la Edad Media) basó un *ethos* universal en el orden mundial cosmológico o sobre órdenes de creación dadas por Dios, y derivó de ellos los derechos humanos relacionados, por ej. entre varón y mujer. Sin embargo, los derechos naturales también ocuparon un lugar correctivo ante un derecho positivo. Con la ruptura del fundamento metafísico, esta tradición comienza a resquebrajarse.

(2) En la era moderna, por lo tanto, se buscó un fundamento antropológico y se apostó a la *razón*, accesible y comprensible a todas las personas. Debía permitir una universalización de normas y valores. La formulación de Kant de la ley moral general con el imperativo categórico se convierte en el modelo guía para un *ethos* de la razón práctica. Su límite, por supuesto, reside en la dependencia cultural e histórica de la razón. Solamente una razón muy formal se puede determinar de manera universal, la cual ya no alcanza a la situación y al contexto.

(3) Una tercera línea de razonamiento para una ética universal se puede encontrar en las así llamadas teorías de contrato. Lo que generalmente debe considerarse ético o moral sólo puede lograrse a través del acuerdo, el consenso y en el discurso. Esta línea está representada con diferentes motivaciones y diferentes reglas de discurso, por ejemplo, por John Rawls en su *Teoría de la justicia*[115], por Karl-Otto Apel y Jürgen Habermas en su *Ética del discurso*[116] y en el llamado

---

115 John Rawls, *Eine Theorie der Gerechtigkeit*. Frankfurt/Main: Suhrkamp, 1979.

116 Karl-Otto Apel, *Diskurs und Verantwortung. Das Problem des Übergangs zur postkonventionellen Moral*. Frankfurt/Main: Suhrkamp, 1988. Jürgen Habermas,

Contractualismo[117]. La principal crítica a este planteamiento se refiere al "eurocentrismo", según el cual las reglas del discurso están determinadas por el espíritu europeo-occidental y, por ende, consecuentemente no tienen capacidad de universalización.

Esta misma crítica se escucha repetidamente contra las declaraciones de derechos humanos. En ellos se encuentran las tres líneas de justificación de un *ethos* universal: la de la naturaleza, la de la razón y la del contrato. Sin embargo, más allá de una justificación estricta, su importancia radica en la formulación relacionada con el contenido de los derechos inamovibles e inalienables de los seres humanos y su ratificación por una gran parte de la comunidad internacional.

9.2.1 Los Derechos Humanos

Desde la línea del derecho natural se desarrolla en la era moderna una justificación legal racional de un *ethos* universal en los derechos humanos.[118] La idea básica es que el ser humano, como ser racional, se determina a sí mismo y que en esto radica su libertad. Ya que él es un propósito para sí mismo, y por lo tanto tiene autonomía, no debe convertirse en un medio para otros propósitos. Como resultado, debe ser protegido de los ataques del Estado. Por lo tanto, los derechos humanos deben entenderse, en primer lugar, como los derechos subjetivos de protección y defensa del individuo libre frente a un Estado absoluto. Describen lo que es absolutamente esencial para la persona en términos de su humanidad y dignidad

---

Moralbewusstsein und kommunikatives Handeln. Frankfurt/Main: Suhrkamp, 1983; ídem, *Erläuterungen zur Diskursethik.* Frankfurt/Main: Suhrkamp, 1991.

117 El contractualismo tiene como base la idea del contrato social. Las personas ceden una parte de sus derechos individuales al estado en un acuerdo social, para hacer posible la convivencia y los estándares morales. La línea de este razonamiento ético se extiende desde Hobbes, Locke, Rousseau y Kant hasta Rawls y la escuela de sus seguidores.

118 Véase para lo siguiente Christofer Frey, Peter Dabrock y Stephanie Knauf, *Repetitorium der Ethik,* 3ª edición. Waltrop: Spenner, 1997, 119-128.

humana, independientemente de su género, nacionalidad, color de piel, situación social y económica, convicción religiosa o política. El artículo 1 de la *Declaración Universal de los Derechos Humanos* de 1948 manifiesta:

> Todos los seres humanos nacen libres e iguales en dignidad y derechos y, dotados como están de razón y conciencia, deben comportarse fraternalmente los unos con los otros.[119]

En cuanto a conceptos, hay que distinguir entre derechos humanos, derechos fundamentales y derechos civiles: si los derechos humanos se plasman en la constitución de un país, se convierten en derecho positivo, el cual también se puede denunciar. En ese momento se habla de derechos fundamentales. Si los mismos solamente son válidos para los ciudadanos de un país o de un sector de derecho, se habla de derechos civiles.

En una segunda etapa de desarrollo, los derechos humanos se colectivizaron y politizaron, de modo que también obtuvieron derechos de participación política y derechos de participación social (por ejemplo, educación, trabajo). Los otros artículos de la Declaración de Derechos Humanos incluyen los derechos de libertad personal (derecho a la vida y a la integridad física, libertad de expresión, libertad de pensamiento, conciencia y religión, entre otros), derechos de participación política (por ejemplo, libertad de reunión, libertad de información) así como derechos en materia de seguridad social, educación y desarrollo cultural.

Como figura básica de los derechos humanos se puede reconocer en ellos la tríada de "libertad, igualdad, participación". Identifica mejor el entrelazamiento de los derechos individuales entre sí que la fórmula de los derechos de protección y derecho. "El derecho a la libertad corresponde a la indisponibilidad de la persona, el derecho a la igualdad a la dignidad, mientras que el derecho a la participación

---

119 *Declaración Universal de Derechos Humanos*. Adoptada y proclamada por la Asamblea General en su resolución 217 A (III), de 10 de diciembre de 1948. Consultado 15 de mayo, 2019. https://www.ohchr.org/EN/UDHR/Documents/UDHR.../spn.pdf

determina legalmente la relación social constitutiva del ser humano. "[120] En el siglo XX se desarrolla el derecho internacional público partiendo de las ideas de los derechos humanos.

De esta manera los derechos humanos formulan un *ethos* de bienes y normas implícitas que reivindican la universalidad sobre la base de la mera humanidad, pero al mismo tiempo dependen de un reconocimiento (contractual). Así, en la estructura de justificación, se reflejan aspectos de la ley natural clásica, del principio racional y del pensamiento contractual. Las peticiones también se repiten. De esta manera, la formulación de los derechos humanos ha sido repetidamente acusada de un estrechamiento occidental individual y de un enfoque eurocéntrico hacia la racionalidad de la Ilustración. Una ética teológica, a través de sus preceptos básicos de libertad por gracia, igualdad a través del bautismo y comunión como cuerpo de Cristo, encuentra fácil acceso a los derechos humanos y puede aportar su propia interpretación a su conceptuación y desarrollo posterior.

Un problema de los derechos humanos sigue siendo por supuesto su aplicabilidad. No es hasta que hayan obtenido acceso a las constituciones de los países como derechos fundamentales, que podrán cumplir su intención de ofrecer protección por un lado y abrir oportunidades de vida por el otro. También el derecho internacional público como derecho supranacional sufre la falta de aplicabilidad. No obstante, con la redacción de los derechos humanos se ha logrado establecer por primera vez contenido internacional al comportamiento moral en forma legal.

9.2.2 El proyecto "Ética mundial"

El teólogo reformador católico Hans Küng desarrolló en su *Proyecto de una ética mundial* un nuevo punto de vista para una ética universal basado en la fuerza de las grandes religiones del mundo. De manera realista reconoce los efectos dramáticos que tuvieron

---

120 Frey, *Repetitorium*, 122.

las grandes religiones en la historia cuando provocaron, apoyaron o legitimaron el fanatismo, la violencia y los conflictos políticos o militares. Pero al mismo tiempo también reconoce el potencial pacificador tradicional de las grandes religiones mundiales del cristianismo, el judaísmo, el islam, el hinduismo y el budismo, y quiere cristalizarlo en forma de una ética mundial común. Su tesis se fundamenta en la afirmación: "No hay paz mundial sin paz religiosa. No hay paz religiosa sin diálogo entre las religiones."[121] Este diálogo debe formular "un mínimo de valores, medidas y actitudes básicas comunes ", que pueda llegar a formar la base para una "ética... obligatoria y vinculante para toda la humanidad ".[122]

Küng reconoce las siguientes perspectivas éticas en todas las grandes religiones del mundo:[123]

> *El bienestar y la dignidad del ser humano como principios básicos y meta de comportamiento.*
>
> De manera concreta esto significa: vida, integridad, libertad y solidaridad.
>
> *Las cinco máximas de una humanidad elemental:*
>
> (1) no matar;
> (2) no mentir;
> (3) no robar;
> (4) no fornicar;
> (5) respetar a los padres y amar a los niños.
>
> *Actitudes y virtudes que buscan un camino razonable del medio.*
>
> Es el medio entre el libertinaje (posesividad, hedonismo, placer sensual, decadencia mundial) y el legalismo (desprecio por posesión, ascetismo, hostilidad de los sentidos, negación del mundo.
>
> *La Regla de Oro como norma categórica e incondicional.* Se puede encontrar tanto en Confucio ("Lo que no quieres para ti, no lo hagas tampoco a otras personas", Confucio aprox. 551-489 a.C.), en el judaísmo (Rabbi Hillel 60 a.C.-10 d. C. "No

---

121 Küng, El Cristianismo, 785s.
122 Küng, El Cristianismo, 791.
123 Véase Hans Küng, *Proyecto de una ética mundial*, 2ª edición. Madrid: Trotta, 1992, 77-82. Las siguientes páginas en el texto se refieren a este libro.

hagas a los demás lo que no quieres que te hagan a ti") y en el cristianismo " *Así que en todo traten ustedes a los demás tal y como quieren que ellos los traten a ustedes*" (Mt 7.12).

Motivaciones morales

Las religiones ofrecen motivos de acción que consisten no solo en ideas, principios y normas, sino también en guías y modelos de un nuevo estilo de vida (grandes figuras modelo como Buda, Jesús, Confucio, Lao Tse, Mohammed).

Horizonte de sentido y determinación de destino

"Todas las religiones responden a la pregunta del significado del todo, de la vida, de la historia, con vistas a una realidad última que ya tiene un efecto aquí y ahora, ya sea que se describa en el judaísmo clásico como" resurrección", en el cristianismo como "vida eterna ", en el islam como "paraíso", en el hinduismo como "Moksha", en el budismo como "Nirvana" o en el taoísmo como "inmortalidad" (82).

- **Declaración del Parlamento de las Religiones del Mundo hacia una ética mundial**

Este intento de determinar las líneas básicas de una ética mundial no ha sido un resultado de investigación individual. La declaración sobre la ética mundial fue discutida y desarrollada en un proceso de consulta intensiva con representantes de diferentes religiones. El Parlamento de las Religiones del Mundo, con 6.500 participantes, adoptó la Declaración en Chicago en 1993, con el fin de establecer argumentos éticos para la Declaración de los Derechos Humanos de 1948. Por primera vez, los representantes de todas las religiones del mundo acordaron los elementos centrales de una ética común:[124]

---

[124] Véase, Parlamento de las religiones del mundo, ed., *Declaración sobre la ética mundial*. Chicago. 1993. Consultado 1 del marzo, 2019. https://weltethos.org/1-pdf/10-stiftung/declaration/declaration_german.pdf. Los elementos centrales se aclaran en detalle en la explicación, p. ej. humanidad con la dignidad del hombre independientemente de su edad, sexo, raza, color de piel, capacidad física o mental, idioma, religión, opinión política, origen nacional o social; la cultura de la no violencia con el derecho a la vida, la integridad física y la personalidad libre; la cultura de solidaridad con el derecho a la propiedad, pero también la obligación de utilizarla para el bien común y la demanda de un orden económico mundial justo; la cultura de tolerancia y veracidad con la demanda correspondiente de los medios de comunicación, el arte, la política y

De las cuatro directrices: no matar, no robar, no mentir, no fornicar, se han desarrollado cuatro obligaciones, que están respaldadas por el requisito básico de la humanidad:

I.   *Ningún nuevo orden mundial sin una ética mundial*

II. *Reclamo fundamental: Todo ser humano debe ser tratado de manera humana*

III. *Cuatro directrices inamovibles*
- *Compromiso con una cultura de la no violencia y respeto a la vida*
- *Compromiso con una cultura de solidaridad y un orden económico justo*
- *Compromiso con una cultura de tolerancia y una vida en la verdad*
- *Compromiso con una cultura de igualdad de derechos y la asociación entre hombre y mujer*

IV. *Cambio de conciencia*

En el parlamento de las religiones mundiales en Toronto en el año 2018 se decidió incluir en la *Declaración* aspectos ecológicos, de cara a los temas del cambio climático. El resultado fue la adición de una quinta directriz:[125]

Compromiso con una cultura de sostenibilidad y protección de la tierra.

Al igual que los derechos humanos, también la ética mundial se vio expuesta a grandes críticas. Que estaba ampliamente influenciada por las formas de pensamiento occidentales y que consideraba muy poco las creencias de otras religiones. Una ética sin estas relaciones, sin embargo, es un producto artificial que es compatible solamente por su generalidad. Las diferencias entre las distintas religiones

---

la religión; la cultura de igualdad entre hombres y mujeres con el rechazo a la explotación sexual y la discriminación de género y el derecho a instituciones de convivencia confiables.

125 Véase https://parliamentofreligions.org/paliament/global-ethic/fifth-directive. Consultado 25 del febrero, 2019.

fueron pasadas por alto demasiado rápido para poner lo similar en primer plano. Tan pronto como se concretizan las directrices en el contexto respectivo, salen a relucir las diferencias de manera separadora.

En realidad, detrás de la explicación de la ética mundial hay una lógica que busca alcanzar un consenso de manera más bien de deducción, reduciendo las diversas doctrinas religiosas a un mínimo denominador ético común.

Küng justifica este procedimiento, llamando la atención a los modelos usuales pero inútiles del diálogo interreligioso.

(1) *El absolutismo*

 La propia religión se presupone o postula como la verdadera. Las otras religiones son por lo tanto falsas. Esto corresponde a una "estrategia de fortaleza" que hace imposible cualquier diálogo genuino. Esta posición estuvo representada hasta el Concilio Vaticano II por la Iglesia Católica Romana.

(2) *El relativismo*

 Bajo la influencia de la Ilustración occidental, se disuelve un solo concepto y pretensión de verdad. Entonces toda religión es verdadera en su esencia y una distinción o contradicción entre ellas es irrelevante. Si todas las verdades, valores y estándares son igualmente válidos, solo se pueden pasar por alto con la mayor tolerancia posible. La rivalidad real de las religiones no se supera, solamente se minimiza.

(3) *El inclusivismo*

 Esta estrategia de diálogo asume que solo una religión confirma la verdad, pero que todas las demás religiones históricas comparten esta verdad de manera gradual. La paz religiosa se logra mejor cuando otras religiones se integran en la propia verdad. Küng reconoce esta estrategia de abrazo, especialmente en las religiones de origen indio, que se basan en su propia experiencia mística superior.

Por este motivo, desde su punto de vista se abre la posibilidad de una cuarta estrategia ecuménica, que busca *criterios éticos comunes* como un bien común entre las religiones.

Así, lo humano se convierte en el criterio básico en el sentido ético, es decir en concreto:
- la preservación de los derechos humanos,
- la emancipación de la mujer,
- la realización de la justicia social,
- la inmoralidad de la guerra,[126]

y con toda seguridad cabría agregar:
- la preservación del medio ambiente.

A diferencia de las éticas filosóficas, que apuestan a una estructura formal para alcanzar la validez universal (ver arriba), el programa de ética mundial busca hacerlo a través de consideraciones éticas sustantivas. En un contexto interreligioso, dan una orientación ética más clara, pero por supuesto, también son cuestionables en su procedimiento de razonamiento.[127]

9.2.3 Ética de la liberación

El filósofo argentino-mexicano Enrique Dussel representa un enfoque completamente diferente de una ética universal en su *Ética de la Liberación*. Para él, la universalidad no se deriva de principios abstractos de contenido ni de procedimientos formales de justificación de normas, sino de la experiencia humana práctica de las carencias. Las víctimas de todo sistema totalitario político,

---

126 Küng, *Proyecto*, 113.

127 Muy similar a Küng, José Ignacio González Faus clasifica los modelos del diálogo interreligioso. Él distingue entre el exclusivismo (= absolutismo), inclusivismo, pluralismo (= relativismo) de la convivencia en paz de las religiones (= criterios generales-éticos) como única forma que es justa a la cultura posmodernismo. Véase *El rostro humano de Dios. De la revolución de Jesús a la divinidad de Jesús*, 2ª edición, Santander: Sal Terrae, 2008, 192-214.

social, cultural o económico son las que arrojan luz sobre lo que constituye la humanidad. Se debe desarrollar una ética universal en el horizonte de la globalización y sus consecuencias negativas. Dussel lo resume en la palabra clave "exclusión". Se refiere a la marginación de ciertos seres humanos y a la explotación de la naturaleza. El complejo trabajo de Dussel se puede desglosar mejor a partir de sus observaciones finales:

> Las referencias al neoliberalismo, a la hegemonía militar y económica de Estados Unidos, al centro y a la periferia, y al capitalismo sirvieron para este propósito. Esta ética de la liberación busca legitimar filosóficamente la práctica de liberar a las víctimas en esta era histórica del cambio de milenio. El "sistema de los 500" (Chomsky), la modernidad, llega a su fin y ocasiona que los excluidos de los beneficios de la globalización se enfrenten al espectro (real) de los cuatro jinetes apocalípticos: miedo, hambre, enfermedad y muerte. La globalización es un sistema formal de rendimiento con el propósito de generar plusvalía, es el fetichismo del capital en su forma más extrema.
>
> El sistema mundial de globalización se eleva al único criterio de verdad, validez y factibilidad, destruyendo con ello la vida humana, pisoteando la dignidad de millones de personas y negándoles el reconocimiento como iguales y la toma de responsabilidad por la alteridad de los excluidos. Solamente acepta el requisito legal hipócrita de las deudas internacionales (ficticias) de los países pobres de la periferia, incluso si se ven arruinados por la carga de la deuda: fiat iustitiam aut pereat mundus. Esto no es sólo un asesinato en masa, es el comienzo de un suicidio colectivo. ...
>
> Por lo tanto, nos parecía necesario que tuviéramos un principio ético universal absoluto completamente negado por el sistema reinante de gobierno globalizador: la producción, reproducción y evolución de la vida de cada sujeto ético, como se demuestra como particularmente urgente para las víctimas del sistema mundial mortal, en el que los sujetos éticos están excluidos y solamente cuenta el aumento del valor de cambio. Se trata de una inversión completa de los valores, un proceso fetichista. ...
>
> La ética no puede construirse sobre la base del gusto subjetivo o los juicios de valor. Se construye sobre la base

de juicios de hecho, y el hecho es la exclusión de las victimas por parte del capitalismo y el proceso de la modernidad, que desvía todos los beneficios y ganancias para sí mismo y en el grupo del G7 es el ejemplo perfecto de una comunidad de discurso asimétrico.[128]

Desde la temprana filosofía de la liberación de Dussel, *la distinción entre centro y periferia* es el punto de partida de su filosofía y ética. "Centro" se refiere al espacio desde el cual se practica la dominación, en un sentido geopolítico, en un sentido político y militar, así como en el pensamiento filosófico e interpretativo mundial. Desde el comienzo de los tiempos modernos, este centro se ha ubicado claramente en el mundo noroccidental, en Europa, los Estados Unidos y Japón. El lema de "Yo pienso, luego soy" de Descartes va de la mano con el "yo conquisto" de la explotación y la opresión. La ontología prevaleciente, la doctrina integral de todo ser, es la base ideológica para la adquisición práctica del mundo. La forma de pensar y actuar del centro es en su mayor parte legitimadora y de apoyo al sistema gobernante. Se presenta como una totalidad. El pensamiento crítico surgió a través de todas las edades desde los bordes del sistema: en la periferia. La periferia política marca el colonialismo y sus consecuencias, la periferia económica la dependencia de los países del Tercer Mundo del el Primer Mundo y la periferia geopolítica la situación periférica vista desde el centro.

La percepción de la situación global y el pensamiento desde la periferia, por lo tanto, solo puede surgir desde la perspectiva de la liberación del dominio del centro. Dussel lo resume claramente en su justificación de una ética de la liberación:

> No es de olvidar que el marco o contexto último de esta *Ética* es el proceso de *globalización*; pero desgraciada y simultáneamente, dicho proceso es *exclusión* de las grandes mayorías de la humanidad: las víctimas del sistema-mundo.
> ... La muerte de las mayorías exige una *ética de la vida*, y sus

---

128 Enrique Dussel, "Prinzip Befreiung. Kurzer Aufriss einer kritischen und materialen Ethik", CONCORDIA (Internationale Zeitschrift für Philosophie), Reihe Monographien, Tomo. 31, Aachen, Mainz, 2000, 171-173.

sufrimientos nos mueven a pensar, justificar su necesaria liberación de las cadenas que las apresan.[129]

El miedo, el hambre, la enfermedad y la muerte, simbolizados por los cuatro jinetes apocalípticos, son lugares comunes en gran parte de América Latina, África y Asia, y ahora están retornando al centro a través de la migración y el cambio climático. Una organización mundial humana, política y económica, ya no puede orientarse únicamente por los intereses del centro, sino que debe ganar los criterios de lo humano desde la periferia, desde los que están excluidos. Las categorías de *Exterioridad* y *Alteridad* son relevantes para Dussel. Desde fuera y en el prójimo es donde queda claro lo que hace que la vida sea universal.

Una ética de la liberación es siempre una ética de la vida. Pero se descubre desde la negatividad en el presente, quiere decir, a partir de los déficits y lo que destruye vidas esas son las claves para la calidad de vida. Por lo tanto, Dussel no se contenta con una ética particular, apegada al contexto o una ética de argumentación puramente formal, sino que apunta en el horizonte cosmopolita a una *ética universal de la vida*. Para ello, formula tres principios que pretenden unir los diferentes aspectos del razonamiento en la tradición:

(1) El *principio material* de una ética de la liberación es:

> El principio de la obligación de producir, reproducir y desarrollar la vida humana concreta de cada sujeto ético en comunidad.[130]

Este principio se basa en la dignidad absoluta de cada vida humana y de toda la vida en la tierra. El fundamento moral no se basa en valores porque siempre son dependientes de la cultura y es particular. La base se encuentra más allá, surge, como vimos, en el prójimo y establece los valores desde allí.

---

129 Enrique Dussel, *Ética de la Liberación en la Edad de la Globalización y de la Exclusión*, 5ª edición. Madrid: Trotta, 2006, 17.
130 Dussel, *Ética de la Liberación*, 91.

Actuar éticamente significa actuar hacia la buena vida y tener a toda la humanidad como el último marco de referencia. En ello radica la universalidad del principio. Sin embargo, dado que esto no es obvio por sí solo, como lo demuestra repetidamente el punto de vista practicado del centro, se necesita un segundo principio formal y fundamental de la ética.

(2) El *principio formal* describe la forma y manera en que se llega al comportamiento ético:

> Obra de tal manera que los actos y las instituciones sean decididos teniendo siempre como supuesto la participación simétrica de los afectados a fin de alcanzar un consenso compartido por toda la comunidad, mediante un debate donde se presenten argumentos racionales, sin violencia.[131]

Con los criterios de "participación simétrica", "consenso", argumentación "racional" y libre de violencia, Dussel asume la preocupación y el planteamiento de la ética del discurso.

Mientras que el principio material apunta a la verdad práctica, se supone que el principio formal asegura la validez intersubjetiva. Sin un acuerdo en lo que debería ser éticamente válido, la verdad, porque tiene una forma plural, no puede surgir. El principio formal, por lo tanto, formula el deber de justificar discursivamente los valores y normas morales.

(3) Una ética de la vida y la liberación no solo puede tener lugar en un nivel teórico. Debe ser factible. Por lo tanto, Dussel establece un tercer principio que debe integrar los otros dos: *el principio de la factibilidad*.

> Lo acordado es juzgado en su factibilidad por la razón instrumental y estratégica: lo factible, posible técnica, económicamente etc., es enmarcado, por los principios material y formal, y realizado con factibilidad ética, proceso de 'aplicación' o realización, que obra el acto, la institución o el sistema de eticidad: Lo bueno.[132]

---

131 *14 Tesis de ética. Hacia la esencia del pensamiento crítico.* Madrid: Trotta, 2016, 84.
132 *Ética de la Liberación*, 236.

Dussel se preocupa por este principio de la concretización y con ello por la cercanía a la vida de su ética. Lo que se reconoce como verdadero e intersubjetivamente válido también debe ser realizable como un acto o institución moral-ético. Este principio va más allá de lo que es técnica y empíricamente factible, es decir, sobre una razón instrumental y estratégica. Se basa en el lado práctico-moral de la razón. Dussel lo describe por lo tanto también como "factibilidad moral" u "operabilidad".[133]

En este sentido, Dussel ve en la ética la primera filosofía ya que se inicia antes de cualquier discusión teórica o introducción a la filosofía. Más bien, comienza con reconocer a las víctimas, los oprimidos y los excluidos del sistema dominante. Su "exterioridad" refiere a su dignidad como seres humanos que clama por justicia. Aquel que reconoce el sufrimiento de la víctima y escucha sus gritos comienza a cuestionar el sistema de manera práctica y teórica. La ética de la vida surge de la indignación, no de una nueva matriz intelectual.[134]

A pesar de que en este razonamiento ético seguirá siendo cuestionable si una universalidad de la humanidad se puede transmitir de manera discursiva desde el déficit, este enfoque sí llega a cautivar a través de su cercanía a la realidad y su concreción – principalmente en lo que respecta a la crítica de un sistema mundial exclusivamente económico, que excluye a los seres humanos y a la naturaleza. La ética sin contenido no cumple con solventar el sufrimiento de las víctimas y se reduce simplemente a cumplir con las reglas formales de comunicación.

Es obvio que esta ética de la vida y la liberación desde la perspectiva de las "víctimas" se asemeja a una ética teológica. Cuando Dussel habla de la importancia de reconocer el sufrimiento de las víctimas

---

[133] Véase *14 Tesis de ética*, 88. Claramente, Dussel hace referencia en este principio a la obra de Franz Hinkelammert "Crítica de la razón utópica", en la cual éste redescubre la cualidad moral de la razón como criterio. Véase *Ética de la Liberacion*, 258-263.

[134] Véase *14 Tesis de la Ética*, 129.

y escuchar sus gritos, esto suena similar al motivo de la liberación bíblica en Éxodo 3.7s.:

> Ciertamente he visto la opresión que sufre mi pueblo en Egipto. Los he escuchado quejarse de sus capataces, y conozco bien sus penurias. Así que he descendido para librarlos del poder de los egipcios y sacarlos de ese país, para llevarlos a una tierra buena y espaciosa, tierra donde abundan la leche y la miel.

También aparece en forma profana en la ética de Dussel el motivo escatológico de la espera y la realización del Reino de Dios:

> El principio de factibilidad moral (u *operabilidad*) nos exige tener siempre "los pies sobre la tierra". Es necesaria la crítica ante la injusticia, el mal, la corrupción, pero debe ser empíricamente posible su superación. Si no es *factible* (es decir, si no se dan las condiciones "objetivas"), ¿para qué seguir luchando si es imposible, no realizable? ... Pero la lucha contra la injusticia y el mal siempre es *posible* (como la que está en potencia) y necesaria, anhelando y organizando una alternativa factible hoy *inexistente* de manera plena, pero ya *incipiente* en las experiencias creativas de los pueblos.[135]

Pero la analogía más obvia con la ética teológica, especialmente en su variante protestante, consiste en el cambio fundamental de la perspectiva sobre lo humano. Martín Lutero enfatizó este aspecto con su teología de la cruz frente a una teología de la gloria, creando así un nuevo paradigma de la teología. En la teología de Pablo, descubrió que la humanidad no puede deducirse desde la sabiduría humana o desde la razón del sujeto conocedor, sino a partir del encuentro con el otro, la víctima de la "sabiduría" y la "razón" humanas. Tomó conciencia de esta lógica dialéctica de cara al símbolo de la cruz.[136] A menudo es así que bajo tergiversaciones de un símbolo o de una imagen se ocultan los rasgos verdaderos de

---

135 *14 Tesis de la Ética*, 99.

136 Véase de forma más detalladamente Martin Hoffmann, "La ética de la cruz de Martín Lutero", en *Fides et ratio. Temas na teologia e filosofia suscitados por Lutero e a Reforma do século XVI*, editado por Vitor Westhelle y Roberto E. Zwetsch. Sao Leopoldo: Sinodal; EST, 2017, 181-192.

una cosa. La verdad se oculta en la falsedad. Por eso se necesita una perspectiva dialéctica a una cosa. Exactamente eso es la lógica de la cruz, como Lutero dice:

> El teólogo de la gloria llama a lo malo, bueno y a lo bueno, malo; el teólogo de la cruz denomina a las cosas como en realidad son.[137]

Desde ese punto de vista la cruz de Cristo revela unos rasgos importantes para una ética, por lo menos, cuando nos recordamos que ética es la reflexión sobre una vida buena y justa. En este trasfondo podemos ver tres aspectos fundamentales de la cruz para la humanidad:

(1) Primero, el Cristo crucificado no explica humanidad desde arriba, desde la gloria o desde el poder. Él muestra una *humanidad desde abajo*, desde la perspectiva de un sufriente, de un torturado y de un abatido. Eso significa que no hay una humanidad o una buena vida sin el respeto a las víctimas y de la responsabilidad para los débiles de una sociedad.

(2) Segundo, el Cristo crucificado no define humanidad desde el centro de nuestros pensamientos, nuestros rendimientos, capacidades, posibilidades e intenciones por buenos que sean. Más bien describe *la humanidad desde el margen* de lo acostumbrado, es decir, desde las heridas y defectos del ser humano y de la sociedad humana.

Para la ética eso significa que encontramos una humanidad verdadera solamente cuando nos atrevemos a superar las convenciones, tradiciones o normas familiares si es necesario. Pensar desde el margen es un acto de la libertad y apunta a la libertad.

(3) Tercero, el Cristo crucificado está ubicado por lo menos en *dos contextos*. Uno es el contexto de la situación contemporánea de su origen. Expresa la cercanía de Dios a los hombres y

---

[137] "La disputación de Heidelberg" (1518), tesis 21, en *Obras de Martín Lutero I*, 29-46. Citado por Martin Hoffmann, *La locura de la cruz*, 155s.

mujeres sufrientes. Pero el otro contexto es la referencia de la historia de Jesús crucificado a toda su historia, especialmente a su resurrección. La cruz no simboliza solo la derrota de una persona y su programa, sino al mismo tiempo su victoria sobre el poder de la violencia y la lógica de la imposición.[138] En este sentido el Crucificado siempre es un símbolo de la esperanza que Dios niegue el sufrimiento y está luchando contra el mal. Es este aspecto que la tradición cristiana generalmente había ocultado e incluso resistido. A la cruz de Cristo pertenece una ética de la esperanza y de la lucha.

Abordar lo humano desde el margen, desde la periferia, abre el espacio para el encuentro y el diálogo entre filosofía y teología.

9.2.4 Universalismo de las víctimas

Un enfoque similar para un diálogo interdisciplinario e interreligioso está representado por el teólogo de la liberación alemán Ulrich Duchrow y por los grupos copatrocinados por él "Kairos Europa" y "Radicalizando la Reforma". Sigue la línea de razonamiento de Enrique Dussel de una ética universal. No busca de manera deductiva un estándar moral mínimo común entre las religiones, sino que comienza de manera inductiva con la visión de las víctimas de un orden mundial injusto. Lo que para Dussel es el pensamiento desde la periferia, es aquí el escuchar el clamor por la justicia de las personas y la tierra que sufren bajo la globalización económica.

El punto de partida es la tesis de que el diálogo interreligioso no se puede llevar a cabo de manera abstracta, sino que tiene su lugar en medio de la amenaza a la tierra y la humanidad de Dios.

> Hoy en día, esta amenaza se basa precisamente en mecanismos que, bíblicamente hablando, se caracterizan por la idolatría y la injusticia. Mammon gobierna el pensamiento

---

138 Eso corresponde con la cristología del evangelista Juan que interpreta la crucifixión de Jesús como victoria y la caracteriza como exaltación y glorificación (véase Jn 17).

y el corazón, así como las estructuras de la economía y la política a través de la codicia. ... El capitalismo en el contexto de todo el modernismo occidental como tal contrasta fuertemente con todo lo que las religiones representan antropológica, económica, social y ecológicamente.[139]

El clamor por la justicia se eleva en el fondo de todas las religiones. Bíblicamente se escucha entre otros en 40 salmos, cuando se proclama ante los opresores el amor de Dios y la fidelidad a los pobres. Este modelo de diálogo se deja resumir en seis tesis:[140]

(1) *Para superar la crisis de la civilización global, primero debe incluirse la religión como parte del problema.*

Duchrow alude así a la función que desempeña la religión en su sistema prevaleciente. Con suficiente frecuencia, es una función legitimadora que apoya al sistema, se beneficia de él o al menos se abstiene de críticas. La distinción entre teología estatal, eclesiástica y profética que ha tomado el escrito de *Kairos* de Sudáfrica en los días de la política del apartheid caracteriza esta función. En contraste, la pregunta guía para las comunidades religiosas debe ser: ¿Quién es Dios en esta situación?

La Biblia misma a menudo da testimonio de tales críticas a la religión desde la perspectiva del Dios liberador de esclavos.[141] Los teólogos de la liberación judía se vuelven contra un sionismo nacionalista, los teólogos musulmanes progresistas se distinguen claramente de un fundamentalismo que se une con la violencia y el poder. También en el budismo se critica la teología estatal y la piedad neoliberal, espiritualizadora,

---

139 Ulrich Duchrow, *Gieriges Geld. Auswege aus der Kapitalismusfalle – Befreiungstheologische Perspektiven*. München: Kösel, 2013, 217.

140 Véase Duchrow, *Gieriges Geld*, 205-218.

141 Veáse p.ej. Salmo 82.1-4 y 7.4-12, donde Dios condena como un juez entre los dioses a los criminales, o sea a los hombres violentos; o bien la historia de la adoración del becerro de oro, que representa la capacidad de manipulación de Dios (Ex 32.4) y por último también el Salmo 24.1 y Lv 25.23, que declaran la tierra propiedad de Dios que no debe convertirse en masa de especulación.

destinada a adaptar el budismo a la cultura individualista del capitalismo.[142]

(2) *Las teologías de la liberación contemporáneas reconocen en la civilización occidental de la era moderna la causa de la crisis que amenaza la vida de la humanidad y de la tierra.*

La modernidad ha elevado el capital, el dinero codicioso, a la altura de un Dios, que destruye la tierra y domina individual y estructuralmente todos los ámbitos de la vida. Esto llama a todas las religiones a aliarse y establecer una cultura de vida común en contra de ella.

(3) *El carácter común de todas las religiones se puede encontrar en una espiritualidad cósmica. Ella defiende la vida de todas las criaturas frente a las amenazas que enfrenta.*

> El orden cósmico de creación de abundancia, pluralismo y de alegría de vivir, dañado por la injusticia y la desigualdad, es el ideal de la mayoría de las religiones principales y de todas las religiones originarias.[143]

El patrón bíblico para esta espiritualidad cósmica se puede encontrar primero en el relato de la Creación, en el cual Dios hace a los seres humanos corresponsables en el cuidado y la preservación de la plenitud de vida original (Gn 2.5.15), y segundo en la lucha contra la idolatría, que la carta a los Colosenses identifica como "codicia": *"Por tanto, hagan morir todo lo que es propio de la naturaleza terrenal: ... malos deseos y avaricia, la cual es idolatría"* (Col 3.5).

(4) *La contribución específicamente cristiana a una espiritualidad cósmica se encuentra en una "Cristología de la Liberación de pluralidad religiosa".*[144]

---

142 Duchrow cita como ejemplo al teólogo budista Tavivat Puntarigvivat. Véase ídem, "Buddhism". En *The Hope of Liberation in World Religions*, editado por Miguel A. de la Torre. Waco, Texas: Baylor University Press, 2008, 131-154.

143 Duchrow, 212.

144 Así lo expresa el teólogo de liberación asiático Aloysius Pieris de Sri Lanka

De acuerdo con esto, Jesús encarna la estrategia de defensa de Dios contra la marginación y opresión de los débiles de la sociedad. De ello resulta una doble práctica de Cristo:

- La fidelidad a nuestra propia identidad cristiana requiere que proclamemos a Cristo como aquel que exige la conversión del servicio al Mammon (Mt 6.19-24) y no la conversión de otras religiones (Mt 23.15), afirmando así la espiritualidad común de todas las religiones dentro de nuestra propia fe específica.

- Para mantener nuestra singularidad cristiana, debemos confesar, desde esta base común, en palabra y obra, en liturgia y en vida, que Cristo, el crucificado y resucitado, representa el pacto de defensa de Dios con los oprimidos, para que nuestra confesión nos lleve a la lucha por la justicia y la paz. Nuestra misión es ser como la semilla que debe morir para producir vida en lugar de convertirnos en malas hierbas que matan la identidad religiosa de otros en nombre de la evangelización.[145]

Al mismo tiempo, esto define el perfil de la fe bíblica en medio de las religiones. Son específicamente la muerte y resurrección de Jesús, en las cuales Dios toma partido por los débiles y oprimidos y les da esperanza y futuro. Estos son los criterios cristianos y la contribución cristiana en el diálogo con las otras religiones.

(5) *Una espiritualidad del oprimido incluye la lucha en contra de la idolatría a nivel social.*

Cabe preguntarse: ¿Quién o qué funge como Dios en una sociedad? Las sociedades siempre están impulsadas por compromisos que pueden ser liberadores u opresivos. Establecen las condiciones bajo las cuales es posible la vida y dictan los ideales de una buena vida. Creer y comprometerse con un Dios liberador significa entrar en conflicto con los ídolos

---

en *A Liberation Christology of Religious Pluralism*. Sri Lanka: En Nhanduti Editora, 2009, 1-20; citado por Duchrow, 212.

145 Duchrow, 216.

del poder y del capital. En última instancia, se trata de la calidad humana de la sociedad.

(6) *Diálogo interreligioso significa una búsqueda conjunta hacia una nueva cultura de vida en relaciones justas.*

Por ello hay que preguntar por la aportación individual respectiva de cada religión o bien de su teología. Paul Knitter lo describe en forma precisa:

> Las tradiciones monoteístas abrahámicas: No habrá florecimiento económico sin justicia para todos...
> Las tradiciones indias: no habrá florecimiento económico sin paz interior y compasión...
> Las tradiciones chinas: no habrá florecimiento económico sin un equilibrio continuo de las diferencias.[146]

Dos peculiaridades caracterizan este enfoque del diálogo interreligioso: por un lado, la renuncia a la correspondencia formal y los procedimientos de razonamiento. En cambio, comienza con la experiencia concreta de la escasez. En donde se bloquean las oportunidades de vida, donde la violencia y la injusticia determinan la vida cotidiana, donde la vida es casi imposible, existe una concordancia práctica con personas de otras religiones y culturas. Allí tienen plausibilidad práctica para la mayoría de la humanidad, incluso si no encuentran la aprobación universal a un nivel de argumentación teórica. Por otro lado, este enfoque coloca a las teorías convencionales de la religión al revés, por el hecho de entender las principales religiones partiendo desde su núcleo de origen: la objeción crítica profética al abuso de poder y a la codicia. A través de la corriente básica teológica de la liberación en las religiones mundiales, se busca una comunidad solidaria contra los sistemas religiosos, políticos y económicos de dominación y explotación.

---

146 Citado por Duchrow, 218, según Paul Knitter, "Prophets and Profits. Interreligious Dialogue and Economic Development", en *The World Market and Interreligious Dialogue*, editado por Catherine Cornille y Glenn Willis. Eugene, Oregon: Wipf and Stock, 2011, 10ss.

9.3 El diálogo intercultural
9.3.1 Encuentro o choque de las culturas

La crisis de supervivencia de la humanidad y del planeta tierra es un desafío global. Es por eso que la cuestión de la contribución de las diferentes culturas en su diversidad y su posible interacción para superar la crisis es inevitable. Esta pregunta inicial abre un nuevo horizonte para el encuentro de las culturas ante la cuestión de las diferencias, las incompatibilidades o la posible superioridad y la implementación de una cultura. Esto todavía estaba en el trasfondo de la sonada investigación de Samuel Huntington sobre el choque de civilizaciones (*clash of cultures*), que él consideraba inevitable. Huntington entendió bajo civilización:

> Los "círculos culturales" que se forman por encima de regiones y naciones. Esos círculos están definidos tanto por los elementos objetivos lengua, historia, religión, costumbres, instituciones como mediante la auto identificación subjetiva de las personas. Según Huntington existen en la actualidad ocho "civilizaciones" (con posibles sub-civilizaciones): occidental, confuciana, japonesa, islámica, hinduista, eslavo-ortodoxa, latinoamericana y africana. En consecuencia, dice, son de esperar en el futuro conflictos políticos, económicos y militares, por ejemplo, entre la civilización islámica y Occidente, o entre la civilización confuciano-asiática y Occidente, unidos en ocasiones con una "conexión islámico-confuciana" como es visible ya ahora en el continuo flujo der armas procedentes de China y Corea del Norte hacia el Oriente Próximo. "La próxima guerra mundial, si es que se da, será una guerra entre civilizaciones.[147]

Las tesis de Huntington fueron criticadas fuertemente en sus diferentes aspectos. Por un lado, su clasificación de los ocho "grupos culturales" parecía cuestionable, por otro lado, se le reclamaba, que presentaba los conflictos de interés abiertamente político-económicos como conflictos culturales. Küng, sin embargo, defiende algunos puntos:

---

147 Küng, *El Cristianismo*, 782. La cita de Huntington proviene de "The Clash of Civilisations", en *Foreign Affairs* 72, no. 3 (1993): 39.

> Pero Huntington tiene razón: las rivalidades étnico-religiosas constituyen las estructuras subyacentes y constantes para las disputas territoriales, los intereses políticos y la rivalidad económica, desde las que se pueden justificar, inspirar e intensificar en todo instante los conflictos políticos, económico y militares.[148]

La afiliación étnica y la religión, dimensiones fundamentales de la cultura, pueden por lo tanto fungir como "violencia cultural" que tiene un efecto legitimador.[149] Cuando la diversidad de culturas parece poner en peligro la paz, se deben examinar primero el concepto base de la cultura y luego los conceptos comunes para un encuentro de las culturas.

- **El concepto de cultura**[150]

En los tiempos modernos, ha surgido un concepto general de cultura. Denota la totalidad de las expresiones de vida que una comunidad humana desarrolla y comunica, como lo son el lenguaje, la ciencia, el arte, la tecnología, la política, la jurisprudencia y la religión. Anteriormente, el término "cultura" solamente se refería a áreas o actividades específicas como, por ejemplo, el cuidado del espíritu (Cicerón), el cuidado de la religión cristiana (patrística) o la cultura del espíritu inventivo (Renacimiento). Hoy en día, sin embargo, se denominan como "cultura" "todas las actividades de un pueblo, una sociedad o una nación" (3). Este concepto de cultura se ve caracterizado por tres momentos:

---

148 Küng, *El Cristianismo*, 783.

149 El investigador de paz noruego Johann Galtung distinguió la violencia en tres aspectos: violencia física directa, violencia estructural y violencia cultural. Legitimiza la violencia con hechos culturales, entre los cuales también se cuenta la religión. Véase Johann Galtung, *Frieden mit friedlichen Mitteln*. Opladen: Leske + Buderich, 1998.

150 Sigo en lo siguiente la exposición de Wolfgang Welsch, "Transkulturalität – Die veränderte Verfassung heutiger Kulturen. Ein Diskurs mit Johann Gottfried Herder". Consultado el 18 de marzo, 2019. https://www.via-regia.org/bibliothek/pdf/heft20/welsch_transkulti.pdf. Los números en el texto se refieren a esta consulta. En el ínterin, Welsch ha presentado su concepto relacionado en: *Transkulturalität. Realität – Geschichte – Aufgabe*. Wien: new academic press, 2017.

- Su fundamentación étnica: cultura es siempre la cultura de un pueblo,
- la homogenización social: cultura unifica toda acción y toda expresión de vida como parte de esa cultura en específico,
- la delimitación hacia afuera: cada cultura es como cultura de un pueblo diferente a las culturas de otros pueblos.

El filósofo alemán Wolfgang Welsch pone en duda la totalidad de las tres características clásicas. Ya no corresponden a las condiciones actuales.

La *definición étnica de cultura* se basa en una idea de culturas como islas autónomas o esferas cerradas. "Cada nación tiene su centro de felicidad, como cada esfera tiene su centro de gravedad" (según Johann Gottfried Herder, 5). Esta definición es "altamente imaginaria y ficticia"(5); ya históricamente, los grupos étnicos siempre fueron culturalmente mixtos y poseían una diferenciación interna, como culturas regionales o culturas tribales. El énfasis en la cultura propia es igual al rechazo y la exclusión del extraño.

La *unidad de la cultura*, el segundo momento, ya es imposible de sostener ante la complejidad interna de las culturas modernas. Las sociedades modernas son en sí de naturaleza multicultural e incluyen diferentes formas de vida y expresiones de vida. Además, las culturas ya no están ligadas a las fronteras entre países o a las naciones. Los procesos de intercambio entre culturas son constantes y trascienden las categorías como lo propia y lo ajeno. El tradicional concepto de cultura como término descriptivo ahora resulta equivocado.

El tercer momento de *la delimitación hacia afuera* tiene un potencial peligroso en una situación de crisis global: la del racismo cultural. El modelo esférico vive de la demarcación y el aislamiento de los demás. Lo propio es inmutable y se considera superior, lo otro como extranjero e inaceptable. Esta comprensión de cultura contiene peligros políticos que saltan a la vista. Hacia el interior, se debe velar por la autenticidad de la cultura, y hacia el exterior es importante preservar las fronteras y evitar la mezcla a través de la inmigración o el movimiento de bienes.

La explosividad política de este concepto de cultura es evidente. Cuando las identidades culturales se escalan a nacionalismos, entonces amenazan el odio y la guerra o surge un llamado transfronterizo de "regreso a las tribus" (7). Esto pudo observarse, por ejemplo, después del colapso de la Unión Soviética con los nuevos estados nacionales emergentes, que exigían una nueva homogeneidad. El modelo de choque de Huntington, parte obviamente desde esta comprensión de cultura, que se basa en la homogeneidad interna y la delimitación externa. Según Welsch, debe considerarse incorrecto en cuanto al aspecto descriptivo y peligroso en relación al aspecto normativo (2).

Sobre este trasfondo, se pueden evaluar las oportunidades y los problemas de los modelos clásicos de encuentro entre las culturas.

9.3.2 Las concepciones de inculturación, interculturalidad y transculturalidad

Tanto en filosofía como en teología, encontramos el modelo de inculturación. Se refiere a la implantación o inmigración de una idea original (filosofía) o mensaje (teología) en otra cultura. En contraste con la comprensión clásica de la misión con la meta de la difusión del cristianismo y la conversión de los pueblos paganos, el modelo de inculturación promovido por el Concilio Vaticano II en el mundo católico romano[151], representó un punto de inflexión decisivo. Toma en serio, el hecho de que un cristianismo de influencia europea que ha estado colonizando durante mucho tiempo, ha tomado conciencia de su propia constitución cultural y debe abrirse desde allí al pluralismo cultural.

---

[151] Véase constitución dogmática *Lumen Gentium*, el decreto sobre la actividad misionera de la iglesia *Ad gentes* y las declaraciones sobre libertad religiosa y las religiones no cristianas *Dignitatis Humanae. Documentos del Concilio Vaticano II* en el sitio web de la Santa Sede.

> El programa de la inculturación de la fe cristiana supuso un importante avance. Se convirtió en el hilo conductor para universalizar la fe cristiana de una manera diferenciada a nivel cultural, para entender de otro modo la relación entre el evangelio y las culturas, así como entre el cristianismo y otras religiones de la humanidad, y finalmente, para superar el axioma eclesiológico excluyente de que "fuera de la Iglesia no hay salvación".[152]

El respeto ante otras culturas, sus valores y formas de vida pasa a primer plano. El diálogo ahora determina el encuentro. En el intercambio mutuo, se buscan las posibilidades de un anclaje cultural de la fe cristiana.

A pesar de este progreso, el modelo de inculturación todavía sufre de un reclamo -aunque oculto- de dominación. Eso ha provocado muchas críticas.

El concepto de inculturación presupone implícitamente una teología occidental, una comprensión occidental de la cultura y la religión, que debe aplicarse solamente a otras culturas. Esto expresa una lógica occidental agresiva y aún de rasgo colonial.[153] La expresión "inculturación de la teología" se basa en una comprensión universal de la teología o un núcleo universal, meta-cultural que, en su formulación de temas dogmáticos como la teología fundamental, la antropología, la cristología, etc., todavía mantiene la estructura clásica occidental. Detrás de esta inculturación en el caso católico está la iglesia como "bastión del poder", en el caso de las iglesias evangelicales, el poder del capital utilizado para las estrategias de evangelización. La pluralidad cultural se instrumentaliza si la apertura dialógica se utiliza solamente como medio para afirmar la posición hegemónica. La crítica culmina con la acusación de un imperialismo teológico sutil.[154] Como consecuencia lógica,

---

152 Tamayo, *Otra teología es posible*, 163.

153 Véase Raúl Fornet-Betancourt, *Interculturalidad y religión. Para una lectura intercultural de la crisis actual del cristianismo*. Quito-Ecuador: Ediciones Abya-Yala, 2007, 40.

154 Véase para este párrafo Tamayo, 163-165.

surgió un nuevo modelo del modelo de inculturación: el de la interculturalidad.

• **Interculturalidad**

Este modelo trasciende el de la inculturación con sus debilidades, pero también una idea multicultural de la mera yuxtaposición de diferentes culturas. Se basa en una apertura fundamental de culturas entre sí y en un encuentro dinámico de socios iguales. Tamayo lo explica así:

> Entiendo la interculturalidad como comunicación simétrica, interrelación armónica e interacción dinámica de diferentes culturas, filosofías, teologías, concepciones morales, sistemas jurídicos, modos de pensar, estilos de vida y formas de actuar, en un clima de diálogo entre iguales y sin jerarquizaciones previas. En la interculturalidad no hay una absorción de una cultura por otra y tampoco independencia, sino correlación y diálogo.[155]

Este diálogo está marcado por los siguientes aspectos:

- identidad y alteridad;
- reciprocidad en el conocimiento;
- conciliación de la universalidad de los valores con la diversidad de las culturas;
- solidaridad entre las diferentes culturas y corrección de sus desigualdades sociales y económicas;
- desmitificación del inmovilismo de la Cultura con Mayúscula y reescritura con minúscula a partir de los procesos sociales cambiantes; educación para el diálogo y reconstrucción de un "nuevo equilibrio cultural".

Sin embargo, una convivencia intercultural armoniosa también requiere un mínimo de estándares éticos. Pero no se supone que sea unilateral, sino que debe desarrollarse en el diálogo.

---

155 Tamayo, 171. También lo que sigue.

Capturar la equivalencia de culturas con diferencias permanentes significa también confrontar conceptos de unidad o modelos hegemónicos. Esto excluye cualquier fundamentalismo de naturaleza política, cultural o económica. Pero el neoliberalismo económico, que impregna la cultura occidental y su razón calculadora, también cae bajo el veredicto de la interculturalidad.

Es claro que la perspectiva intercultural, como ha enfatizado repetidamente Raúl Fornet-Betancourt, permite al cristianismo abrirse a la pluralidad de culturas y religiones y abordar de manera crítica cualquier reclamo de hegemonía. Esto también permite una transformación intercultural propia. En este proceso, la religión se convierte en el signo del Reino de Dios y en el factor decisivo para la paz mundial.[156]

A pesar del poder comunicativo de este modelo, no se puede pasar por alto que conlleva algunas tensiones que no se pueden compensar fácilmente. Por ejemplo, cabe preguntarse cómo se pueden reconciliar la identidad y la alteridad de las culturas sin que un aspecto se desintegre bajo el sobrepeso del otro. Adicionalmente es necesario preguntar cómo se puede mantener la universalidad de los valores sin disolver la diversidad de los valores condicionados a una cultura en específico. Después de todo, el concepto de interculturalidad sigue basándose en un concepto de cultura que entiende la cultura como una entidad unificada y auto-contenida, una esfera o isla, por así decirlo. Esto explica la frecuente aparición de conflictos interculturales. El diálogo requerido alivia este problema al tratar de contrarrestar las consecuencias indeseables de un concepto separatista de cultura en un nivel secundario: a través de la comunicación, el reconocimiento mutuo y la suplementación.

Pero sin embargo al final siempre queda una tensión considerable; porque el diálogo genuino solo tiene sentido si existe la voluntad de cambiar o desarrollar lo propio basado en lo externo y, a la inversa,

---

[156] Véase Raúl Fornet-Betancourt, *Interculturalidad y religión*, 50. Véase también el capítulo V de este libro: "Liberación e interculturalidad en el pensamiento filosófico-teológico latinoamericano actual", 113-137.

lo externo por lo propio. Como resultado, el diálogo en la práctica a menudo fracasa; solamente hay que ver la difícil realización de los derechos humanos en algunos estados o culturas particulares, o si el diálogo se expresa en declaraciones abstractas y poco prácticas. Por lo tanto, Welsch llega a la conclusión de que el concepto de interculturalidad no aborda la raíz del problema, es decir, la idea de culturas homogéneas y separadas. Por lo tanto, el concepto "no es lo suficientemente radical, sino meramente cosmético"[157]. Este problema ha resultado en el desarrollo de un tercer modelo en las últimas décadas, el de la transculturalidad. Este modelo intenta combinar las fortalezas dialógicas de la interculturalidad con un concepto de cultura más apegado a la realidad.

• **Transculturalidad**

Este concepto reconoce que las culturas de hoy día contienen internamente una pluralidad de identidades y estilos de vida que trascienden externamente las clásicas fronteras culturales y nacionales.[158]

> En ese sentido, ya no son culturas en el sentido tradicional de la palabra, sino que se han vuelto transculturales. La transculturalidad... quiere indicar que las formaciones culturales de hoy día están más allá de la constitución cultural clásica y que pasan a través de las fronteras culturales clásicas como algo natural, trascendiéndolas (1).

Hay cuatro aspectos con los que se puede caracterizar la transculturalidad:

> (1) "Las culturas de hoy en día básicamente ya no son culturalmente individuales, sino poseen una estructura transcultural" (11).

Hoy en día ya prácticamente no existe la forma homogénea y auto-contenida de la cultura. Como resultado de los procesos de

---

157 Welsch, *Transkulturalität*, 10.

158 Los planteamientos siguientes se basan en el artículo de Welsch (véase arriba), así como las páginas en el texto.

inmigración, los desarrollos económicos y tecnológicos, las culturas se han mezclado a nivel mundial. Las llamadas otras culturas se encuentran como elementos en la propia cultura o la desafían a nuevos desarrollos. Esto es evidente especialmente en América Latina. No se puede hablar de culturas indígenas "puras", ni de una cultura latina común, ni de *la* cultura occidental. Más bien, el término "hibridación de culturas individuales" (11) se encuentra más cercano a la realidad. La familia indígena, que usa sus teléfonos celulares para viajar al mercado de la iglesia costarricense, donde venden productos naturales elaborados según recetas antiguas, es un símbolo de una cultura híbrida.

> (2) "Actualmente nuestras formas de vida son cada vez más transculturales. Formas similares de vida permean diferentes culturas y naciones casi sin modificaciones. Si uno piensa en el modo de vida del trabajador o del intelectual, del gerente o de la guía de turismo: son mundiales, son transculturalmente similares - lo cual en la práctica se refleja también en un creciente intercambio. Las características meramente nacionales se consideran más bien un obstáculo, un sobrante anacrónico, del cual hay que desprenderse"(11).

Esto no significa que la cultura regional haya perdido su importancia en la vida diaria, pero sus contornos y su relevancia han cambiado. Se convierte cada vez más en una subcultura o sobrevive como expresión folclórica. Las nuevas pautas de las formas de vida, sin embargo, son transculturales.

> (3) "Además, la transculturalidad no solamente penetra en el nivel de las culturas y formas de vida, sino inclusive hasta en la estructura de identidad de los individuos" (12).

El axioma de la pureza cultural se resquebraja en las sociedades contemporáneas. Es más probable que tengan ventajas aquellos que, debido a sus orígenes, combinan diferentes círculos culturales, las así llamadas personas con trasfondo transcultural (*cross-culture-people*). Con diferentes idiomas y patrias con diferentes costumbres culturales, estos "mestizos culturales" simbolizan el mundo del futuro. La formación cultural trasciende una cultura particular. Por lo tanto, la identidad cultural ya tampoco puede ser ligada a la identidad cívica.

(4) "Actualmente se pueden observar cambios análogos en la ciencia y la teoría de la racionalidad, así como en la transición del pensamiento disciplinario al pensamiento de la transdisciplinariedad" (13).

Las formas de pensamiento y las metáforas del tejido, el entretejido y la interconexión se convierten en los patrones determinantes de la racionalidad, pero también de los problemas globales, como, por ejemplo, del cambio climático. Aún cuando la principal responsabilidad de este problema reside en el hemisferio norte, las consecuencias son predominantemente para las personas del hemisferio sur. La estructuración científica en las disciplinas también está cambiando gradualmente hacia la transdisciplinariedad, o sea, las formas de pensamiento transversal son necesarias para reconocer la interconexión entre los problemas globales y para hacer transgresiones disciplinarias para la resolución de problemas.

Si ahora nos preguntamos acerca de las consecuencias del modelo transcultural y su conexión y puntos de contacto con una ética protestante, debemos primero tener en cuenta de que no es del todo irrelevante el concepto de cultura con el cual se está trabajando. Welsch dice: Los conceptos culturales son "agentes de consecuencia en relación a su objeto" (17). Es decir, el concepto de cultura tiene no solo un lado descriptivo en el cual describe su realidad cultural, sino también un lado normativo, con el cual controla el comportamiento de acuerdo a la realidad descrita. Mientras la cultura se entienda como un componente homogéneo y separado, el aspecto normativo automáticamente apunta hacia la delimitación o tolerancia en el sentido de una coexistencia pacífica (multiculturalismo). Pero entender las culturas como identidades y formas de vida transculturales tiene al menos una doble consecuencia:

Por una parte, la integración se convierte en una tarea cultural central.

> Una integración de este estilo no está dirigida a recrear una identidad estándar, sino a reconocer simultáneamente diferentes formas de identidad dentro de la sociedad,

> caracterizándose estas identidades individuales por diferentes conexiones y líneas de identidad transculturales (17).

Por otra parte, salta a primer plano la búsqueda de formas de vida conjuntas.

> Cuando se encuentran diferentes formas de vida no solamente existen divergencias sino también posibilidades de conexión, las cuales pueden ser expandidas y desarrolladas, de modo que pueda surgir una forma de vida común, que sea capaz de incluir componentes que inicialmente no parecían ser compatibles (17).

Buscar formas comunes de vida no significa querer crear una forma de vida uniforme, por el contrario: la diversidad de las formas de vida que contienen rasgos transculturales se respeta como tal, pero al mismo tiempo se entiende como tarea de lograr una coexistencia exitosa. En contraste con la comprensión clásica de la cultura, la afiliación nacional o lingüística ya no se interpone en el camino de esta coexistencia. La mirada está puesta en las formas de convivencia. Welsch se refiere al concepto de cultura del filósofo Wittgenstein, en quien basa este entendimiento: "Según Wittgenstein, la cultura existe allí donde existe una práctica de vida compartida, donde, por decirlo de forma casual, podemos convivir mutuamente" (16). Este concepto desgranado o liberado de cultura tiene un significado evidentemente ético para Welsch:

> El concepto de transculturalidad crea una imagen diferente de la relación entre las culturas. No una de aislamiento y conflicto, sino una de entrelazamiento, mezcla y comunión. No promueve la separación sino la comprensión y la interacción. Su esperanza es doble: que, en adelante, nuestras culturas se centren internamente más hacia los esfuerzos de integración en lugar de hacia la marginación, lo cual ayudará a construir una relación más cooperativa y pacífica entre las culturas (18s.).

Bajo esta perspectiva, también surge dentro del enfoque una ética cristiana-protestante. ¿Qué papel puede desempeñar en el diálogo intercultural o transcultural y cuál es su contribución específica?

9.3.3 Perspectivas de una ética protestante

El papel de una ética protestante crítica en el diálogo transcultural no puede ser otro que en el diálogo interreligioso. Sigue los mismos criterios formales y preocupaciones de contenido. Se pueden resumir en cinco aspectos:

(1) *Necesidad y posibilidad del diálogo*

No está determinado desde el principio lo que puede considerarse humano en una situación concreta, o bien en el horizonte cosmopolita. Las diferentes formas de vida marcadas con formas culturales distintas transmiten respectivamente sus ideas de una vida humana exitosa. Sin embargo, con las dos preguntas fundamentales de cualquier ética por una buena vida y por una convivencia justa, las formas de vida se pueden llevar a un diálogo.

(2) *Analogía y diferencia*

El modelo de diálogo de "analogía y diferencia" supera los extremos del relativismo y el exclusivismo: un relativismo que no quiere admitir las diferencias de las diferentes culturas y formas de vida o las declara triviales, y un exclusivismo que juzga las diferencias de su propia afirmación de verdad y las declara incompatibles. Mientras que el relativismo desemboca en un multiculturalismo seudo- tolerante que a menudo pasa por alto a las respectivas víctimas, del exclusivismo resultan frecuentemente formas imperiales de pensar y actuar. La búsqueda de analogías en los conceptos de vida constituye la base para un diálogo fructífero. La marcación de diferencias preserva la propia identidad y mantiene el diálogo abierto para las contribuciones constructivas propias. La ética protestante tomará una "posición predecible en la apertura cooperativa"[159],

---

[159] Me parece ésta una formulación muy lograda de Heinrich Schäfer para esta problemática. Véase *Praxis – Theologie – Religion. Grundlinien einer Theologie- und Religionstheorie im Anschluss an Pierre Bourdieu*. Frankfurt/Main: Otto Lembeck, 2004, 400.

es decir, su punto de vista estará determinado por la imagen de la verdadera humanidad en Jesucristo, pero desde allí preguntará sobre los puntos de conexión del *ethos* con otras formas de vida culturales.

(3) *La perspectiva de la víctima*

Como hemos visto, los puntos de conexión no resultan a través de estructuras de argumentación o procedimientos de razonamiento, sino más bien de manera muy pragmática a partir de la observación de qué formas de vida, influencias culturales, intereses económicos y políticos, así como ideologías, restringen, suprimen o impiden por completo las oportunidades de vida y desarrollo de las personas en situaciones concretas. "El Grito del Sujeto"[160] se convierte en la categoría principal. El clamor por más humanidad y justicia, así como se escucha crecientemente en especial en el hemisferio sur de la tierra, se encuentra, teológicamente hablando, con el grito del Crucificado. En la víctima se refleja lo que define la humanidad.

Las declaraciones de derechos humanos se pueden interpretar como una respuesta a este grito y señalan el camino para un diseño del mundo más humano y justo. Esto extiende la clásica "opción para los pobres" de la Teología de la Liberación hacia la subjetivación de las víctimas que encuentran y representan su voz.

(4) *La búsqueda de lo humano – el Cristo simbólico*

La plataforma para el diálogo transcultural es la búsqueda de lo humano (*Humanum*). Para ello, toda ética cristiana tiene como modelo la humanidad de Jesucristo. Sin embargo, esta perspectiva solamente es útil para el diálogo si se concibe

---

160 Así el título del libro de Franz Hinkelammert, *El Grito del Sujeto. Del teatro-mundo del evangelio de Juan al perro-mundo de la gobalización*. San José, Costa Rica: DEI, 1998. Véase allí especialmente el capítulo VII.3: "El reconocimiento del otro como sujeto viviente".

no sólo en el sentido de una relación mística y espiritual necesaria con la persona de Jesucristo, sino en el sentido simbólico de entender a Cristo como la realización del Nuevo Ser. "Las expresiones del Nuevo Ser en Jesús como el Cristo", la formulación cristológica central de Paul Tillich[161], quiere hacer ver que en la persona de Jesús de Nazaret, se ha manifestado históricamente un nuevo modo de vida, un estilo de vida y un sentido de vida, que lo convierten en el Cristo (Salvador, Redentor, Señor). Un *ethos* que está determinado por su espíritu toma parte en este Nuevo Ser y permite que sea transformado por él. Es por eso que este Nuevo Ser también puede ser descrito desde un punto de vista ético e introducido al diálogo transcultural con cierta plausibilidad racional.

Las dimensiones éticas desarrolladas del Nuevo Ser (una vida de fe, esperanza y amor) son la libertad y la responsabilidad, la búsqueda de la justicia y el compromiso, la compasión y la solidaridad. Las perspectivas orientadoras de acción son la paz, la justicia y la armonía con la creación. No es difícil descubrir estas y similares dimensiones y perspectivas en otras formas culturales de vida. Bajo las condiciones de la existencia, hay múltiples manifestaciones, aunque fragmentarias, del Nuevo Ser, que dan apertura al diálogo. Desde un punto de vista cristiano, su manifestación en Jesús es el criterio original, pero no es exclusivo sino que actúa de manera de apertura. El espíritu del Nuevo Ser, representado por Cristo, se manifiesta como revelador en él, y más allá de él; porque es el espíritu que crea y sostiene la vida.

(5) *El principio protestante – la perspectiva crítica profética*

El diálogo transcultural se mueve en el espacio de desafíos cosmopolitas, identidades culturales e identidades mixtas, diversas formas de vida, búsqueda de principios éticos universales y formas particulares del *ethos*. Aparte de la contribución cristiana específica y constructiva a la deter-

---

161 Paul Tillich, *Teología Sistemática II*, 163-168.

minación del *Humanum*, también existe la objeción específica, crítica profética de una ética protestante. Tillich la ha resumido en el "principio protestante"[162]. Dice que el hombre entiende a Dios como el no condicionado y a sí mismo como un ser condicionado y limitado. El principio protestante se deriva de la doctrina de la justificación por la fe. Tiene dos lados, el NO de Dios al pecado como la alienación existencial del hombre, y el Sí de Dios a la criatura alienada, su aceptación que lo transforma. Es por eso que el protestantismo une las dos funciones de protesta y de configuración. La protesta, es decir, la objeción crítica profética, está dirigida contra la idolatría, es decir, contra toda absolutización o deificación de algo temporal a algo supratemporal.

Si, por ejemplo, la "mano invisible del mercado"[163] se eleva al último punto de referencia económico para el cual no hay alternativa (principio TINA: *There is no alternative*[164]), entonces la crítica profética es la contribución protestante en el discurso social. La configuración, por otra parte, es el poder de transformar la realidad histórica. Es la fuerza del Nuevo Ser que se manifiesta en Jesús como el Cristo, y que busca constituir modos de vida correspondientes a Él, de libertad, responsabilidad, justicia, compasión y solidaridad.

Una ética protestante adquiere su forma específica bajo el principio protestante en el diálogo inter- y transcultural.

---

162 Véase p.ej. Paul Tillich, "Die protestantische Ära", en *Gesammelte Werke* VII. Stuttgart: Evang. Verlagswerk, 1962, 11-28.

163 Vgl. Franz Hinkelammert, *Solidaridad o suicidio colectivo*. Granada: Universidad de Granada, 2005, 87-92; Zitat 87; y Franz Hinkelammert, *Das Subjekt und das Gesetz. Die Rückkehr des verdrängten Subjekts*. Münster: ITP-Kompass, 9 y 215-232.

164 Carl Amery, *Global exit. Die Kirchen und der totale Markt*. München: Luchterhand, 2002, 22.

Parte II:
Temas básicos de una ética de lo político – algunos aportes teológicos

10. Los Derechos Humanos – Un acceso desde la teología de la Reforma

Históricamente es cierto, que los Derechos Humanos fueron impuestos en Europa en contra de la resistencia de las iglesias católica-romana y protestante. Se consideran como frutos del pensamiento de la Ilustración que se dirigió contra todas las instituciones establecidas y sus tradiciones. Se veía también la iglesia y la religión como instrumentos de manipulación y dominación de la gente. Las reivindicaciones de "libertad, igualdad y fraternidad" – el lema de la Revolución francesa- expresaron un ambiente revolucionario que cuestionó la alianza entre el poder político absolutista y el poder eclesial. Eso cerró los caminos hacia un encuentro profundo entre el pensamiento revolucionario democrático y el pensamiento teológico. Sin embargo, después de más que 200 años la situación ha cambiado mucho y los Derechos Humanos, como fueron formulados en la *"Declaración Universal de los Derechos Humanos"* en 1948 y sus siguientes generaciones, valen mientras tanto como un consenso universal de estándares éticos en grandes partes del mundo. A base de eso se puede dirigir la atención de nuevo en las analogías entre los Derechos Humanos y las intenciones de la fe cristiana con el fin de sumar a los actores cristianos – personas individuales, grupos sociales e iglesias – como agentes de una transformación de sociedades en el sentido de los Derechos Humanos.

10.1 Los Derechos Humanos en proceso

Los Derechos Humanos son sin duda uno de los pilares más importantes de las sociedades libres y a la vez el anhelo de las sociedades, movimientos y personas que sufren discriminación, marginalización y opresión.[165] En el trascurso del tiempo desde la

---

[165] Veáse por lo siguiente: Institut de Drets Humans de Catalunya, "Proyecto de Carta de Derechos Humanos Emergentes. Los derechos humanos en un mundo globalizado". Consultado 5 de julio, 2019. https://catedraunescodh.unam.mx/catedra/SeminarioCETis/Documentos/Doc_basicos/5_biblioteca_virtual/1_d_h/1.pdf.

proclamación de los Derechos Humanos en 1948 por la Asamblea General de las Naciones Unidas el mundo ha experimentado bastantes cambios tanto políticos, sociales y económicos así como ideológicos, culturales y científicos. Ellos han provocado una ampliación de los Derechos Humanos para cuidar de la vida en toda su diversidad y frente a sus nuevas amenazas.

En este contexto se originó como ejemplo de la así llamada tercera generación la *"Declaración Universal de los Derechos Humanos Emergentes"*. Esta declaración pretende actualizar y complementar la declaración de 1948 desde una nueva perspectiva, la de la "ciudadanía participativa". Nace pues desde la sociedad civil global en los inicios del siglo XXI. Su objetivo es "contribuir a diseñar un nuevo horizonte de derechos, que sirva de orientación a los movimientos sociales y culturales de las colectividades y de los pueblos y, al mismo tiempo, para promover y propiciar una nueva relación entre sociedad civil global y el poder."

Los Derechos Humanos Emergentes toman forma de tres maneras:

> Derechos nuevos:
> aquellos que carecen de precedentes o presentan escasos vínculos con los derechos reconocidos jurídicamente. Estos son: derecho a la renta básica; derecho a una muerte digna, derecho a migrar, derechos relacionados con la orientación sexual.
>
> Derechos ya contemplados:
> aquellos que se encuentran sumergidos, pero se busca que con la evolución de la sociedad internacional sean reconocidos y se presenten como necesarios de desarrollar y potenciar. Pueden diferenciarse como derechos con nuevas interpretaciones: derecho a la salud, la asistencia sanitaria y los medicamentos; derecho a la educación, al saber y el conocimiento, a la formación continuada y erradicación del analfabetismo; y derechos con ampliación de contenidos: Derecho a la seguridad vital, derecho a la interculturalidad, derecho a la tutela de todas las manifestaciones de comunidad familiar.
>
> Derechos extendidos, se comprende por extendidos que sean reconocidos a colectivos que tradicionalmente no

los han disfrutado: derecho al matrimonio del colectivo homosexual; derecho al voto del inmigrante.[166]

Con eso queda claro que los Derechos Humanos no han sido definidos de manera permanente, sino están en proceso y reaccionan a nuevos retos con el mismo fin de impedir todas las formas de dominación y explotación. También es obvio que tampoco la teología es un discurso definido y acabado. Por eso se tiene que preguntar, ¿cuál es el rol de la teología en este desarrollo? ¿Vuelve a distanciarse como en el origen del movimiento de los Derechos Humanos o comparte este proceso con su propio aporte?

Hay que señalar que la teología de Reforma tal y como la encontramos en su iniciador Martín Lutero, no solo abrió la puerta a la época moderna y su desarrollo de los Derechos Humanos, sino que pudo fortalecer este proceso desde su perspectiva y fuerza ética y espiritual.

10.2 Las intenciones originales de la teología de la Reforma y su posterior desarrollo

En primer lugar, llama la atención la diferencia entre el reformador Martín Lutero y el *Luteranismo*, que es la teología de sus sucesores y su figura manifestada en la historia. El Luteranismo, sobre todo en Alemania, ha sido apolítico durante siglos y en general ha estado interesado en la preservación de las normativas vigentes en el Estado, la sociedad, la familia y también en la economía. Además, ha jugado un papel conservador y estabilizador en la sociedad. Su afirmación de una autonomía de los ámbitos de la política y de la economía según la voluntad de Dios restringía su interés solo al ámbito de la iglesia e impidió p.e. una resistencia política contra el régimen de los nacionalsocialistas en Alemania, con la excepción de unos grupos confesantes y teólogos como Dietrich Bonhoeffer.

---

166 Sheila Cristina Calderón Díaz, "Declaración Universal de Derechos Humanos Emergentes, una lectura orientada desde el sujeto", *Heurística, Revista digital de Historia de la Educación*, no. 20 (2017): 305. Consultado 1 de octubre 2017. http://www.saber.ula.ve/bitstream/handle/123456789/45046/art22.pdf?sequence=1&isAllowed=y.

A pesar de eso se puede observar que en las últimas décadas la *Federación Luterana Mundial* y unas iglesias luteranas, también en América Latina, abogan claramente por los Derechos Humanos de las personas y grupos vulnerables de la sociedad. Temas como defensa respecto a estos grupos, mayordomía respecto al medio ambiente o sustentabilidad respecto al desarrollo de sociedades e iglesias se hicieron temas claves. Eso provoca otra perspectiva de la teología de la Reforma.

Es esencial verlo así e ir detrás de la tradición del Luteranismo hasta su origen, el mismo *Martín Lutero*. Cuando él inició la Reforma con sus 95 tesis contra las indulgencias, eso era un acto de liberación del sistema religioso político económico de la Edad Media. Se podría decir también: la primera Teología de la Liberación en suelo europeo. Pero Lutero no la ha diseñado detalladamente, sobre todo con respecto a la dimensión política y económica. Sin embargo, allí se encuentran los raíces e ideas fundamentales, que condujeron más tarde a la formulación de los Derechos Humanos. Puede verse especialmente en sus referencias teológicas a la figura básica de los Derechos Humanos.

10.3 La figura básica de los Derechos Humanos y el acceso teológico

El núcleo de los Derechos Humanos se funda en la idea de la *inalienable dignidad* de cada ser humano. En la historia había diferentes legitimaciones de esta dignidad, legitimaciones jurídicas, sociológicas, filosóficas y teológicas, pero al final se le atribuyó a cada persona, independientemente de las condiciones de su vida. Todos los Derechos Humanos se quedan relacionados a esta dignidad a pesar de su diversidad. La amplitud de los Derechos Humanos se puede categorizar de diferente manera, pero la más corriente es la diferenciación de derechos de libertad, de igualdad y de participación. Nombramos esta *la figura básica de los Derechos Humanos*.[167]

---

167 Siguió aquí la clasificación de Wolfgang Huber y Heinz Eduard Tödt,

Los derechos de libertad son la primera consecuencia de la aceptación de cada persona como ser humano. Destacan la limitación del poder estatal. Hay una esfera de libertad de cada persona que merece la protección institutional ante demandas del Estado. A este derecho pertenecen por ejemplo el derecho a la integridad física, el derecho a la vida y seguridad de la persona, el derecho a libertad de conciencia, pensamiento y religión, el derecho a protección de la propiedad.

Los derechos de igualdad abarcan todos los derechos que garantizan la igualdad ante la ley. Además, la igualdad social. A este derecho pertenecen la seguridad social, el empleo, la elección libre de la profesión y el bienestar.

Los derechos de participación garantizan la participación política, en particular el derecho a la libertad de expresión y la libertad de reunión.

Podemos resumir que los derechos a la libertad se desarrollan desde la alienable dignidad del ser humano. Son su primer paso de concretización. Al realizar la libertad se encuentra automáticamente con la participación política como segundo paso. El tercer paso es el darse cuenta del reparto desigual que dificulta alcanzar condiciones de vida digna. Eso resulta en los derechos a participación.
¿En qué consiste ahora la relación con la teología reformadora? Veamos primero el concepto de la libertad en Lutero.

• **El derecho a la libertad y la libertad de la fe**

La "libertad cristiana", como la llama Lutero, resulta sólo de la fe, es decir de la confianza de ser aceptado por Dios y tener dignidad humana ante él, independientemente de sus propios logros y méritos. La dignidad humana es la raíz de todo movimiento liberador.

Menschenrechte. Perspektiven einer menschlichen Welt. Stuttgart, Berlin: Kreuz Verlag, 1977, 80-83.

Lo que Lutero descubrió en las cartas del apóstol Pablo fue una relación directa del creyente con Dios. No es mediada por méritos, rendimientos o hasta los sacramentos consagrados y administrados por la institución de la iglesia, sino solo por Jesucristo a través de la fe. Eso es el principio fundamental del protestantismo: *El justo vivirá por la gracia mediante de la fe.*

Ese concepto fue por un lado un acto de la liberación de las almas del poder de la iglesia, es decir una liberación espiritual. Lutero denominó esa liberación la libertad cristiana y la verificó personalmente en la dieta imperial el año 1521. Ante el Emperador él debió rechazar su nueva teología para evitar divisiones dentro del Imperio. Pero Lutero no la rechazó, sino que remitió a su libre conciencia proclamando públicamente:

> Si no me convencen mediante testimonios de las Escrituras o por un razonamiento evidente (puesto que no creo al Papa ni a los concilios solos, porque consta que han errado frecuentemente y contradicho a sí mismos), quedo sujeto a los pasajes de las Escrituras aducidos por mí y mi conciencia está cautiva de la Palabra de Dios. No puedo ni quiero retractarme de nada, puesto que no es prudente ni recto obrar contra la conciencia.[168]

Los criterios de su argumentación son evidentes: Las Escrituras y la razón. Para él la Biblia es la única fuente de su posicionamiento y por razón entiende la lógica del razonamiento. Eso significa la ruptura con toda la tradición de la iglesia católica, la ruptura con la interpretación autoritaria de la curia, la evaluación de la tradición de la historia eclesial en sí misma y los dogmas colocados por el poder del Papa. Por eso amenazó también la unidad espiritual del Imperio. No es de extrañar no sólo la excomunión por parte del Papa, sino también la proscripción de parte del Emperador.

Podemos resumir que la libertad cristiana según Lutero en primer lugar es *la libertad de la conciencia*. Pero reclamando esa libertad él atacó indirectamente todo el sistema hegemónico de su tiempo,

---

[168] "Martín Lutero en la Dieta de Worms" (1521), en *Obras de Martín Lutero I*, 271s. y en Hoffmann, *La locura de la cruz*, 59.

la alianza entre iglesia, Estado y economía. La libertad siempre empieza con un acto de liberación.

El impacto de ese descubrimiento ha marcado la historia significativamente. La época de la Ilustración se basa en la libertad de la conciencia y la ha combinado en un segundo paso con *la libertad de la fe* frente a la autoridad de la Biblia y de la tradición de la Iglesia. Con eso mostró la Ilustración su cara crítica o incluso confrontativa en contra de la iglesia. Además, ha desarrollado como paso tres el principio de *la libertad de la religión* enfrente del Estado. Como los derechos a la libertad de conciencia y libertad de religión. Ellos han llegado formar parte de los Derechos Humanos.

Así el impacto de la Reforma en cuanto al concepto de la libertad salta a la vista. Pero lo que juega un rol menor es la *dimensión social* de la libertad. Por razones de la situación histórica el protestantismo en Europa tuvo que luchar por los derechos individuales. Es un producto del ecumenismo del siglo XX que las iglesias, católicas y protestantes estén descubriendo más y más la importancia del aspecto social de la libertad. Han enfocado la contextualidad de la teología, el análisis y la confrontación con la situación social y el descubrimiento del potencial liberador de la Biblia. Unas iglesias luteranas interpretan su rol público como actores políticos libres e independientes. Es un fruto tardío de la Reforma.

• **El derecho a la igualdad y la justicia de Dios**

El término de la *justicia* es la palabra clave del nuevo entendimiento del evangelio en la Reforma. Durante años Lutero había odiado ese concepto, porque lo había comprendido según la forma de pensar filosófica y jurídica habitual en aquel entonces. Él se imaginaba un Dios que recompensaba y castigaba rigurosamente en conformidad con los méritos y las acciones de las personas; era un Dios que practicaba una justicia formal o activa. Dios mismo es justo y le da a cada ser humano lo que le corresponde. Es una *justicia que distribuye* y que se basa en las exigencias de la ley. En esa concepción se funda todo el sistema de pensar y actuar de la Edad Media, en las esferas de lo religioso, lo político y lo social.

Como también el sistema político y social estaba legitimado religiosamente (desde la institución divina del reinado y todas sus autoridades hasta la estructura estamental del feudalismo) la obediencia y sumisión pasaron a ser virtudes religiosas. El cambio social de una sociedad agraria a una mercantilista provocó inseguridad y miedos existenciales. El sistema de indulgencias se aprovechaba hábilmente de ese sentimiento general de miedo. Lutero trabajó hasta el agotamiento como monje en ese sistema, con mucha entrega espiritual y disciplina, pero sin embargo nunca estuvo seguro de su salvación ni pudo encontrar la paz hasta que se topó, en su lectura de Pablo (Ro 1.17), con una forma totalmente distinta de entender la justicia divina. El mismo describe ese descubrimiento así:

> Entonces Dios tuvo misericordia de mí. Día y noche yo estaba meditando para comprender la conexión de las palabras, es decir: 'La justicia de Dios se revela en él, como está escrito: el justo vive por la fe'. Ahí empecé a entender la justicia de Dios como una justicia por la cual el justo vive como por un don de Dios, a saber, por la fe. Noté que esto tenía el siguiente sentido: por el Evangelio se revela la justicia de Dios, la justicia «pasiva»; mediante la cual Dios misericordioso nos justifica por la fe, como está escrito: 'El justo vive por la fe.' Ahora me sentí totalmente renacido. Las puertas se habían abierto y yo había entrado en el paraíso. De inmediato toda la Escritura tomó otro aspecto para mí. Acto seguido recorrí la Escritura tal como la conservaba en la memoria y encontré también en otras palabras un sentido análogo. Por ejemplo: la obra de Dios es la obra que Dios realiza en nosotros; la virtud de Dios significa la virtud por la cual nos hace poderosos; la sabiduría de Dios es aquella por la cual nos hace sabios. Lo mismo sucede con la fortaleza de Dios, la salud de Dios, la gloria de Dios.
>
> Si antes había odiado con gran encono la frase 'justicia de Dios', con tanto más amor la ensalcé ahora porque me resultaba dulcísima. De este modo aquel pasaje de Pablo fue para mí la puerta del paraíso.[169]

---

169 Martín Lutero, "Prefacio al primer tomo de los escritos latinos" (1545), *Obras de Martín Lutero* I, 337s. y también en Hoffmann, *La locura de la cruz*, 83.

El paraíso significó para Lutero la liberación de todo un sistema basado en el miedo y resultó en su crítica de todos los poderes de su tiempo, de la religión oficial, de la Iglesia con el papado, la práctica de las indulgencias y su jerarquía, del Estado y de la economía en sus alianzas con la iglesia. A su juicio, todos esos siguen la misma lógica de una *justicia distributiva*.

Pero el descubrimiento de Lutero fue que Pablo estaba hablando de la justicia en otro sentido. Pablo se basa en el concepto de *justicia del Antiguo Testamento*. Allí la justicia se refiere a la fidelidad al pacto (*zedaka*). Cuando se dice que Dios es justo, es a partir de la experiencia de que Dios permanece fiel a su pacto con el pueblo de Israel a pesar de los continuos rompimientos de ese pacto por parte del pueblo. En este sentido, justicia significa por un lado el juicio de Dios que acepta el creyente y por otro lado la fuerza transformadora de Dios. Esa justicia no depende de las leyes ni de su cumplimiento, sino que tiene que ver con misericordia, perdón y con la voluntad de nueva Creación. El nuevo concepto de justicia es pasivo, es una justicia recibida y regalada en el sentido de ser reconocido a partir de la promesa de Dios, el Evangelio. ¿Pero cómo se concreta la apropiación de esa *justicia pasiva*?

Para Lutero es claro que Dios quiere realizar su justicia en el mundo y en el ser humano. Por eso también les da su justicia a los impíos, o sea les ofrece su pacto. En su justicia, Dios actúa en el devenir del mundo transformándolo. Así es como se presenta su justicia, Él mismo como fuerza creadora y redentora.

Lo que es decisivo para el tema de los Derechos Humanos es que Lutero descubre aqui *la igualdad fundamental* de todos los seres humanos. Pero la ve desde una perspectiva transcendente, es decir desde un punto de vista más allá de la realidad empírica humana. Para la igualdad no resulta de la naturaleza del ser humano o de su capacidad racional o incluso del principio de rendimientos, que es el principio del mercado, sino de un *defecto* fundamental. Les falta el reconocimiento de la igualdad porque están "encorvados en sí mismos", como Lutero dijo, es decir fijados en sus intereses y provechos. Esta afinidad del ser humano fue afirmada al principio de la nueva forma de economía mercantilista. Es el principio fundamental del sistema capitalista y está destruyendo la igualdad de los seres humanos. Por lo tanto, la perspectiva teológica de Lutero de una justicia gratuita se tiene que considerar como acto de liberación de sí mismo y como paso a un nuevo estilo de vida. La justificación del impío solo por la gracia es la fundamentación de la igualdad de derechos.

- **El derecho a la participación y el sacerdocio universal de todos los creyentes**

La teoría del sacerdocio universal de todos los creyentes se deriva directamente de la justificación de cada creyente mediante la fe. Es un acto de gracia de Dios para todos sin diferencia entre ellos. Por eso no existen diferentes grados de la espiritualidad o de la consagración en la iglesia. Lutero dice:

> Todos los cristianos son en verdad de estado eclesiástico y entre ellos no hay distingo, sino sólo a causa del ministerio... Esto resulta del hecho de que tenemos un solo bautismo, un Evangelio, una fe y somos cristianos iguales, ...
>
> Pues el que ha salido del agua bautismal puede gloriarse de haber sido ordenado sacerdote, obispo y papa...[170]

Con eso Lutero rompió el muro entre los clérigos y los laicos en la iglesia.

> No puede existir una posición más digna en la iglesia que la del creyente que recibe la enorme dádiva del perdón y la justificación.[171]

Por el mismo bautismo cada creyente es llamado por Dios para convertirse en un mensajero del evangelio y un servidor del amor. En palabras de Lutero:

---

170 Martin Lutero, "A la nobleza de la nación alemana acerca del mejoramiento del Estado cristiano" (1520), en *Obras de Martín Lutero* I, 75s.

171 Richard Shaull. *La Reforma y la teología de la liberación*. San José, Costa Rica: DEI, 2010, 33.

> Además, somos sacerdotes, lo que vale mucho más que ser rey, toda vez que el sacerdocio nos capacita para poder presentarnos delante de Dios rogando por los demás hombres, puesto que sólo a los sacerdotes corresponde por derecho propio estar a los ojos de Dios y rogar.[172]

A lado de esto, la persona cristiana s e convierte en una servidora del amor:

> Seré con mi prójimo un cristiano a la manera que Cristo lo ha sido conmigo, no emprendiendo nada excepto aquello que yo vea que mi prójimo necesite o le sea provechoso y salvador.[173]

Sobre esa base Lutero ha fundado su nuevo modelo de la iglesia como pueblo de Dios, en palabras bíblicas, el linaje escogido y reino sacerdotal (1P 2.9).

Este entendimiento de la iglesia tuvo dos consecuencias en la historia: Una es el desarrollo de la igualdad de los géneros en la iglesia. Casi todas las iglesias luteranas han aceptado en el transcurso de la historia la ordenación de las mujeres. Es la expresión adecuada de la misma vocación dada por Dios.

Aquí vemos como los derechos a la igualdad y a la participación están conectados. No está acorde con la justificación rechazar las posibilidades de participación en los procesos y funciones de una comunidad.

La otra consecuencia es la formación de la iglesia como asamblea de las comunidades. En vez de una jerarquía de los sacerdotes entran el derecho y el poder de las comunidades. En palabras seculares, es un acto de la democratización. Eso se expresa muy obviamente en el escrito de Lutero del 1523 *"Que una comunidad cristiana tiene derecho de juzgar sobre toda doctrina, llamar a maestros y despedirlos – causa y razón desde la Escritura".*

---

172 Lutero, "La libertad cristiana" (1520), en *Obras* I, 157.
173 Lutero, La libertad, *Obras* I, 165.

Este escrito es uno de los más tempranos y además más radicales de Lutero sobre el orden reformador de la iglesia. Lutero explica, que según los principios bíblicos cada comunidad tiene el derecho de juzgar, de elegir, de ordenar y de administrar sus finanzas. Una comunidad que escucha la voz de Cristo como las ovejas escuchan la voz de su pastor es capaz de juzgar. Eso es la base de una iglesia purificada renovada y transformada en el sentido reformador. Por lo tanto, Lutero apoyó que las comunidades fueran independientes y responsables a través de su traducción de la Biblia, los catecismos, canciones y escritos populares.

En la historia de la Reforma esa idea de las "comunidades de base" no fue realizada consecuentemente, pero lo que es crucial a vista de los Derechos Humanos es que Lutero formuló con el sacerdocio universal un primer escalón de *los derechos a la participación*.

Tenemos que tomar conciencia que los Derechos Humanos históricamente fueron desarrollados e impuestos en contra de las iglesias. Eso pasó por causa de su conservadurismo y preocupación por el orden establecido en la sociedad y la iglesia. Pero queda muy claro que la teología de Martin Lutero no cabe en esta línea, más bien es una teología crítica y al mismo tiempo constructiva que abre el camino hacia los Derechos Humanos.

Por último, deberíamos dar atención al interés del los nuevos *"Derechos Humanos Emergentes"*, que subrayan la nueva relación entre sociedad civil global y el poder. Ellos reaccionan al desarrollo de las sociedades modernas. No están marcados por unas pocas instituciones establecidas como el Estado, la iglesia y economía, sino manifiesta una variedad de sectores casí autónomos con ciertas funciones y nuevos actores como los movimientos sociales. ¿En qué sentido puede jugar un rol la iglesia en este conjunto? ¿Da la teología de Lutero unas pautas como hacerlo?

La primera pauta es la *limitación del poder* de las instituciones públicas. Lutero restringe el poder del Estado de su tiempo a los asuntos temporales y civiles. Con eso constituye la libertad religiosa. Por otro lado, restringe el poder de la iglesia a los asuntos espirituales y con eso establece la autonomía del Estado. Un problema para Lutero es el tercer estamento de la sociedad medieval, la economía. Está en un proceso de independizarse del poder del Estado y de la iglesia. Lutero ve muy acertadamente los fenómenos de una nueva forma de llevar negocios, los inicios de una economía capitalista. Critica mucho las prácticas y objetivos del capitalismo temprano y ve el riesgo de la dominancia de esta institución sobre los demás.

La segunda pauta es que Lutero expone *la finalidad* de las instituciones con el término *"servicio al prójimo".* Corresponde al criterio moderno de "servir al bien común" y opone directamente a una economía o una política que pretenda autonomía absoluta o incluso predominio. En este sentido podemos considerar a Lutero como precursor de una ética de la economía en contraposición a una economía política y como iniciador de una ética política humana.

La tercera pauta apunta a la *conciencia pública*. Lutero distingue el ámbito político del ámbito religioso, pero no los separa totalmente. La idea básica es, diferenciar los espacios de responsabilidad, el ámbito temporal y terrenal del ámbito espiritual, pero no cristianizar el ámbito público ni limitar la religión al ámbito privado. Eso significa un cierto modo de la influencia de la religión en la política: es el modo de impactar la *conciencia pública*. Por eso Lutero dio frecuentemente consejos políticos a los príncipes. Ellos representaron para él la publicidad.

10.4 La sociedad moderna y postmoderna y los Derechos Humanos

Aquí encontramos un punto de distinción con nuestro tiempo, porque la Modernidad nació una nueva magnitud, la *sociedad*. Ella se establece como campo del debate público sobre temas culturales, sociales, políticos y económicos. En una democracia la sociedad determina la dirección de la política mediante las elecciones.

Al final *la postmodernidad* cuenta con una pluralidad de lo público. Eso depende del concepto de la sociedad como sistema con varios subsistemas como Estado, economía, sociedad civil, comunicación, cultura, religión etc. Hace entendible como ha llegado la pluralidad de lo público según su propia lógica. Por supuesto combaten estas diferentes esferas públicas por su impacto en la sociedad entera. Sin embargo, tenemos que plantear la pregunta si el subsistema de la economía mientras tanto no ha logrado el predominio sobre otras esferas de lo público.

En cualquier caso, la consecuencia debe ser que la religión o la iglesia reciben un nuevo interlocutor. Ya no es el Estado directamente como para Lutero, sino la sociedad como ámbito público. La sociedad es el sitio del discurso sobre humanidad y de Derechos Humanos y en este discurso la iglesia tiene que abogar por las perspectivas del evangelio para una vida plena. Es una cosa de defensa, no de la auto-imposición con la ayuda del Estado. El rol de las iglesias, de las religiones y de la teología por eso es un rol público en el sentido crítico-profético. Juan José Tamayo lo describe como

> la presencia de las religiones en el mundo de la marginación y de la exclusión de la sociedad a través de la opción por los pobres, que ha de traducirse en el compromiso de los creyentes a nivel personal y colectivo en los movimientos sociales. Es, por tanto, una presencia crítica, subversiva, en favor de las víctimas y en contra de los liberticidas, en favor de la igualdad y en contra de las discriminaciones por razones de género, etnia, religión, cultura o clase. Es una presencia, en fin, solidaria con los sectores más vulnerables de la sociedad y crítica del modelo neoliberal que engendra desigualdad e insolidaridad.[174]

Es la sociedad que no persigue solamente intereses y ganancias, sino también el bienestar de la humanidad a través de sus instituciones o subsistemas de la política, del derecho y también de la economía.

---

174 Juan José Tamayo, "Modelos de relación entre religión y política", en *Pasos* No. 148. Segunda época, 2010 (edición digital). San José, Costa Rica: DEI, 2011, 30.

10.5 Conclusión

Se puede concluir que existe un puente natural entre los actores de los movimientos sociales y culturales de las colectividades y de los pueblos que buscan un nuevo horizonte de derechos para los seres humanos, el medio ambiente, el planeta entero y la vida de las futuras generaciones y los miembros de las iglesias que impactan la conciencia pública con los valores de la gran utopía del Reino de Dios, el reino de una vida humana de dignidad y una vida cósmica de justicia, armonía y paz.

11. La política – Perspectivas actuales de la doctrina de los dos reinos o gobiernos de Dios de Lutero[175]

• Introducción

La relación entre el Estado y la iglesia o, de manera más general, entre la política y la religión es uno de los más sensibles y a la vez explosivos temas de la historia y de las religiones. Particularmente en los países de América Latina se experimenta eso, donde una confesión, es decir el catolicismo romano, representa la religión favorita y ocupa el rango de una religión del Estado con todos sus privilegios, como en Costa Rica. También los intentos de las iglesias y movimientos evangélicos por lograr posiciones del poder, plantea una y otra vez la pregunta cómo relacionar ambas áreas de la política y la religión.

En la historia del protestantismo sobre todo un modelo ha quedado asentado: la así llamada "doctrina de los dos reinos o gobiernos de Dios" de Martín Lutero. A menudo ha sido comprendido como un modelo de simple separación. Sobre todo, eso se debe a que Lutero mismo nunca elaboró sistemáticamente dicha doctrina. La

---

175 Se trata de una versión revisada de mi artículo "Lutero y la política - ¿Un modelo para hoy?", en *Radicalizando la Reforma. Otra teología para otro mundo*, editado por Martin Hoffmann, Daniel Beros y Ruth Mooney. San José, Costa Rica: SEBILA, 2016, 307-322.

ha formulado de manera contextual y por eso muy diferente. A partir de él surge el planteamiento de hasta tres o cuatro reinos. Pero cuando se ve la propia práctica de Lutero al lado de sus distintas expresiones, por ejemplo, sus consejos al príncipe, resulta otra visión, es decir la de un tercer camino más allá de una mezcla y una separación. De este modelo se alcanzan perspectivas que determinan la relación bajo nuevas condiciones sociológicas y políticas. Consideremos primero ambos extremos.

11.1 Modelos históricos de la relación entre Estado e Iglesia

• **El modelo de confusión o identificación**

La instalación del cristianismo como religión oficial es una cosa muy antigua y de larga tradición. Empezó con el giro constantiniano en el siglo IV, cuando el cristianismo se convirtió en una religión del Estado con privilegios propios. A cambio la iglesia legitimó religiosamente el poder político. Juan José Tamayo explica este modelo así:[176]

> Ejemplo de identificación entre religión y política y de alianza entre el poder político y el religioso en estado puro, fue el nacional-catolicismo instaurado en España después de la guerra civil durante dictadura franquista, que contó con la legitimación de la Iglesia Católica en sus más altas jerarquías... la Iglesia se convierte así en religión del Estado y España en Estado de la Iglesia. La figura del jefe de Estado es sacralizada. El catolicismo se convierte en elemento fundamental de la identidad española.
>
> Un nuevo ejemplo del paradigma de identificación...es el de los Estados de algunos países musulmanes, que tienen como fuente de legitimidad política, jurídica y moral el Corán, ... la Sunna ... y la Sharía ... La comunidad religiosa (Umma) se identifica con la comunidad política. La moral religiosa se confunde con la ética cívica.

---

[176] Juan José Tamayo, "Modelos de relación entre religión y política", en *Pasos* No. 148. Segunda época. Año 2010 (edición digital). San José, Costa Rica: DEI, 2011, 27.

Por último, Tamayo reconoce este modelo en

> la estrategia de la jerarquía en la Iglesia Católica ante la secularización y el pluralismo, ético, religioso y cultural en las sociedades democráticas... Se busca también la sacralización y fundamentación heterónoma de la ética, dada la que consideran débil fundamentación de la ética laica y como respuesta al relativismo moral....

- **El modelo de la separación**

Otra forma de determinar la relación entre Estado e iglesia o religión en general, es la de la separación de los ámbitos. Esta ocurre en la figuración de dos esferas independientes y autónomas como en Francia o Turquía – por lo menos en su constitución oficial del Estado en el caso último. Ambos han constituido la laicidad del Estado y han desterrado la religión al área privada de la vida y la iglesia al estado de una pura asociación. Tamayo explica:

> El Estado reconoce y respeta la libertad religiosa de los ciudadanos, se muestra neutral ante el fenómeno religioso y no toma partido por ninguna de sus manifestaciones. La creencia y las no creencias religiosas no pueden imponerse a nadie. Únicamente comprometen a quienes la profesan.[177]

Por otro lado, esta separación puede aparecer como una lucha del *Estado contra la religión*. En este caso el Estado acepta el ateísmo casi como religión del Estado y considera la fe y la religión representadas por la iglesia como opio del pueblo y fuerza antirrevolucionaria.

> Persiguen cualquier manifestación religiosa por considerarla alienante, opresiva de la conciencia cívica, contraria a la conciencia de clase y obstáculo en el camino hacia la igualdad. No respetan la libertad religiosa y prohíben los cultos, salvo aquellos que están al servicio de los intereses de la revolución o son correa de transmisión de la ideología del partido único.[178]

Como ejemplos de este tipo hoy se puede considerar a China, Corea del Norte y Vietnam.

---

177 Tamayo, Modelos de relación, 29.
178 Tamayo, Modelos de relación, 29.

11.2 La doctrina de Lutero de los dos reinos y dos gobiernos de Dios

Ante los modelos de confusión y separación Lutero pretende un tercer modo de la relación. Su modelo de los dos reinos y gobiernos de Dios es el elemento central de la ética de Lutero en el ámbito político. La idea básica es diferenciar los espacios de responsabilidad, terreno temporal y terreno espiritual. En ambas áreas tiene lugar la acción de Dios y el actuar del creyente.

En el *gobierno espiritual, la iglesia,* reina Dios por medio de su Palabra y sin espada, o sea sin uso de la fuerza. Mediante este gobierno, las personas deben volverse piadosas y justas para poder obtener la vida eterna. En este gobierno se trata del tipo de justicia regalada por medio de la Palabra del Evangelio que se les confía a los predicadores.

El otro gobierno es un *gobierno temporal* basado en el derecho y en el poder del Estado que tiene como símbolo la espada del juez. Este gobierno sirve para defenderse de las personas malvadas y para mantener la justicia civil en el mundo y está determinado por la razón.

Además, los dos reinos coinciden en la persona del cristiano. Se encuentra en el gobierno espiritual por su fe, en el Reino de Dios a la derecha (como lo llama Lutero), y en su vida cotidiana forma parte del gobierno temporal, el Reino a la izquierda. Entonces el cristiano debe distinguir en su actuar que como cristiano actúa según el Evangelio, por ejemplo, según los mandamientos del Sermón del monte, y renuncia a la violencia. Como persona en el mundo temporal, actúa según su razón y puede utilizar el derecho e inclusive la violencia en cargos públicos para oponerse a los malhechores y cuidar de la paz y el orden.

El problema de cómo conciliar estos dos modos diferentes de actuar en una persona, Lutero resuelve por medio de una regla. El cristiano debe distinguir si actúa "para sí mismo" o "para los demás".

De acuerdo a su función, privada o pública, tiene que aplicar la medida de su actuar. Esta distinción libera el ámbito político de la dominación eclesial y guía a la época de la Modernidad que confía solamente en la razón humana.

Sin embargo, es decisivo ver que se trata en Lutero de una *distinción* de los reinos o gobiernos y *no* de una *separación*.

Lutero está convencido de que el poder de Dios se encuentre en lucha contra el poder del mal en todas las dimensiones de la vida: en la relación del ser humano con Dios y en la relación temporal entre los seres humanos. Estas relaciones básicas de la vida, Lutero las concretiza mediante los tres estamentos de la sociedad medieval en que la persona vive. Son la iglesia (la institución para la relación espiritual), el Estado y la economía (las instituciones de la relación temporal). Mediante las tres instituciones Dios quiere edificar su Reino en el mundo, pero eso pasa en contra de la influencia del diablo, el símbolo de los poderes del mal.

De este enfoque resulta una percepción de la existencia en permanente lucha entre lo bueno y lo malo. Entre ambos polos los tres estamentos se encuentran en una tensión entre la iglesia verdadera y la iglesia falsa, el Estado de paz y orden y el Estado totalitario y dictador, así como una economía que sirve para el bien común y una economía que sirve para la ganancia de unos pocos. Los cristianos como personas viven en todos los tres estamentos con el mandato de comprometerse para el respectivo lado positivo.

La siguiente gráfica enseña esta dinámica y dialéctica.

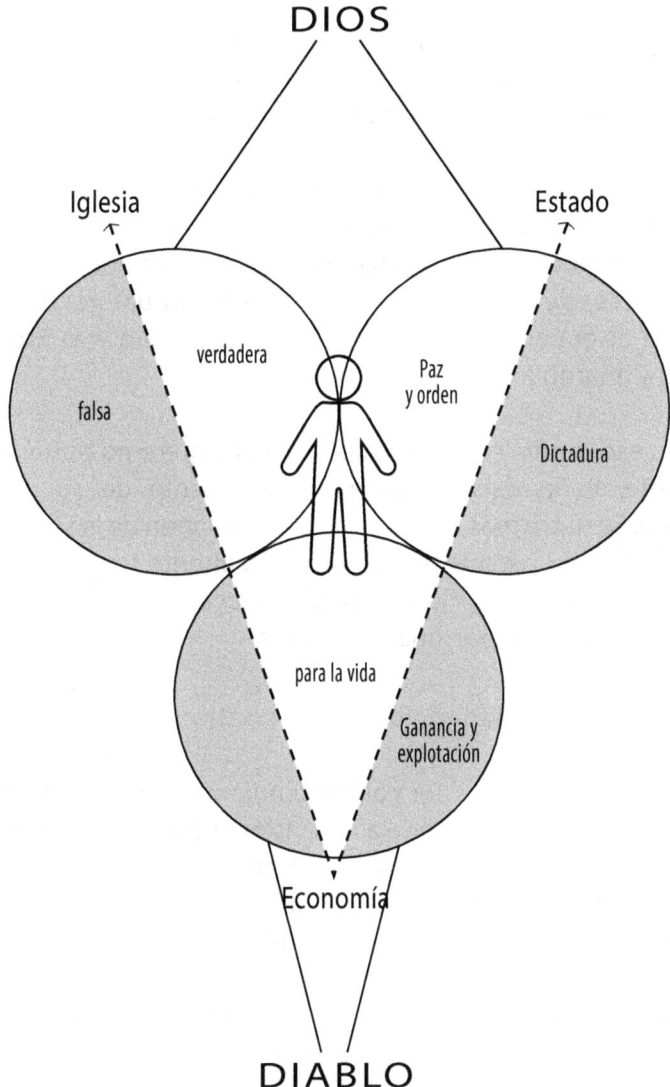

Este modelo no permite ni evangelizar el ámbito político ni limitar la religión al ámbito privado, porque los cristianos viven en todas las tres instituciones.

Por esto, Lutero invirtió de su tiempo para proporcionarle a los príncipes consejos directos parar su actuar político. En la tercera parte de su obra *"De la autoridad temporal"* encontramos tales *instrucciones jurídicas*.[179] Habla p.e. del confiar en Dios y respetar sus mandamientos, demostrar amor y servicio cristiano, ser cuidadoso con los consejeros y castigar según la proporcionalidad.

Lutero también aborda *el problema de la resistencia y de la insurrección*.[180] Aunque renuncia a toda forma de insurrección, él conoce dos modos de resistencia: la resistencia pasiva, si se trata de intromisiones del gobierno temporal en el espiritual; y la resistencia activa, si el gobernador se convierte en un tirano y el Estado en anomía y anarquía.

De todo eso resulta que la ética política de Lutero no es un sistema coherente, ni es una doctrina independiente de su contexto tampoco. Se nutre más bien de una cierta imagen de la sociedad de su tiempo y una perspectiva fundamentalmente teocéntrica hacia la realidad. Es el actuar y luchar de Dios a favor de una vida plena en cooperación con las personas creyentes.

11.3 La sociedad moderna y postmoderna

Seguramente podemos ser condescendientes con *las limitaciones de Lutero*. Todavía está ligado a una visión medieval de la sociedad. Conoce solamente los tres estamentos de la política, de la economía, que es la economía familiar de su tiempo, y de la iglesia. No conoce *la sociedad moderna* como sistema autónomo. Esta autoridad se ha desarrollado bajo la influencia de la nueva economía capitalista y las ideas de la ciudadanía libre de la Ilustración. El fenómeno de que podría existir una sociedad no-cristiana o incluso atea era totalmente ajeno para Lutero. Por eso no se puede extender su ética política directamente a nuestra situación hoy en día. Tenemos que enfrentar una visión totalmente diferente de la sociedad moderna.

---

179 Martín Lutero, *"La autoridad secular"* (1523), en *Obras* II, 155-160 y en Hoffmann, *La locura de la cruz*, 194s.

180 Véase textos de Lutero en Hoffmann, *La locura de la cruz*, 196-201 y su interpretación ahí 211-214.

La sociedad de la Modernidad se desarrolló como campo de los ciudadanos libres para hacer negocios. Habían logrado su libertad de las disposiciones del Estado y habían reclamado el término "lo público" para este nuevo ámbito libre de negocios. A consecuencia, por un lado "lo privado" fue restringido a la esfera íntima de las personas individuales, por otro lado, lo político fue restringido al uso de poder y fuerza. Ambos se convierten en monopolio del Estado, explica la filósofa Hannah Arendt.[181] A partir de eso, la política fue identificada con la doctrina del poder. Pero la vida pública se identificó con la sociedad como un campo en donde se dan conflictos de interés.

Al final la llamada postmodernidad cuenta con una pluralidad de lo público. Eso depende del concepto de la sociedad como sistema con varios subsistemas como Estado, economía, sociedad civil, comunicación cultural, religión etc. Hace entendible como ha llegado la pluralidad de lo público según su propia lógica. Por supuesto combaten estas distintas esferas públicas por su impacto en la sociedad entera. Sin embargo, tenemos que plantear la pregunta si la sociedad de hoy todavía representa el espacio libre del discurso intelectual y de lucha de intereses o si la economía no ha logrado el predominio sobre otras esferas de lo público.

11.4 La iglesia y el ámbito público

En vista de este desarrollo, la pregunta tradicional "En qué medida la iglesia tiene permitida actuar políticamente" obtiene otra cara. La política ya no es solamente la gestión del Estado, sino tiene que ver con lo público. Dos concepciones del político se cruzan en esa pregunta:

En un sentido más estrecho se identifica la política con los asuntos del Estado o la dirección del Estado. A este concepto pertenece también la política partidaria. Según esta línea se puede entender

---

181 Véase Hannah Arendt, *La condición humana*. Traducido del inglés por Ramón Gil Novales. Barcelona: Seix Barral, 1974, 58-60.

por política la teoría del poder, como lo hizo el sociólogo Max Weber.

> "Política" significaría para nosotros, por tanto, la aspiración a participar en el poder o a influir en la distribución del poder entre distintos Estados o, dentro de un Estado, entre los distintos grupos humanos que éste comprende.[182]

La mayoría de las preocupaciones sobre una iglesia entremetiéndose en la política se basa en esta concepción. La separación de la política y la religión como dos subsistemas independientes de la sociedad en la teoría sistémica puede esforzar estas dudas. Además, converge con la tradicional versión de la teoría de los dos Reinos. Sin embargo, a lado de esta concepción existe otro entendimiento más amplio de la política. Se remonta a la comprensión de Aristóteles la que ha sido acentuada de nuevo por la filósofa Hannah Arendt en el siglo pasado.[183] Según Aristóteles, la política toca los asuntos de los ciudadanos en la ciudad-Estado (*polis*) a diferencia de la vida privada en la casa (*oikos*). La vida en el ciudad-Estado apunta al vivir común y justo en el ámbito público.

Ser político y vivir en una *polis* significó que todos los asuntos iban a ser ordenados mediante discursos convincentes en vez de exigencia y violencia. Eso determina el ser humano como ser racional y ser que posee el *logos*. La pretensión central de los ciudadanos es conversar. La característica política del ser humano y su racionalidad convienen por lo tanto en la esfera de la *polis*, explica Hannah Arendt. En esta concepción la política se refiere primordialmente a la vida pública y el bienestar común. Aquí convergen los términos de la política y de lo público.

Dado que este concepto es más adecuado a la sociedad post-moderna, la consecuencia debe ser que la religión o la iglesia reciben un nuevo interlocutor. Ya no es el Estado directamente,

---

182 Max Weber, "La política como profesión", en *La ciencia como profesión – la política como profesión*, 2ª edición. Traducido del alemán por Joaquín Abellán. Madrid: Espasa Calpe, 2001, 95.

183 Arendt, *La condición humana*, 39-46.

sino la sociedad como ámbito público. Este destinatario resulta de la pretensión pública del Evangelio propio. Se dirige no solo a la vida privada o íntima sino a la vida pública cuando habla p.e. de justicia y paz desde la perspectiva del Reino de Dios. La sociedad es el sitio del discurso sobre humanidad y de los derechos humanos y en este discurso la iglesia tiene que abogar por las perspectivas del evangelio. Su compromiso es impactar la conciencia pública la que por su parte dirige la política. No se trata de un compromiso político partidario o de la auto-imposición con la ayuda del Estado, sino del rol de defensa de los marginados y de paz y justicia. La iglesia participa en el discurso público sobre justicia y humanidad. Este rol público de la iglesia tiene que cumplir de manera crítico-profético y constructivo-transformador. Tamayo lo describe así:

> La presencia de las religiones en el mundo de la marginación y de la exclusión de la sociedad a través de la opción por los pobres, que ha de traducirse en el compromiso de los creyentes a nivel personal y colectivo en los movimientos sociales. Es, por tanto, una presencia crítica, subversiva, en favor de las víctimas y en contra de los liberticidas, en favor de la igualdad y en contra de las discriminaciones por razones de género, etnia, religión, cultura o clase. Es una presencia, en fin, solidaria con los sectores más vulnerables de la sociedad y crítica del modelo neoliberal que engendra desigualdad e insolidaridad.[184]

Es la sociedad que no sólo persigue intereses y ganancias, sino también la humanización o el bien común a través de sus instituciones o subsistemas de la política, del derecho y también de la economía.

11.5 Conclusión

Llegamos a la conclusión que la teoría de Lutero de los dos reinos y gobiernos de Dios en su forma original no es útil para aplicarse a nuestra situación directamente. Pero su modelo de la *"distinción a pesar de separación"* contiene diferenciaciones e impulsos valiosos

---

184 Tamayo, Modelos de relación, 30.

para determinar la posición de las iglesias y religiones en una sociedad moderna. Los más importantes son las limitaciones de cualquier poder, la constitución de un marco ético alrededor de subsistemas de la sociedad y el criterio de "lo que sirve para el bien común" como finalidad del discurso ético. Estos son logros indispensables para una ética de la sociedad.

12. La economía – La crítica de Lutero a la religión y al capitalismo[185]

12.1 La problemática

Protestantismo y economía – cuando se trata de determinar esta relación, sigue siendo predominante la antigua tesis del sociólogo alemán Max Weber, de que la ética protestante fue precisamente la que dio inicio al espíritu del capitalismo.[186] Weber sostuvo la opinión de que la ética del movimiento reformador que está orientada hacia el mundo, justifica el beneficio económico. Se refirió sobre todo al calvinismo con su famoso *"sylogismus practicus"*. Es la conclusión práctica del éxito en la vida terrenal sobre la predestinación, el ser elegido por Dios. En este sentido, la lucha por el éxito económico sería algo así como un aseguramiento propio de la salvación prometida. Sin duda, esto contradiría diametralmente la insistencia de la Reforma sobre la justificación solo por gracia. Sin embargo, hay características en la ética reformadora que sí han servido al espíritu del capitalismo, como por ejemplo una ética de trabajo disciplinada que busca estar a la altura de la vocación de Dios en una profesión particular. En general, sin embargo, la tesis de Max Weber ya debería de considerarse como refutada.[187] En su estudio

---

[185] Se trata de una versión acortada de mi artículo "Lutero y la economía: la crítica a la religión como crítica al capitalismo", en *Radicalizando la Reforma. Otra teología para otro mundo*, editado por Martin Hoffmann, Daniel Beros y Ruth Mooney. San José, Costa Rica: SEBILA, 2016, 237-268.

[186] Max Weber, *La ética protestante y el "espíritu" del capitalismo*, 3ª reimpresión. Traducido del alemán por Joaquín Abellán. Madrid: Alianza Editorial, 2004.

[187] Véase sobre todo la investigación decisiva de André Biéler, *Calvin's Economic and Social Thought*. Genf: World Council of Churches, 2005.

había llegado a deducciones demasiado simples sobre Calvino a partir de sus observaciones sobre el puritanismo calvinista del siglo XVII. Sin embargo, el efecto de su tesis se mantiene en gran medida sin oposición.

El filósofo Walter Benjamin dio un paso adicional en la determinación de esta relación. Ya en 1921 planteó en un pequeño fragmento de ensayo la tesis sobre el "capitalismo como religión". Sostuvo que: "El cristianismo en la época de la Reforma no favoreció el surgimiento del capitalismo, sino que se transformó en el capitalismo".[188] Con su tesis, Benjamim reconoció de manera temprana y astuta el carácter teológico del capitalismo. En lugar de un Dios, que es benevolente con su creación y destina a todos los seres humanos a ser su semejanza, se introduce en una manera extrema de capitalismo, en su forma neoliberal, "la mano invisible del mercado",[189] que con estilo divino controla los procesos económicos, más sin embargo hacia la maximización de beneficios de unos y el empobrecimiento de otros.

Si entonces se comparan ambas tesis desde la teología del primer reformador Martín Lutero, surge una imagen completamente diferente. Por un lado, la teología de la cruz de Lutero lo lleva a una crítica extremadamente aguda al capitalismo temprano de su época. Él reconoce claramente a través de los principios básicos de la nueva forma económica, principios que han tenido un impacto catastrófico en el capitalismo neoliberal de hoy. Precisamente fue

---

Además, Dieter Schellong, "Wie steht es um die 'These' vom Zusammenhang von Calvinismus und 'Geist des Kapitalismus'?" (*Paderborner Universitätsreden 47*). Paderborn: Univ.-Gesamthochschule, 1995.

Véase la evualación crítica a Max Weber de Franz Hinkelammert, *Las armas ideológicas de la muerte*, 2ª edición. San José, Costa Rica: Departamento Ecuménico de Investigaciones (DEI), 1981, 66-78.

188 Walter Benjamin, "Der Kapitalismus als Religion", en *Gesammelte Schriften*, Tomo VI. Editado por Rolf Tiedemann y Hermann Schweppenhäuser, Frankfurt/Main: Suhrkamp, 1985, 100-103.

189 Adam Smith, *La riqueza de las naciones,* Tomo II. Barcelona: Bosh, 1983, 191; citado por Franz Hinkelammert, "La deuda según Anselmo de Canterbury y su interpretación en el capitalismo moderno", en *Radicalizando la Reforma*, 116.

Karl Marx, quien primero reconoció este hecho. Describió a Lutero como el "economista alemán nacional más antiguo" y lo vio como un garante de su propia crítica al capitalismo.[190] Enfatiza que Lutero ya había comprendido en la fuente del capitalismo el principio fundamental de la "acumulación de capital". Por otra parte, la lógica de la cruz hace que Lutero cuestione fundamentalmente la lógica de la religión. Ambos están conectados, por lo cual sostengo la siguiente tesis:

Lutero se convierte en un crítico del capitalismo temprano, porque es un crítico de la religión.

A manera de demostración aporto lo siguiente:

12.2 La crítica de Lutero al capitalismo temprano

La crítica de Lutero a los procesos económicos y a los fenómenos de transformación del feudalismo a un sistema de capitalismo temprano puede ser considerada el hilo conductor de sus escritos políticos y sociales[191].

Ya en su texto reformatorio "*A la nobleza cristiana de la nación alemana: sobre el mejoramiento del estado cristiano*" de 1520, Lutero critica no solo el negocio con bienes de lujo sino también especialmente la "compra con intereses" (*Zinskauf*) como nuevo instrumento de explotación y de empobrecimiento.

Sus dos "*Sermones sobre la usura*", el llamado "pequeño sermón" de 1519[192] y el "gran sermón" de 1520, tratan sobre la avaricia, los intereses y la usura y denuncian los negocios públicos en el mercado y el comercio. Lutero reacciona con estos sermones a la situación

---

190 Karl Marx, *Grundrisse der Kritik der politischen Ökonomie*. Berlin: Akademie Verlag, 1953, 891.

191 Ver al respecto: Hans-Jürgen Prien, *Luthers Wirtschaftsethik*. Göttingen: Vandenhoeck & Ruprecht, 1992, especialmente 69-83. De este libro son los siguientes números de páginas en el texto.

192 Véase una selección del texto en Hoffmann, *La locura de la cruz*, 216-218.

cada vez más precaria de los campesinos. Como consecuencia de una serie de malas cosechas, por último, en los años de 1515 al 1519, los campesinos se habían visto obligados a tomar créditos, lo que en muchos casos llevó a que perdieran sus propiedades.

La prohibición medieval de cobrar intereses en el ámbito cristiano había comenzado a tambalearse. El derecho canónigo había prohibido los intereses por ser una forma de usura. Pero ahora la teología católica se comienza a adaptar a la nueva situación, en especial el antagonista de Lutero, Dr. Eck, y en su tradición la escuela de Tubinga, y declara aceptable cobrar hasta un cinco por ciento de intereses. En sus sermones, Lutero se dirige fundamentalmente contra la usura, tanto en la compraventa (capital comercial) como en el préstamo (capital monetario). Él se refiere especialmente a la "compra con intereses" (*Zinskauf*), un tipo de negocio de hipoteca. En este negocio el deudor daba una propiedad inmobiliaria como prenda de su crédito o cedía el usufructo de la misma, pero podía recuperarla pagando su deuda (62s.). Lutero lo declara una "cruel usura" ya que "el pobre pueblo es explotado y oprimido".

Aquí se aprecia claramente que Lutero considera que el mandamiento del amor al prójimo del sermón del monte también debe aplicarse a todos los actos económicos[193]. Al comienzo de su sermón, Lutero formula tres reglas que se derivan del texto de Mt 5.40-42: a los humildes se les debe dar gratuitamente; los préstamos deben ser sin intereses; y hay que dejar pasar en amor lo que se ha extorsionado violentamente. Su fundamentación es teológica: Dios es un Dios de los pobres y de los humildes. Por lo tanto, el culto verdadero consiste en dar y en prestar (sin intereses).

En 1524, Lutero se refiere nuevamente al tema económico y le agrega una primera parte a su *"Gran sermón sobre la usura"* con su

---

[193] Véase también Gerta Scharffenorth, "Die Bergpredigt in Luthers Beiträgen zur Wirtschaftsethik – Erwägungen zu einer Theorie ethischer Urteilsbildung", en *Den Glauben ins Leben ziehen … Studien zu Luthers Theologie*. München: Kaiser, 1982, 314-338.

escrito *"Comercio y usura"*[194], que analiza las prácticas comerciales. Los puntos centrales de la crítica de Lutero son los siguientes:

- *La fijación de precios* por gremios de comerciantes y cofradías: vender la mercancía al precio más alto posible se convierte en la finalidad principal de todo negocio. Según Lutero esto infringe la ley del amor cristiano y la ley natural, o sea la justicia y la equidad. Entonces, el precio de la mercancía no sólo debe justificarse legal sino también éticamente.

- *Los avales* permiten un flujo de dinero más constante, pero causan una red de dependencias. Lutero considera que los avales constituyen una infracción contra el primer mandamiento, ya que depositan la confianza en lo imprevisible y lo humano.

- El *préstamo económico* se orienta exclusivamente al beneficio propio, como se puede observar en los intereses que se cobran. Según la doctrina tradicional, prestar para obtener más o algo mejor no es otra cosa que "usura pública y maldita".

- múltiples *abusos y engaños*: la venta de mercancías a crédito con un determinado plazo de pago en vez de al contado, las operaciones comerciales especulativas a plazo, la venta monopólica de bienes, las ventas a bajo precio para dañar a los concurrentes más débiles, el abuso de estados de emergencia, la fijación de precios en cárteles, la participación empresarial con intereses fijos y la manipulación de mercaderías, medidas y pesos.

- En conclusión, la *formación de monopolios* sobresale como el mal principal. Estos monopolios comienzan a formarse con la creación de grandes sociedades comerciales que, como en el caso de la casa comercial Fugger, reúnen en una misma firma el naciente comercio global y el sistema bancario.

Las grandes sociedades obstaculizaban el sistema de pequeñas y medianas empresas y manufacturas. Lutero incluso llega a decir:

---

[194] Véase una selección del texto de Lutero en Hoffmann, *La locura de la cruz*, 218-21.

son "realmente un monopolio vanidoso. Oprimen y arruinan a todos los comerciantes más débiles, como el lucio a los pequeños peces en el agua".[195]

Ya en este escrito Lutero descubre el nexo estructural entre las diversas formas de capital (el comercial, el financiero y el productivo) y por lo tanto el paso de una economía de trueque feudal a una nueva era monetaria capitalista. Para él está claro que esto implica también una transformación social. Esto se demuestra cuando hace referencia, además de la consciencia y del amor cristiano, a la justicia y a la equidad como principios de la ley natural a los cuales debe someterse el comercio. Lutero teme el desarrollo hacia una economía financiera sin freno ni regulación, que amenaza con destruir la sociedad. Por eso puede exigir que la autoridad pública se oponga activamente a la manipulación de precios y a la explotación: para orientar el comercio al bien común es necesaria la regulación estatal, por ejemplo, en la fijación de un marco de precios adecuado (equidad). Aquí Lutero está anticipando el concepto de la responsabilidad social de la empresa.

En su *"Catecismo Mayor"* del año 1529 Lutero profundiza aún más su análisis y relaciona al principio el problema económico con el séptimo mandamiento «no hurtarás». Para él las prácticas comerciales mencionadas no son otra cosa que ejemplos concretos de hurto.

> Porque, repitámoslo, hurtar no consiste meramente en el hecho de vaciar cofres y bolsillos, sino que también es [...] en todas las partes donde se comercia recibiendo o dando dinero a cambio de las mercancías o en pago de trabajo. [...] Lo mismo, además, sucede con más fuerza e intensidad en el mercado y en los negocios comunes, donde uno trata de engañar al otro públicamente, mediante mercancías, medidas, pesas y monedas falsas y con embustes y extrañas astucias o malévolas tretas de explotación[196].

---

195 Lutero, *Comercio y usura,* 221.

196 *Catecismo Mayor,* El septimo mandamiento, en *Obras de Martín Lutero V,* 79-81 y en Hoffmann, *La locura de la cruz,* 223.

En consecuencia, el *Catecismo Mayor* transfiere los asuntos económicos del séptimo al primer mandamiento "Yo soy El Señor, tu Dios. No tendrás dioses ajenos delante de mí"[197]. La economía se transforma entonces con el concepto de "Mammón" en un problema del ámbito de Dios. Pasa de ser un problema ético a un problema teológico. Lutero se opone a las presiones sistémicas del capitalismo sometiéndolo a la crítica del mandamiento divino. Esas prácticas económicas son idolatría pura, porque la mayoría de las personas desprecian a Dios y siguen al Mammón y veneran su propia justicia:

> Algunos piensan tener a Dios y a todas las cosas en abundancia, cuando poseen dinero y bienes. En esto se confían y se engríen de tal modo, con tal firmeza y seguridad en lo que tienen que para ellos nada hay que valga la pena. Observad, tal persona tiene ya también un dios que se llama Mammón, esto es, el dinero y los bienes en que tal persona ha puesto su corazón. Por lo demás, este es el ídolo más común en el mundo[198].

Aquí se reconoce y se denuncia claramente la explotación capitalista: el egoísmo absoluto y la búsqueda del propio beneficio. Esto caracteriza a la persona que pone su confianza en sí misma y que se convierte a sí misma en dios. Porque en lo que una persona confía y en lo que se fía, ahí está su Dios.

En el año 1539 Lutero retoma en detalle el tema económico en su advertencia "*A los pastores, que prediquen contra la usura*"[199]. Lo

---

[197] Lo siguiente se basa especialmente en Friedrich-Wilhelm Marquardt, "Gott oder Mammon aber: Theologie und Ökonomie bei Martin Luther", en: *Einwürfe*, Tomo 1, editado por F.-W. Marquardt, D. Schellong y M. Weinrich. München: Kaiser, 1983, 176-216.

[198] *Catecismo Mayor*, El primer mandamiento, en *Obras de Martín Lutero V*, 45s. y en Hoffmann, *La locura de la cruz*, 222.

[199] WA 51, 331-424. Traducido por Dámaris Zijlstra Arduin en Hoffmann, *La locura de la cruz*, 225-230. Una transcripción al alemán contemporáneo se encuentra en: Günter Fabiunke, *Martin Luther als Nationalökonom*. Berlín (DDR) 1963, 193-230.

novedoso de este escrito no consiste en el análisis que realiza, sino en la exigencia a los predicadores y a sus congregaciones de tomar postura frente a los cambios en la economía y en sus prácticas.

- Lutero exige la excomunión por motivos económicos. Los pastores no deben dar la absolución ni los sacramentos si un usurero rechaza la palabra de Dios y se separa totalmente de la Iglesia, cobrando intereses de forma notoria.

- Lutero también exige que los sermones se dirijan claramente contra los poderosos. Él les recuerda que los sermones de todos los profetas se dirigían mayormente contra las personas más importantes y que en el Evangelio Cristo era una persona humilde, insignificante y sin embargo se dirigía a los sumos sacerdotes.

- Finalmente, Lutero desarrolla la idea de que la congregación cristiana en sí misma está destinada a existir como sujeto económico independiente. Para él la congregación es aquella parte de la sociedad en la que se presta evangélica y gratuitamente y donde se comercia con dinero o mercancías. Esto significa ni más ni menos que Lutero considera a la congregación como sujeto social anticapitalista e independiente, que se opone a las presiones del sistema.

Lutero se orienta para esto, siempre teniendo presente la muerte de Cristo, a los pobres. Ellos son para Lutero la norma que debe ser tomada en cuenta por la congregación cristiana contra el creciente capitalismo.

12.3 La crítica a la religión como crítica económica

A la luz de la crítica fundamental de Lutero surge la pregunta acerca de las circunstancias que le posibilitaron analizar los principios centrales del capitalismo y sus consecuencias en un estado tan temprano.

Los descubrimientos reformatorios de Lutero fundamentan una *gramática teológica totalmente nueva* a la luz de la cual puede ser vista y comprendida la vida. Esta gramática lleva inicialmente a la ruptura con la lógica religiosa a la que él se enfrentó en las esferas de influencia de la Iglesia católico-romana. Al mismo tiempo incluye también la ruptura con la lógica económica del capitalismo temprano, que arroja analogías sorprendentes. Lutero se convierte en un crítico del capitalismo temprano porque es un crítico de la religión, por lo menos en su forma institucionalizada.

Esta hipótesis se basa en dos observaciones: por un lado, la conexión estructural y lógica entre la economía y la religión, y por otro la reformulación del Evangelio que realiza Lutero.

De hecho, ya desde la Antigüedad se pueden observar coincidencias entre religión y economía[200]. El denominador común consiste en la comunicación o el intercambio de contenidos. Los contenidos religiosos actúan como intermediarios entre la realidad transcendental y la inmanente. Comunican una realidad con la pretensión ser la realidad última. Esta realidad se representa por medio de signos y fundamenta juicios valóricos que guían el actuar las personas aludidas.

La magia arcaica pasa cada vez más a ser una religiosidad institucionalizada que define las reglas del intercambio comunicativo con la dimensión divina. Así es que se forma un monopolio de la transmisión de contenidos. Mediante magia, ritos, oración y meditación el creyente puede participar en lo transcendental. Sin embargo, si la respuesta no llega y por lo tanto crece el miedo a una respuesta, comienza el regateo calculado sobre los derechos y los deberes divinos. Como moneda de trueque, el ser humano primero se entrega a sí mismo como ofrenda, luego a un animal y finalmente entrega dinero. En la comunicación se encuentra siempre la amenaza de la pérdida de la salvación y la vida. Los mediadores de tal verdad buscan una posición dominante

---

[200] Véase por ejemplo Jochen Weiß, *MAMMON. Eine Motivgeschichte zur Religiosität des Geldes*. Saarbrücken: VDM Verlag Dr. Müller, 2007. Aquí sigo su argumentación.

en este proceso comunicativo. La religión se convertirá en una (y en la más importante) instancia legitimante. Se genera entonces una interacción entre religión y dominio: La religión es utilizada una y otra vez para legitimar el dominio, y recurre por otra parte al dominio para imponerse. Es exactamente a esta lógica que Lutero se opuso cuando atacó el sistema de poder de la iglesia católica.

Pero a la vez es la lógica económica fundamental. Aquí también se trata de relaciones de trueque, el regatear por ganancias y pérdidas, el alcanzar beneficios, una unidad interactiva, posiciones monopolizadas y un mercado con reglas propias a su naturaleza. Con el nacimiento de las transacciones por dinero y la acuñación de moneda, la religiosidad deja atrás a los dioses. En este proceso juegan un rol fundamental los templos y sacerdotes. El reemplazo del sacrificio animal por un sacrificio de dinero, especialmente oro y plata, les concede a estos un significado religioso. El pago de impuestos en los templos convierte a los servidores de Dios en los primeros economistas. Ahora el sacerdote, en vez de recibir una parte de la carne sacrificada, recibe el pago de intereses. El dinero adquiere la inmortalidad divina y ya no se limita al negocio del trueque. Suministra motivación ética, concretamente el afán de ganancias, y pautas de acción, esto es, el actuar económico. Al prometer prosperidad y salvación, la economía gana carácter ideológico.

El Mammón instala esta ideología, se apropia del poder explicativo de religión y genera sus propios dogmas: el dogma del mercado omnipotente, el dogma del libre juego de las fuerzas del mercado, el dogma de la separación entre ética y economía científica, el dogma del *homo oeconomicus* racional y el del crecimiento ilimitado. La fe en la fuerza salvífica y sanadora del mercado es la nueva religión y su omnipotente e incuestionable dios se llama *Mammón*. Las tendencias religiosas del capitalismo están completamente a la vista. A partir de ahí, se puede sacar la conclusión: el que rompe con la lógica central de la religión, también rompe con el capitalismo. Eso hace Lutero.

12.4 La lógica teológica en contra de la lógica económica de la religión

Ya los primeros descubrimientos reformadores de Lutero, especialmente la justificación del pecador sólo por la fe, lo llevaron a romper profundamente con la lógica económica de la religión. Esta lógica fracasa frente a tres descubrimientos centrales de la teología de la Reforma.

- ¿Justificación a medida o justificación por gracia?

La justificación sólo por gracia se opone a la cuantificación de la gracia. Esto destruye todo intento de equilibrar culpa y expiación y calcular compensaciones humanas[201].

Por eso mismo, ya las 95 Tesis de Lutero[202] fueron una puñalada al corazón del catolicismo y no tanto porque en ellas por primera vez y de forma realmente moderada se manifestara la crítica al Papa, sino más que nada porque al rechazar el sistema de indulgencias, Lutero rompe con esa idea cuantificadora y por lo tanto con la lógica que une Iglesia y economía.

- El ser humano: ¿un ego solipsista o un ser en relación?

Ya desde Descartes, la condición de la lógica económica moderna se encuentra en el esquema de la subjetividad que consiste en la separación del "yo" y el "tú". Sin embargo, si según Lutero el proceso de llegar a ser un sujeto ocurre en la fe y como ser en Cristo y en el

---

201 El surgimiento de dinero, deuda y leyes se observa a la luz de la formación de sociedades arcaicas y sus nuevas clases sociales del sector militar y administrativo. En ese proceso juegan un papel central los funcionarios del templo. Ellos crearon un sistema estandarizado de cómputo y comenzaron a calcular: tasas, alquileres, arrendamientos y préstamos/créditos. Con el dinero como moneda de trueque, también aparecen las deudas y exigencias de intereses. Véase para esto Duchrow, *Gieriges Geld*, 18s. Él se basa en la investigación de David Graeber, *Schulden. Die ersten 5000 Jahre*. Stuttgart: Klett Cotta, 2012.

202 Martín Lutero, "Disputatación acerca de la determinación del valor de las indulgencias [Las 95 tesis]" (1517), en *Obras* I, 7. Las siguientes tesis son de este escrito, 7-15.

prójimo, entonces no puede organizarse la vida social, política y económica según el modelo de la competencia. La autonomía del sujeto proclamada por la Modernidad incluye, desde la perspectiva reformada, la libertad y la responsabilidad.

Lutero determina al sujeto a partir de las dimensiones básicas de su relación con Dios y con el mundo, expresadas mediante la fe y el amor. Sin embargo, ser sujeto no debe ser limitado al ámbito personal. Como Lutero desarrolla su ética en el marco del esquema contemporáneo de los tres estamentos y describe así las obras de Dios en las instituciones iglesia, Estado y economía, el criterio del amor al prójimo como obra de solidaridad tiene importancia estructural. Es decir, una economía que sirve a la vida requiere estructuras solidarias.

• ¿Racionalidad económica o *ratio crucis*?

La pretensión de racionalidad de la economía moderna y el propio concepto de racionalidad deben ser cuestionados a partir de la teología de la cruz de Lutero y su lógica interna.

"Tradicionalmente, la economía es definida como la doctrina de los *actos racionales*"[203]. Se considera un accionar racional "obtener el máximo beneficio a partir de recursos limitados, o dicho de otra manera, alcanzar un objetivo determinado con un mínimo uso de recursos"[204], esto es con un uso eficiente de los recursos. La *ratio* no es finalmente otra cosa que la razón calculadora.

La persona que actúa racionalmente, el *homo oeconomicus,* se convierte en el ideal de la economía. Para eso es esencial la transformación del sujeto mismo que actúa: no solamente saca cuentas y hace cálculos, sino que en cierto sentido él mismo se convierte en una máquina calculadora, o sea, en un ser humano pensador-

---

[203] Karl-Heinz Brodbeck, *Die fragwürdigen Grundlagen der Ökonomie. Eine philosophische Kritik der modernen Wirtschaftswissenschaften*, 6ª edición. Darmstadt: Wissenschaftliche Buchgesellschaft, 2013, 188. Véase para lo siguiente el cap. 5: Rationalität, 188-257.

[204] Ulrich, *Zivilisierte Marktwirtschaft,* 19.

calculador. Max Weber describe su carácter con el término *"Kaufmannsseele"* (alma de comerciante) y esboza su camino histórico como "fantasma del capitalismo".

Esta manifestación de racionalidad genera el esquema de pensamiento económico del «cuanto más, mejor». Sin embargo, igualar racionalidad y cálculo priva a la razón humana de dimensiones esenciales.

Por el contrario, el *concepto razón de Lutero* sigue su teología de la cruz. La misma revela a la *ratio* humana como auto-imposición. Su egoísmo apartado de Dios tergiversa las dimensiones centrales de la vida: la referencia hacia sí mismo, hacia los demás y hacia Dios. En vez de estar a favor de la vida, la persona se adueña de todo: razón, amor, ley y Dios. Los transforma en un medio para su auto-formación y auto-afirmación. Al mismo tiempo vive pensando que justamente de esta forma puede llegar a ser uno consigo mismo. La suposición de que el ser humano pueda ser idéntico consigo mismo y dirigido por la razón, y de que pueda dirigirse libremente a su verdadero destino se revela como ilusorio en la cruz, según Lutero.

La teología de la cruz rompe con la lógica cotidiana cuando ve en la humanidad (de Jesús) lo divino, en la debilidad la fortaleza, en la impotencia la omnipotencia y en la necedad de estos actos la sabiduría última. La realidad en su conjunto adquiere entonces un nuevo significado a la luz de la cruz. Lo paradójico y provocador consiste en descubrir la verdadera humanidad en una persona despreciada y torturada. La cruz como perspectiva que nos permite acceder a la realidad significa finalmente entender a la humanidad desde el margen del consenso dominante. En cambio, el mensaje de Jesús apunta justamente al margen de la sociedad, él descubre y concede dignidad humana a los pobres, a los de corazón roto, a los cautivos, los ciegos, los oprimidos (Lc 4.16-21).

En la crítica a esa forma de pensar religiosa es que se fundamenta a su vez la crítica a la economía. Esta sigue la misma matriz de pensamiento cuando exige seguir la lógica materialista de la razón económica, separándola al mismo tiempo de las cuestiones del sentido y de la legitimación. Cae automáticamente en la proyección de la "mano invisible del mercado" que todo lo dirige y la autonomía de la racionalidad económica reemplaza automáticamente otras ideas normativas de economía, como el servicio a la vida, según el lema de que "es razonable lo que es rentable". Esta se decide, siguiendo la lógica de la teología de la cruz, no por el beneficio del accionista, sino por los "márgenes del mercado"[205], o sea, considerando cuánta "vida plena", cuánta justicia y cuánta solidaridad se tenga con los perdedores del mercado.

12.5 Conclusión

Comprender a Lutero como crítico del capitalismo temprano solo puede significar denunciar con él la lógica de los actos económicos y confrontarla con la gramática bíblica de la vida que surge de su re-descubrimiento reformatorio.

Los pilares de este concepto son la justificación solo por la fe, el concepto del ser humano como ser relacional y la cruz como opción por la solidaridad para con los débiles. Esta perspectiva denuncia la lógica material neoliberal de la economía del mercado, con sus principios de eficiencia, competencia y mercado total, como una lógica contraria a la vida y auto-destructiva. El concepto reformador del ser humano y de una economía que sirva a la vida se dirigen en contra de eso, proclamando la libertad del sujeto actuante aunada a la responsabilidad por una convivencia en justicia que preserve los medios de vida para todos. Es por esto que también desde el punto de vista teológico debe exigirse la primacía de una

---

205 Esta idea ética-económica de Peter Ulrich se corresponde de forma llamativa con la lógica de la teología de la cruz de Lutero, que convierte a los débiles, los invisibles, los sufrientes, o sea a todos los que viven a los márgenes del mercado, en criterio de sabiduría y justicia, o en palabras de Ulrich: en criterio de una vida plena y una convivencia en justicia. Véase *Zivilisierte Marktwirtschaft,* 167-176.

ética política y de instituciones políticas[206] que conecten el sistema económico con un orden integral a favor de la vida. Las cuestiones claves se resumen en este sentido a las preguntas clásicas acerca del concepto que tiene una sociedad (y también una sociedad mundial) sobre la vida plena y sobre la convivencia en justicia, respetando la dignidad humana y el derecho de la naturaleza. Las señales de alarma de Lutero a principios de la época Moderna contra este trágico desarrollo deberían ser escuchadas para poder abrir las puertas a un discurso vital.

13. El Medio Ambiente como problema teológico-espiritual[207]

13.1 La problemática

No hay duda de que el mundo se enfrenta a graves problemas ambientales y que los mismos son cada vez más apremiantes. La amenaza a los recursos naturales básicos se convierte en una cuestión de supervivencia tanto para la presente generación como para las futuras. La lista de estos problemas parece ser interminable. Los tres más explosivos son:

• **El cambio climático**

Bajo clima se entiende "la totalidad de los estados del tiempo medidos durante cierto período, incluidos los extremos que ocurren en ese lapso".[208] Este clima es transformado por la intervención humana y por influencias externas tales como erupciones

---

206 Véase Enrique Dussel, *20 Thesen zu Politik*, mit einem Geleitwort, editado por Ulrich Duchrow, Münster: LIT Verlag, 2013.

207 Este capítulo se publica al mismo tiempo en *Vida y Pensamiento* (Revista teológica de la Universidad Bíblica Latinoamericana) 39, no. 1 (2019).

208 Hartmut Grassl, Art. "Klimaveränderung", en *Lexikon der Bioethik*, Bd. 2, Gütersloh: Gütersloher Verlagshaus, 1998, 392; citado según *Handbuch der Evangelischen Ethik*, editado por Wolfgang Huber, Torsten Meireis, Hans-Richard Reuter. München: C.H.Beck, 2015, 683.

volcánicas o fluctuaciones en la energía solar. La problemática del cambio climático natural surge por un exceso de impacto humano. En particular, el rápido aumento de las emisiones de gases de efecto invernadero, como el dióxido de carbono (CO_2), el metano (CH_4) y el hidrofluorocarbono (HFC) desestabilizan el equilibrio. Si bien los gases de efecto invernadero existentes son necesarios para el calentamiento global porque ralentizan la reversión de la radiación solar, su incremento por emisiones adicionales causa el calentamiento global. Si a medida que la temperatura promedio del planeta continúa aumentando e incluso se derrite la cubierta de hielo en los polos, el ecosistema del planeta se encuentra frente a un cambio catastrófico.

Las estadísticas demuestran, que por ejemplo el nivel de dióxido de carbono en la atmósfera ha aumentado en un 40% en comparación con la concentración preindustrial. Por lo tanto, internacionalmente se fijó el objetivo de limitar el calentamiento global por debajo del 2% en comparación con los niveles preindustriales. Las consecuencias de un mayor calentamiento pondrían en peligro la biodiversidad de los animales y las plantas, la nutrición mundial y la seguridad global. El hambre, la pobreza y la sequía, así como las guerras climáticas, especialmente por el agua, ya se pueden anticipar hoy en día.

• **El crecimiento de la población**

La población de la tierra va en aumento, no así los recursos para sus necesidades de nutrición y energía. El uso indiscriminado de los recursos priva a la tierra y a la población de sus medios de vida y conduce a una enorme contaminación ambiental. La contaminación del aire y la eliminación de desechos - especialmente los desechos nucleares - amenazan la vida incluso de las generaciones futuras.

• **La deforestación del bosque lluvioso**

Con la deforestación, no solo se pierden vastas cantidades de tierra fértil por los deslaves, sino que también aumenta el efecto invernadero a medida que se absorbe menos dióxido de carbono por los árboles. Se destruye el llamado "pulmón de la tierra".

13.2 Los poderes estructurales y la obsesión humana

A pesar de lo evidentes que resultan los hallazgos científicos, y a pesar de lo lógicas que son las consecuencias, todavía existen en el mundo occidental personas que niegan el cambio climático y se continúa descaradamente con la explotación industrial de la naturaleza, sin consideración de las consecuencias para el presente y el futuro. Por lo tanto, la problemática del medio ambiente no es solamente una cuestión acerca de la ética ambiental apropiada, es decir, qué hacer o qué no hacer, sino en primera instancia es la pregunta:

¿Qué impide la comprensión y un cambio de este comportamiento?

Es la cuestión de los poderes que tienen un efecto estructural y la pregunta acerca de las obsesiones que no permiten que las personas se desvíen de este camino de explotación de la naturaleza. Una nueva y determinada ética ambiental solamente logrará prevalecer si se aborda la pregunta sobre los poderes. Estas preguntas tienen calidad teológica-espiritual. Para buscar explicaciones o soluciones, a menudo es aconsejable volver a la fuente de los problemas. El origen a menudo ya contiene el potencial de solución incluso en su núcleo.

Dos breves ensayos del teólogo Paul Tillich en los años 60 del siglo pasado[209], o sea antes de la primera alerta del Club de Roma en 1972, que dramatizó los peligros del progreso tecnológico, ofrecen tres indicaciones notables, que se detallan a continuación: "El descubrimiento de la horizontalidad" (23), "La pérdida de la dimensión vertical" (32) y "La historia de la salvación para el universo" (36).[210]

---

209 Paul Tillich, "Los efectos de la investigación espacial sobre la condición y los alcances del hombre", en *El futuro de las religiones*, traducido del inglés por Ricardo Marcelo Iauk. Buenos Aires: La Aurora, 1976, 20-42. Y Paul Tillich, "También la naturaleza se lamenta por un bien perdido", en *Se conmueven los cimientos de la tierra*. Barcelona: Ariel, 1968, reimprimido en Roy May, *Ética y Medio Ambiente. Hacia una vida sostenible*. San José, Costa Rica: Departamento Ecuménico de Investigaciones (DEI), 2004, 147-155.

210 Los números de página en el texto se refieren al ensayo *Los efectos* de Tillich mencionado arriba.

Estas indicaciones, las cuales se explican más adelante, adquieren actualidad y explosividad cuando se combinan con el discurso bíblico de poderes y fuerzas, que de manera pionera describió el teólogo estadounidense Walter Wink. Para él los "poderes" son el lado interno espiritual de cada situación material y de cada institución humana.

> Los poderes de este mundo son más que sólo las personas que están a cargo. Son los sistemas mismos, las instituciones y las estructuras las que entrelazan a la sociedad en una red compleja de poder y relación[211].

En ellos impera un cierto espíritu, que también se siente de manera notoria. No se trata en principio de poderes buenos o malos. Se trata de poderes que son fieles en su vocación a la creación de Dios, y poderes que han caído y por tanto se han vuelto "demoníacos". Siendo así, también pueden ser redimidos, o sea, ser transformados. Ante este trasfondo vuelve a surgir la pregunta con respecto a la problemática ambiental: ¿cuáles poderes están obrando - posiblemente son los demoníacos, que promueven descaradamente la destrucción del medio ambiente - y cómo pueden ser redimidos o transformados?

- **El paradigma de la era moderna**
  – el poder que gobierna el pensamiento

Tillich describe el paradigma de la modernidad, sin usar este término, con el descubrimiento de la horizontalidad. Con esto se refiere a un patrón básico de percepción y construcción de la realidad. Históricamente, el pensamiento griego antiguo, descubre un patrón circular de pensamiento que apuesta al regreso de lo mismo, un patrón vertical de pensamiento al final de la antigüedad y la Edad Media que trasciende el mundo hasta llegar a Dios y, al comienzo del Renacimiento, el patrón horizontal de pensamiento, que comprende el mundo bajo las perspectivas de metas, desarrollo y progreso.

---

211 Walter Wink, *Verwandlung der Mächte. Eine Theologie der Gewaltfreiheit.* Regensburg: Friedrich Pustet, 2014, 19.

> Podemos expresar esto por medio de tres símbolos geométricos: el círculo, para representar la realización de la vida dentro del cosmos y sus potencialidades – según aparece en la Grecia clásica; la línea vertical, como el esfuerzo vital hacia aquello que trasciende el cosmos, es decir, el Uno Trascendente, es ser y significado último, tal como aparece al final de la Edad Antigua y durante la Edad Media. Y por último, la línea horizontal, o tendencia al control y transformación del cosmos al servicio de Dios o del hombre, según la hallamos en el período que parte del Renacimiento, la Reforma y el Iluminismo.[212]

La base de este paradigma moderno, como habría que explicar con más detalle, es la figura básica de la subjetividad, la división entre el Yo y el Tú. En el interés de permitir que el sujeto actuante se vuelva autónomo, se desprende de sus vínculos con un Dios trascendente, pero también con su prójimo. Este desprendimiento del ser sucede fundamentalmente en la filosofía de Descartes. Él formula la

> dualidad de *res cogitans* y *res extensa*, el ego cognitivo y el mundo corporal. Este mundo corporal era ahora todo lo que debería estar fuera del pensamiento. Todo - la naturaleza, otros seres vivos y el cuerpo humano - se convirtió en el mundo del cuerpo. Y este mundo corporal por su parte, lo reconstruyó a través de un diseño imaginario, en forma de una máquina. [...] En este concepto de realidad, sin embargo, ontológicamente se presupone la separación del objeto, el cual a la inversa es solo un objeto debido a la separación. Pero la verdad es, que esta separación es totalmente imposible ... Lo que Descartes por lo tanto establece y presupone categóricamente como una separación ontológica, en realidad es una ficción pura. Esta ficción contiene un acto de violencia, como en toda separación exitosa. [...] Cuando la separación entre sujeto y objeto se declara como un principio metodológico general, el científico que sigue este método, lleva a cabo una y otra vez un acto de violencia al colocarse al lado de y por encima de otros, de los cuales sin embargo es completamente dependiente en su pensar y hablar y en su reproducción corporal. En virtud de esta premisa ontológica, la forma científica cartesiana establece las "ciencias sin el Tú".

---

212 Tillich, *Los efectos*, 23.

> [...] Es una forma de pensamiento sin diálogo, una renuncia metódica a la "participación", lo cual es empíricamente imposible y, por lo tanto, metodológicamente no tiene ningún sentido. [...] La noción ética de esta forma de ciencia es su falta estructural de compasión"[213].

Pero la devaluación del otro como simple parte del mundo material trajo consigo consecuencias devastadoras para el hombre y la naturaleza. Durante la conquista se les negó el alma humana a los indígenas, legitimando así la opresión y el exterminio. Enrique Dussel llega a la conclusión de que al "Yo pienso" de Descartes le sigue automáticamente el "Yo conquisto".[214] Esta interpretación permitió degradar la naturaleza a un mero objeto de la explotación y maximización de beneficios.

El paradigma de la modernidad domina el pensamiento y la actuación hasta nuestros días. Por una parte, son indiscutibles los enormes logros en la llamada era de la modernidad tanto en la ciencia, la tecnología, el estado, la sociedad y el derecho, como por ejemplo el desarrollo en el campo médico, la democratización y los derechos humanos. Sin embargo, saltan a la vista por otra parte los lados oscuros. Hans Küng resume las preguntas críticas a la modernidad:

> - Se dio un progreso de la **investigación científica** en todos los campos. Pero ¿dónde quedó el **progreso moral** simultáneo capaz de impedir el abuso de la ciencia (por ejemplo, en física, química y biología)?
>
> - Se desarrolló una muy eficiente **gran tecnología** mundial. Pero no en igual medida la **energía espiritual** capaz de poner bajo control los riesgos de la tecnología perceptibles por doquier.
>
> - Se llegó a una **economía** que operaba y se expandía por todo el mundo. Pero ¿cuáles son los recursos de la **ecología**

---

213 Karl-Heinz Brodbeck, *Die Herrschaft des Geldes. Geschichte und Systematik*, 2ª edición. Darmstadt: Wissenschaftliche Buchgesellschaft, 2012, 59-61.
214 Enrique Dussel, *Filosofía de la liberación*. Bogotá: Universidad Santo Tomás, 1980, 13.

para hacer frente a la destrucción de la naturaleza, también de dimensión mundial, ocasionada por la industrialización?

-En el curso de un desarrollo complejo la **democracia** se impuso de forma lenta también en muchos países no europeos. Pero no se impuso una **moralidad** que reaccionara contra los masivos intereses de poder de los diversos hombres y grupos de poder.[215]

Luz y sombra bajo este "poder del pensamiento" designa la "dialéctica de la iluminación". En la modernidad, la orientación originalmente emancipadora de la Ilustración hacia la razón autónoma, hacia el progreso y la libertad del ciudadano, se transforma unilateralmente, es decir, económicamente: la razón práctica se convierte en cálculo preciso, el progreso se convierte en crecimiento económico y la libertad de los ciudadanos se convierte en el libre mercado.

La forma en que este paradigma domina el pensamiento y la acción, y cómo controla la economía y la política, queda clara al observar la negativa permanente de algunos estados, así como de corporaciones transnacionales de cumplir con los objetivos climáticos y reducir drásticamente las emisiones contaminantes. Los patrones de pensamiento horizontal (Tillich), el paradigma de la modernidad, es uno de los poderes que bloquean un cambio de sentido y política. Representaría un paso importante el calificar teológicamente el lado oscuro de este paradigma: como un poder hostil y diabólico que se opone a la buena creación.

• **La idolatría – el poder que desfigura la fe**

En su ensayo *"Los efectos de la investigación espacial"*, Tillich habla sobre la pérdida de la orientación vertical del pensamiento tras el Renacimiento y la Ilustración. No se queja del dominio perdido de las verdades religiosas sobre las verdades racionales en un sistema doctrinario. Más bien, recuerda, en previsión profética, que la razón autónoma de los tiempos modernos no es tan autónoma

---

[215] Hans Küng, *El Cristianismo. Esencia y historia*, 4ª edición. Madrid: Trotta, 2006, 769.

como parece. Con qué facilidad se transforma en una razón instrumental y calculadora, que sirve a intereses muy diferentes a los de la humanidad del ser humano. Al servicio de una economía de mercado, se convierte en un mero cálculo de eficiencia y beneficio. La racionalidad económica desarrolla un poder del que ni la política, y menos la política nacional, ni el derecho ni la religión institucionalizada pueden escapar. Se convierte en el pilar de un sistema de poder.

Este proceso también tiene una dimensión teológica, porque no se trata simplemente de una secularización de la razón, sino que cae bajo un nuevo poder casi como un sustituto de la religión. El reformador Martín Lutero reconoció esta situación muy astutamente ya en el siglo XVI al comienzo del capitalismo mercantilista. En su crítica de la economía, azota sus principios básicos. En su *Gran Catecismo*, una especie de doctrina condensada de la fe, trata además el tema en relación con el primer mandamiento: "Yo soy El Señor, tu Dios. No tendrás dioses ajenos delante de mí". La economía se transforma entonces con el concepto de "Mammón" en un problema del ámbito de Dios. Pasa de ser un problema ético a un problema teológico. Lutero se opone a las presiones sistémicas del capitalismo sometiéndolo a la crítica del mandamiento divino. Esas prácticas económicas son idolatría pura, porque la mayoría de las personas desprecian a Dios y siguen al Mammón y veneran su propia justicia:

> Algunos piensan tener a Dios y a todas las cosas en abundancia, cuando poseen dinero y bienes. En esto se confían y se engríen de tal modo, con tal firmeza y seguridad en lo que tienen que para ellos nada hay que valga la pena. Observad, tal persona tiene ya también un dios que se llama Mammón, esto es, el dinero y los bienes en que tal persona ha puesto su corazón. Por lo demás, este es el ídolo más común en el mundo[216].

---

216 Martín Lutero, *Catecismo Mayor*, en *Obras de Martín Lutero*, Tomo V, ed. por Carlos Witthaus y Manuel Vallejo Díaz, Buenos Aires: Paidós/El Escudo, 1971, 45s.; y también en Martín Hoffmann, *La locura de la cruz. La teología de Martín Lutero. Textos originales e interpretaciones*. San José, Costa Rica: DEI, 2014, 222.

Aquí se reconoce y se denuncia claramente la explotación capitalista: el egoísmo absoluto y la búsqueda del propio beneficio. Esto caracteriza a la persona que pone su confianza en sí misma y que se convierte a sí misma en dios. Porque en lo que una persona confía y en lo que se fía, ahí está su Dios.

Cuando el capital se convierte en el Dios *Mammón* y toma el lugar del Dios del Antiguo y Nuevo Testamento, se trata precisamente de esa idolatría que debe evitarse en el primer mandamiento. De la pregunta del primer mandamiento depende lo humano en la vida humana y natural. Con su tesis de "En aquello en que tengas tu corazón, digo, en aquello en que confíes, eso será propiamente tu Dios", Lutero formula la pregunta decisiva de cuáles valores finales determinan a la sociedad o, en otras palabras, cuáles perspectivas son exitosas en el discurso social para una vida humana.

De cara al cambio climático y a la destrucción del ambiente, la alternativa descarada "El Dios de la vida y los ídolos de la muerte", adquiere una nueva agudeza.[217] Pablo Richard define de manera inconfundible la conexión entre la acción económica y la orientación espiritual: *"La destrucción del "cielo" y la destrucción de la "tierra" son una misma destrucción"*[218]. La idolatría en forma de falacia y fe en el mercado, como el poder que desfigura la fe, tiene - en palabras de Tillich - un efecto demoníaco sobre el trato del medio ambiente.

• **La codicia que gobierna el deseo**

Siguiendo el análisis de Tillich, con la desaparición de la orientación vertical del pensamiento, la pregunta hacia el sentido de la vida y el potencial crítico de esta dimensión de la vida también se pierden:

> Sin embargo, este triunfo de la horizontalidad plantea serios problemas más espirituales que se resumen en la pregunta

---

217 Vgl. Pablo Richard, "La teología en la teología de la Liberación", en *Mysterium Liberationis. Conceptos fundamentales de una Teología de la Liberación*, Tomo I, editado por I. Ellacuría / J. Sobrino. Madrid: Trotta, 1990, 206.

218 Pablo Richard, *Fuerza ética y espiritual de la Teología de la Liberación en el contexto actual de la globalización*. San José, Costa Rica: Departamento Ecuménico de Investigaciones (DEI), 2004, 100.

> básica: "¿Para qué?" Mucho antes de que se trascendiera la órbita terrestre, la pregunta "¿Para qué?" ya fue formulada con gran seriedad y preocupación, en relación con la interminable producción de implementos: máquinas, herramientas y artefactos. Surgió la raíz de la cuestión acerca del sentido de la vida; y se la ha planteado siempre y cuando la actitud de la civilización moderna hacia la tecnología y los negocios estuvo sujeta a la crítica profética, sea en términos religiosos o seculares.[219]

Sin una corrección de parte de la orientación vertical, la alineación horizontal rápidamente desarrolla su potencial demoníaco. Tiene un nombre: codicia. La forma en que adquiere poder sobre la voluntad del hombre es descrita por Franz Hinkelammert en su análisis de la comprensión de la ley de Pablo.[220] En la carta a los Romanos, Pablo cita los mandamientos, que también son reglas comunes de comportamiento para los no judíos, porque de lo contrario la coexistencia social resultaría imposible: "*No adulterarás, no matarás, no robarás, no codiciarás y todos los demás preceptos* (Ro 13.9-10)" (75). Pablo hace referencia sobre todo a la segunda tabla de los mandamientos – los mandamientos cuatro a diez – para explicar lo que quiere decir con la ley natural, la cual también esta esculpida en el corazón de los paganos. Estas son las reglas básicas para la convivencia humana, incluso en una banda de ladrones, como afirmó Platón. De estos mandamientos, los primeros pueden ser formalizados, p.ej. en un Código Civil, pero no así el último, el décimo: No codiciarás. De ahí que Hinkelammert piensa que este mandamiento es el más importante para Pablo, porque el deseo es el poder que puede someter al resto de los mandamientos y a la voluntad de cumplirlos. La injusticia no solamente se da en la transgresión de los mandamientos, sino también de manera mucho más sutil, en el cumplimiento de la ley, pero sujeta al deseo. De allí que Hinkelammert pueda concluir:

---

219 Tillich, *Los efectos*, 32s.

220 Franz Hinkelammert, *La maldición que pesa sobre la ley. Las raíces del pensamiento crítico en Pablo de Tarso*. San José, Costa Rica: Arlekín, 2010, 71-115. Los números de páginas en el texto hacen referencia a esta cita.

> El pecado – la maldad como tal – opera en nombre del cumplimiento de la ley y no a partir de violaciones de la ley. Violaciones de la ley ocurren, pero no son explicativas por sí mismas. El pecado se comete en el cumplimiento de la ley (78).

El mejor ejemplo de ello es la condena de Jesús en nombre de la ley. El deseo o también la satisfacción ambicionan la maximización. Este es "el lado psicológico de la propia maximización de la acumulación de las riquezas y del dinero" (78). La codicia no es condicionada exclusivamente por la envidia u otros instintos, sino se desarrolla también desde un comportamiento racional dirigido por el deseo. Es peligrosa porque se puede cumplir dentro del marco de las leyes existentes, por lo cual no es ilegal. "Eso ocurre paradigmáticamente en el mercado y constituye el principio de vida del capitalismo actual. En el mercado y a través del dinero adquiere su forma calculable" (78).

En la figura del comportamiento racional, el deseo desarrolla un poder (demoníaco) que domina la economía de mercado y la política que depende de ella. Se esconde detrás de circunstancias y necesidades estructurales. Parece que hoy en día el ambiente está casi completamente a la merced de este poder. En este sentido Tillich concluye: "La tragedia de la naturaleza está ligada a la tragedia del hombre, así como la salvación de la naturaleza depende de la salvación del hombre."[221]

13.3 La salvación como transformación de los poderes

• La transformación espiritual

Tillich describe el procedimiento de la salvación en lenguaje simbólico. Primeramente, cita las palabras en la visión de Juan:

> Entonces me mostró el río del agua de vida, resplandeciente como cristal... y a un lado y a otro del río crecía el árbol de la vida, que daba doce clases de fruto, dando su fruto cada

---
221 Tillich, También la naturaleza se lamenta, 153.

mes; y las hojas del árbol eran para la salud de las naciones (Apo 21.1; 22.1).[222]

Luego explica:

> Con imágenes llenas de vigor, el último libro de la Biblia describe cómo se salvan el hombre y la naturaleza de la esclavitud de la corrupción: la ciudad de Dios está edificada con los más preciosos materiales de la naturaleza inanimada. El océano, símbolo del caos informe, queda excluido. El río no está mancillado por ninguna podredumbre. Los árboles dan frutos que no se alteran ni pudren. Los animales, juntamente con los santos, adoran el trono de la gloria. Las fuerzas demoníacas han sido lanzadas a la nada. No existe el sufrimiento ni la muerte...
>
> Como la edad de oro del pasado, la edad de oro del futuro es un símbolo que apunta hacia algo misterioso dentro de nuestro mundo actual, es decir, las fuerzas de salvación. Y una cosa aparece muy clara en las visiones del profeta: que salvación significa salvación del *mundo*, y no tan sólo de los seres humanos.

Algo que Tillich solamente insinúa aquí es el redescubrimiento de una cosmovisión holística. No solo el mundo, sino también los cuerpos se transforman y liberan de los poderes de distorsión y destrucción; porque la Biblia habla a propósito, no de la inmortalidad del alma, sino de la resurrección del cuerpo. Al hacer una interpretación metafórica de estas palabras, Tillich logra descubrir su significado y poder espiritual. Como portadoras del Espíritu de Dios, tienen un efecto redentor y transformador. Inicialmente esto se hace evidente en la comprensión transformada del ser humano.

En vez de constituir al ser humano como un sujeto absoluto, la Biblia lo ve como un ser relacional. Ser la imagen de Dios es su destino, así Gen 1.26s. Con ello no se refiere a su dotación sustancial, sino a su determinación como un ser de relación. Es ser humano en relación: en relación consigo mismo, con los demás, con la naturaleza y con Dios.

---

222 Tillich, También la naturaleza se lamenta, 154.

La tragedia humana comienza tan pronto como el hombre se distancia de sus relaciones externas y recae sobre sí mismo. Lutero acuñó la imagen de "homo incurvatus in se ipsum" (el ser humano encorvado en sí mismo). De esta manera los otros se convierten en objetos, incluso hasta la extinción, y la naturaleza se convierte en un simple almacén de recursos que pueden ser explotados arbitrariamente.

En este contexto, salvación significa la liberación de los poderes y la transformación en la imagen de Dios. El hecho de entender que esto no está en la capacidad del hombre mismo, quien está precisamente a la merced de los poderes y de su propia obsesión, indica el realismo de la comprensión teológica. La fe como un regalo, como una emoción mística de la realidad divina trascendente, debe entenderse como un acto de salvación. Es la fe la que abre los ojos hacia los demás.

Emmanuel Levinas expresó esto de manera filosófica con la categoría de "alteridad". El ser un ser humano se alcanza frente al otro.

> Así, el sujeto está constituido por el otro en respeto mutuo de la vivacidad, la corporeidad y la necesidad. Ser sujeto significa por tanto, poder vivir en solidaridad mutua como seres vivos, físicos y necesitados[223].

Los símbolos del nuevo cielo y la nueva tierra (Ap 21-22) también transforman *la visión de la naturaleza*.

Por una parte, es partícipe de la tragedia del ser humano. Ella "clama y suspira" por salvación – en palabras del apóstol Pablo:

> Pues la ansiosa espera de las criaturas aguarda la revelación de los hijos de Dios. Porque las criaturas están sujetas a

---

[223] Ulrich Duchrow resume así en: Ulrich Duchrow, Reinhold Bianchi, René Krüger y Vincenzo Petrarca, *Solidarisch Mensch werden. Psychische und soziale Destruktion im Neoliberalismus – Wege zu ihrer Überwindung*. Hamburg: VSA-Verlag, 2006, 250.

> la vanidad, no queriendo, sino por el que la sujetó, con esperanza de que también las criaturas serán liberadas de la esclavitud de la corrupción, hacia la libertad de los hijos de Dios. Pues sabemos que toda la creación gime y tiene dolores de parto hasta entonces (Ro 8.19-22).[224]

Atribuyéndole cualidades personales a la naturaleza como dolor y anhelo, se hace evidente que la misma es parte de una red viviente de la cual los seres humanos también son sólo una parte. Toda intervención violenta con una parte genera venganza sobre las otras partes. Sin embargo, el poder de la maximización de la ganancia y el poder de la codicia están dirigidos precisamente a destruir esta red.

Por otro lado, no solo la tragedia, sino también la salvación de la naturaleza está relacionada con la salvación del hombre. Tillich reconoce esto - entre otros ámbitos - en las artes, cuando no solo se retrata la naturaleza en pinturas o esculturas, sino que se expresa su significado espiritual: "Es la naturaleza elevada sobre sí misma, que revela su tragedia y, al mismo tiempo, su victoria sobre la tragedia"[225].

¿En qué consiste esta victoria, esta salvación o transformación? Probablemente se deba al hecho de que, en la naturaleza, por un lado, el Espíritu creador de vida (Dios) se une con la materia, el cuerpo, y por lo tanto le otorga dignidad. Por otro lado, los elementos naturales pueden volverse transparentes para su significado espiritual. Tillich explica esto con el ejemplo de los sacramentos:

> Pan y vino, agua y luz, así como todos los grandes elementos de la naturaleza se hacen portadores de un sentido espiritual y de un poder salvador. Los poderes naturales y espirituales se unen – se vuelven a unir – en los sacramentos. La palabra apela a nuestro intelecto y puede mover nuestra voluntad.

---

224 Citado según Tillich, También la naturaleza lamenta, 148, quien utiliza estas palabras de Pablo como unas de las palabras claves de su ensayo.

225 Tillich, También la naturaleza lamenta, 154.

> Si su significación es vivo para nosotros, los sacramentos impregnan tanto nuestro ser inconsciente como el consciente, se adueñan del fondo creador de nuestro ser. Constituyen el símbolo de la naturaleza y del espíritu, unidos en la salvación.[226]

Si aquí la salvación todavía se explica principalmente sobre el nivel individual, es decir, como una transformación a través de la fe, entonces esta visión transformada del hombre y su realidad conduce a nuevos enfoques de una ética de lo natural, los cuales al menos se sugieren en lo siguiente en tres aspectos.

- **La transformación ética**

Libertad y justicia

La comprensión moderna de la libertad, que, como se ha visto, se basa en la absolutización del sujeto autónomo, ya no es sostenible en la red de la vida y en el sistema humano de relaciones. Debe vincularse con la perspectiva de la justicia. Las relaciones básicas de la vida requieren de una concepción justa, o sea, el derecho de los demás, incluyendo la naturaleza, debe ser respetado. Esto se traduce en un enfoque ético responsable.

La libertad no se refiere ya solamente a la concepción personalizada de la vida. Es algo más allá de la responsabilidad propia. Carga simultáneamente con la responsabilidad sobre las otras relaciones de la vida, con los demás, con la naturaleza y con Dios. Ella es responsable del bienestar de los demás y del éxito de las relaciones básicas. De esta manera, la justicia hecha realidad forma el marco de la libertad. De la creencia en un Dios, ante quien todos los hombres son iguales, se deduce el respeto de la dignidad y la igualdad de derechos de todos. Esta responsabilidad tiene un aspecto sincrónico como uno diacrónico a la vez. Se refiere a las personas y generaciones que viven simultáneamente (sincrónico), así como a las generaciones futuras (diacrónico), que sufrirán las consecuencias de nuestras decisiones sin poder influir en ellas.

---

226 Tillich, También la naturaleza lamenta, 155.

En términos de la naturaleza, una ética de la responsabilidad reconocerá su valor intrínseco. Resulta de las condiciones básicas de la vida proporcionadas por la naturaleza y es quien permite la vida del sujeto que reflexiona sobre la ética.

Esta perspectiva significa un distanciamiento del antropocentrismo moderno y un giro hacia una ética orientada por el sujeto. Lo que se puede describir así de manera teórico-filosófica, se expresa en el lenguaje mitológico-simbólico de las dos historias de la creación en el Antiguo Testamento. Durante siglos se ha interpretado el Gen 1.28 que dice *"Sean fructíferos y multiplíquense; llenen la tierra y sométanla"*, como una indicación de dominio absoluto del hombre sobre la naturaleza y los animales, el llamado "dominium terrae" (el dominio de la naturaleza). Pero leyendo la narrativa más antigua en Génesis 2.15, este dominio solamente puede interpretarse como una responsabilidad; en ese pasaje la misión al hombre indica *"cultivar y cuidar"* el jardín Edén. Ante este trasfondo, la ética entra en el conflicto entre el uso ilimitado de los recursos y la responsabilidad de la creación.

Sostenibilidad

Un comportamiento ético responsable supera a las generaciones vivas. Esto también afecta a la naturaleza. Las consecuencias del comportamiento actual afectarán el derecho a la vida de la naturaleza en el futuro. Esto quedó claro en primera instancia en la agricultura y la silvicultura. Allí fue acuñado por primera vez el concepto de sostenibilidad. Mantiene el criterio de que el uso actual de la tierra también debe medirse por los beneficios para la descendencia. Esto afecta particularmente el monocultivo agrícola, la deforestación y la eliminación de residuos nucleares. La categoría "sostenibilidad" vincula la libertad con los criterios de justicia. Es por eso que involucra las diferentes relaciones de vida. Puede representarse como un triángulo entre la ecología, la economía y los aspectos sociales.[227]

---

227 Véase ONU, World Commission on Environment and Development, Informe *Nuestro futuro en común*, 1987. Consultado 18 abril 2019. *http://www.un.org/es/comun/docs/?symbol=A/42/427*.

Así se vinculan tres dimensiones de la sostenibilidad: medio ambiente intacto, economía sostenible y justicia social. La dimensión más controvertida sigue siendo por supuesto la "economía sostenible". No sólo puede medirse por el crecimiento del producto interno bruto, sino que al menos debería tener en cuenta el llamado quinteto de prosperidad. Incluye el aspecto del futuro.

> Incluye el producto interno bruto per cápita, la proporción entre la quinta parte superior y la inferior de la pirámide de ingresos, el grado de exclusión social, la huella ecológica en relación con la bio-capacidad global y la cuota de la deuda pública. El desempeño económico, la justicia social, la integración social, la viabilidad ecológica para el futuro y la deuda son las cinco dimensiones en las que esta propuesta busca medir el bienestar de una sociedad.[228]

De acuerdo con esto, una transformación de los poderes que destruyen la naturaleza solo podrá darse a través del pensamiento y la acción en el paradigma de la red.

Desarrollo de una economía de bien común

Desde este punto de vista, la lógica de una economía de mercado neoliberal con sus principios de eficiencia, competencia y el mercado total refleja una lógica hostil y autodestructiva. Por el contrario, la imagen bíblica del hombre y la vida apunta a una economía facilitadora de vida y que combina la libertad de los sujetos que actúan con la responsabilidad por una convivencia justa y la preservación de la base de la vida. Una economía sostenible, que quiere ser apta para el futuro de acuerdo a los criterios mencionados, debe desarrollarse hacia una economía del bien común.[229] En los balances de la empresa, ya no sólo es importante la maximización de las ganancias, sino además la promoción del bien común. El economista Christian Felber ha desarrollado para ello un modelo

---

[228] Wolfgang Huber, *Ethik – die Grundfragen unseres Lebens*. München: C.H.Beck, 2013, 249.

[229] Véase Ulrich Duchrow, *Gieriges Geld. Auswege aus der Kapitalismusfalle. Befreiungstheologische Perspektiven*. München: Kösel, 2013, 241-248.

basado en cuatro valores centrales y los utiliza como criterios de evaluación: dignidad humana, solidaridad y justicia, sostenibilidad ecológica, participación democrática y transparencia.[230] Un sistema de evaluación a base de puntos lleva a un equilibrio de bienestar común, que puede ser recompensado por el estado con la tasa del impuesto al valor agregado y la tarifa aduanal. Los préstamos, las adquisiciones e incluso el financiamiento público directo también se pueden gestionar a través de él.

13.4 Conclusión

La salvación o transformación en contextos estructurales y bajo poderes estructurales no cae del cielo. Requiere de agentes de cambio para tal transformación. En primera instancia se prestan para ello las comunidades de convicción. Las comunidades de fe y las iglesias pueden jugar un papel importante en esta tarea. Su función no es influir en la falsa auto-exaltación sobre la redención de la salvación de las almas, sino principalmente trabajar desde el Espíritu del Salvador hacia una transformación del mundo en dirección hacia un mundo más justo. Sus posibilidades van más allá de lo que comúnmente se utilizan. Clasificadas según la claridad de sus medidas, se pueden incluir en la siguiente escala:

(1) *Crítica pública*: revelación de condiciones injustas, destrucción y explotación de la naturaleza, amenaza a las posibilidades futuras de existencia, negativa al espíritu, la lógica y la práctica del capitalismo neoliberal.

(2) *Diálogo sobre imágenes sociales de la vida y del futuro*: desarrollo y discurso de visiones sobre una buena vida y una convivencia justa, creación de conciencia.

(3) *Autocrítica y transformación*: revisión y corrección de la propia organización y su práctica en relación a su manejo de la propiedad, dinero y tierra.

---

230 Véase Christian Felber. Gemeinwohl-Ökonomie, 3a edición. München: Piper, 2018, 36s. La matriz también en www.ecogood.org.

(4) *Trabajo de campaña* para proyectos orientados hacia el bienestar común y modelos alternativos.

(5) *Boicot* a productos y empresas dañinos para el ambiente.

(6) *Formación de redes* con movimientos sociales y organizaciones civiles.

(7) *Estructuras alternativas:* creación de células, grupos y comunidades que promuevan un estilo de vida alternativo y una nueva cultura de la vida (bancos ecológicos, *Car-sharing*, divisa regional, etc.)

Una ética de transformación apunta a una nueva cultura de la vida, para la cual la preservación de la dignidad humana y el derecho de la naturaleza son elementos clave.

Bibliografía

Andiñach, Pablo R. *Éxodo*. Miami, Florida: Sociedades Bíblicas Unidas, 2008.

Apel, Karl-Otto. *Diskurs und Verantwortung. Das Problem des Übergangs zur postkonventionellen Moral*. Frankfurt/Main: Suhrkamp, 1988.

Arendt, Hannah. *La condición humana*. Traducido del inglés por Ramón Gil Novales. Barcelona: Seix Barral, 1974.

Bauman, Zygmunt. *Retrotopia*, Frankfurt/Main: Suhrkamp, 2017.

Bedford-Strohm, Heinrich. "Öffentliche Theologie in der Zivilgesellschaft", en Ingeborg Gabriel (org.), *Politik und Theologie in Europa: Perspektiven ökumenischer Sozialethik*. Mainz: Grünewald, 2008, 340-366.

Benjamin, Walter. "Der Kapitalismus als Religion". En *Gesammelte Schriften*, Tomo VI, editado por Rolf Tiedemann y Hermann Schweppenhäuser, 100-103. Frankfurt/Main, 1985.

Boff, Clodovis. *Theologie und Praxis. Die erkenntnistheoretischen Grundlagen der Theologie der Befreiung*. München, Mainz: Grünewald, 1983.

Biéler, André. *Calvin's Economic and Social Thought*. Genf: World Council of Churches, 2005.

Bonhoeffer, Dietrich. *Ética*. Editado y traducido de alemán por Lluís Duch. Madrid: Trotta, 2000.

_____ . *Ethik*, en *Dietrich Bonhoeffer Auswahl, Bd. 4: Konspiration 1939-1943*, editado por Christian Gremmels y Wolfgang Huber. Gütersloh: Gütersloher Verlagshaus, 2006, 65-182.

Brodbeck, Karl-Heinz. *Die fragwürdigen Grundlagen der Ökonomie. Eine philosophische Kritik der modernen Wirtschaftswissenschaften*, 6ª edición. Darmstadt: Wissenschaftliche Buchgesellschaft, 2013.

_____ . *Die Herrschaft des Geldes. Geschichte und Systematik*, 2ª edición. Darmstadt: Wissenschaftliche Buchgesellschaft, 2012.

Calderón Díaz, Sheila Cristina. "Declaración Universal de Derechos Humanos Emergentes, una lectura orientada desde el sujeto", *Heuristica, Revista digital de Historia de la Educación*, no. 20 (2017), 305. Consultado 1 de octubre, 2017.http://www.saber.ula.ve/bitstream/handle/123456789/45046/art22.pdf?sequence= 1&isAllowed=y.

Childs, Brevard S. *El libro del Éxodo. Comentario crítico y teológico*. Estella, Navarra: Verbo Divino, 2003.

Croatto, Severino. "Hermenéutica bíblica", en René Krüger, Severino Croatto, Nestor Míguez. *Métodos exegéticos*, 2ª edición. Buenos Aires: Publicaciones EDUCAB, 2006, 331-342.

_____. *Hermenéutica bíblica*, 2ª edición. Buenos Aires: LUMEN, 1994.

Crüsemann, Frank. *Bewahrung der Freiheit. Das Thema des Dekalogs in sozialgeschichtlicher Perspektive*. München: Kaiser, 1983.

Declaración Universal de Derechos Humanos. Adoptada y proclamada por la Asamblea General en su resolución 217 A (III), de 10 de diciembre de 1948. Consultado 15 de mayo, 2019. https://www.ohchr.org/EN/UDHR/Documents/UDHR.../spn.pdf.

Documentos del Concilio Vaticano II: Lumen Gentium, Ad gentes, Dignitas Humanae. En el sitio web de la Santa Sede.

Duchrow, Ulrich. *Gieriges Geld. Auswege aus der Kapitalismusfalle – Befreiungstheologische Perspektiven*. München: Kösel, 2013.

Duchrow, Ulrich, Reinhold Bianchi, René Krüger y Vincenzo Petrarca. *Solidarisch Mensch werden. Psychische und soziale Destruktion im Neoliberalismus – Wege zu ihrer Überwindung*. Hamburg: VSA-Verlag, 2006.

Dussel, Enrique. *Ética comunitaria*. Madrid: Paulinas, 1986.

_____. *Ética de la Liberación en la Edad de la Globalización y de la Exclusión*, 5ª edición. Madrid: Trotta, 2006.

_____. *Filosofía de la Liberación*, 4ª edición. Bogotá: Nueva America, 1996.

_____. "Prinzip Befreiung. Kurzer Aufriss einer kritischen und materialen Ethik", *CONCORDIA* (Internationale Zeitschrift für Philosophie), Reihe Monographien, Bd. 31, Aachen, Mainz, 2000, 76-173.

_____. *14 Tesis de ética. Hacia la esencia del pensamiento crítico*. Madrid: Trotta, 2016.

_____. *20 Thesen zu Politik*, editado por Ulrich Duchrow. Münster: LIT, 2013.

Ellacuría, Ignacio. "Las Iglesias latinoamericanas interpelan a la Iglesia de España", *Sal Terrae* 3 (1982): 219-230.

Erikson, Erik H. *El ciclo vital completado, 1ª reimpresión*. Mexico D.F.: Paidos Mexicana, 1988.

Evangelische Kirche Deutschlands. "Wort der Ökumenischen Versammlung in Dresden 1989". En *Texte der EKD* 38, 1991.

Fabiunke, Günter. *Martin Luther als Nationalökonom*. Berlín (DDR) 1963, 193-230.

Faus, José Ignacio González. *El rostro humano de Dios. De la revolución de Jesús a la divinidad de Jesús,* 2ª edición. Santander: Sal Terrae, 2008.

Felber, Christian. *Gemeinwohl-Ökonomie*, 3ª edición. München: Piper, 2018.

Fornet-Betancourt, Raúl. *Interculturalidad y religión. Para una lectura intercultural de la crisis actual del cristianismo*. Quito-Ecuador: Ediciones Abya-Yala, 2007.

Frey, Christofer. *Theologische Ethik*. Neukirchen: Neukirchener Verlag, 1990.

Frey Christofer, Peter Dabrock y Stephanie Knauf, *Repetitorium der Ethik*, 3ª edición. Waltrop: Spenner, 1997, 119-128.

Galtung, Johann. *Frieden mit friedlichen Mitteln*. Opladen: Leske + Buderich, 1998.

Gilligan, Carol. *In a different voice: psychological theory and women's development*. Cambridge, Mass.: Harvard University Press, 1982. Traducción español: *La moral y la teoría*. México, FCE, 1985.

Goffman, Erving. *Behavior in public places: Notes on the social Organization of Gatherings*. New York: Macmillan, 1963.

_____ . *Estigma. La identidad deteriorada*, 1ª edición, 10ª reimpresión. Buenos Aires, Madrid: Amorrortu, 2006.

Graeber, David. *Schulden: Die ersten 5000 Jahre*. Stuttgart: Klett Cotta, 2012.

Grassl, Hartmut. Art. "Klimaveränderung", en *Lexikon der Bioethik*, Bd. 2, Gütersloh: Gütersloher Verlagshaus, 1998, 392-396.

Grözinger, Albrecht. *Erzählen und Handeln*. München: Kaiser, 1989.

Habermas, Jürgen. "Desarrollo de la moral e identidad de yo", en *La reconstrucción del materialismo histórico*. Versión castellana de Jaime Nicolás Muñiz y Ramón García Cotarelo, 1ª edición. Madrid: Taurus 1981, 57-84.

_____ .*Erläuterungen zur Diskursethik*. Frankfurt/Main: Suhrkamp, 1991.

_____ . *Moralbewusstsein und kommunikatives Handeln*. Frankfurt/Main: Suhrkamp, 1983.

_____ . *Thesen zur Theorie der Sozialisation. Stichworte und Literatur zur Vorlesung im Sommersemester 1968*. Frankfurt/Main: o.V., 1968.

Handbuch der Evangelischen Ethik, editado por Huber, Wolfgang, Torsten Meireis y Hans-Richard Reuter, München: C.H.Beck, 2015.

Hegel, Georg Wilhelm Friedrich. *Rasgos fundamentales de la filosofía del derecho o compendio de derecho natural y ciencia del estado*. Traducido del alemán por Eduardo Vásquez. Madrid: Biblioteca Nueva, S. L., 2000.

Hinkelammert, Franz. *Crítica de la razón utópica*. San José, Costa Rica: DEI, 1984.

_____ . *Las armas ideológicas de la muerte*, 2ª edición. San José, Costa Rica: Departamento Ecuménico de Investigaciones (DEI), 1981, 66-78.

_____ . *El Grito del Sujeto. Del teatro-mundo del evangelio de Juan al perro-mundo de la gobalización*. San José, Costa Rica: DEI, 1998.

_____ . "La deuda según Anselmo de Canterbury y su interpretación en el capitalismo moderno". En *Radicalizando la Reforma*, editado por Hoffmann, Martin, Daniel Beros y Ruth Mooney, 101-126. San José, Costa Rica: SEBILA, y Buenos Aires: La Aurora, 2016.

_____ . *La maldición que pesa sobre la ley. Las raíces del pensamiento crítico en Pablo de Tarso.* San José, Costa Rica: Arlekin, 2010.

Hoekendijk, Johannes Christiaan. *Die Zukunft der Kirche und die Kirche der Zukunft.* Stuttgart: Klett, 1964.

Hoffmann, Martin. "La ética de la cruz de Martín Lutero". En *Fides et ratio. Temas na teologia e filosofia suscitados por Lutero e a Reforma do século XVI,* editado por Vitor Westhelle y Roberto E. Zwetsch, 181-192. Sao Leopoldo: Sinodal; EST, 2017.

_____ . *La locura de la cruz. La teología de Martín Lutero. Textos originales e interpretaciones.* San José, Costa Rica: Departamento Ecuménico de Investigaciones (DEI), 2014.

_____ . "Lutero y la economía: la crítica a la religión como crítica al capitalismo", en *Radicalizando la Reforma. Otra teología para otro mundo,* editado por Martin Hoffmann, Daniel Beros y Ruth Mooney, 237-268. San José, Costa Rica: SEBILA, 2016.

_____ . "Lutero y la política - ¿Un modelo para hoy?", en *Reforma religiosa y transformación social. Aportes desde América Latina en ocasión de los 500 años de la Reforma Protestante,* editado por José Enrique Ramírez, 307-322. San José, Costa Rica: SEBILA, 2017.

Hoffmann, Martin, Daniel Beros y Ruth Mooney, eds. *Radicalizando la Reforma. Otra teología para otro mundo.* San José, Costa Rica: SEBILA, y Buenos Aires: La Aurora, 2016.

Huber, Wolfgang. *Ethik – die Grundfragen unseres Lebens.* München: C.H.Beck, 2013.

Huber, Wolfgang y Heinz Eduard Tödt. *Menschenrechte. Perspektiven einer menschlichen Welt.* Stuttgart, Berlin: Kreuz Verlag, 1977.

Huntington, Samuel. "The Clash of Civilisations". *Foreign Affairs* 72, no. 3 (1993): 22-49.

Institut de Drets Humans de Catalunya, "Proyecto de Carta de Derechos Humanos Emergentes. Los derechos humanos en un mundo globalizado". Consultado 5 de julio, 2019. https://catedraunescodh.unam.mx/catedra/SeminarioCETis/Documentos/Doc_basicos/5_biblioteca_virtual/1_d_h/1.pdf.

Iwand, Hans Joachim. Bosquejo de: "Ein Wort des Bruderrates der EKD zum politischen Weg unseres Volkes". En *Die Entstehung des Darmstädter Wortes.* Beiheft zu Heft 8/9 der *Jungen Kirche* 38 (1977), 28s.

_____ . "Gesetz und Evangelium I". En *Nachgelassene Werke,* Tomo 4, editado por Walter Kreck, 11-230. München: Kaiser, 1964.

Jähnichen, Traugott y Wolfgang Maaser. *Die Ethik Martin Luthers.* Bielefeld: Luther Verlag, 2017.

Jeremias, Jörg. *Theologie des Alten Testaments*. Göttingen: Vandenhoeck & Ruprecht, 2017.

Käsemann, Ernst. *An die Römer*, 2ª edición. Tübingen: Mohr/Siebeck, 1974.

Kässmann, Margot. *Die eucharistische Vision. Armut und Reichtum als Anfrage an die Einheit der Kirche in der Diskussion des Ökumenischen Rates*. München: Kaiser, 1992.

Kant, Immanuel. *Fundamentación de la metafísica de las costumbres*. Traducido por José Mardomingo (edición bilingüe). Barcelona: Ariel, 1999.

_____. *Grundlegung zur Metaphysik der Sitten*. En Akademie-Ausgabe IV. Berlin: De Gruyter, 1968.

Kessler, Rainer. *Der Weg zum Leben. Ethik des Alten Testaments*. Gütersloh: Gütersloher Verlagshaus, 2017.

Knitter, Paul. "Prophets and Profits. Interreligious Dialogue and Economic Development". En Cornille, Catherine y Glenn Willis, eds., *The World Market and Interreligious Dialogue*. Eugene, OR 2011.

Kohlberg, Lawrence. *The philosophy of moral development*. San Francisco: Harper and Row, 1981.

Krüger, René. "Análisis estructural o semiótico", en René Krüger, Severino Croatto, Nestor Míguez. *Métodos exegéticos*, 2ª edición. Buenos Aires: Publicaciones EDUCAB, 2006, 279-305.

Küng, Hans. *El Cristianismo. Esencia e historia*. Madrid: Trotta, 1997.

_____. *Proyecto de una ética mundial*, 2ª edición. Madrid: Trotta, 1992.

Kuhn, Thomas S. *Die Struktur wissenschaftlicher Revolutionen*, 2ª edición. Frankfurt/Main: Suhrkamp, 1976.

"Latinobarómetro. Opinión pública latinoamericana. El Papa Francisco y la religión en Chile y América Latina". *Latinobarómetro 1995 -2017*, sin lugar, 2018, sin pág. Consultado 17 de setiembre, 2018. www.latinobarometro.org.

Lehmann, Paul L. *La ética en el contexto cristiano,* traducido del inglés por Adam P. Sosa (Original: Ethics in a Christian Context, 1963). Montevideo: Alfa, 1968. Reimpresión San José, Costa Rica: Universidad Bíblica Latinoamericana, 2007.

Levinas, Emmanuel. *La huella del otro*, 1ª edición. Traducido del francés por Esther Cohen. Madrid: Taurus, 2000.

Lutero, Martín. *Werke. Kritische Gesamtausgabe* (Weimarer Ausgabe), 1883ss. (=WA).

_____. *Obras de Martín Lutero*. Tomos I-X. Buenos Aires: Paidós/El Escudo (tomos I-V) y La Aurora (tomos VI-X), 1967-1985.

_____. "A la nobleza de la nación alemana acerca del mejoramiento del Estado cristiano" (1520), en *Obras* I, *71-135*.

_____. "La autoridad secular" (1523), en *Obras* II, 129-162.

_____. *Catecismo Mayor*. En *Obras* V, 37-154.

_____. *Comentario de la carta a los Gálatas* (1519). En *Obras* VIII.

_____. "La disputación de Heidelberg" (1518). En *Obras* I, 29-46.

_____. "Disputatación acerca de la determinación del valor de las indulgencias [Las 95 tesis]" (1517). En *Obras* I, 7-15.

_____. *Gran comentario de la carta a los Gálatas* (1531). En WA 40/I y 40/II, 1-184; selección traducido de alemán por Dámaris Zijlstra Arduin en Martin Hoffmann. *La locura de la cruz*, 88-90.

_____. *Lecciones sobre Génesis* (1535-1545). En WA 42-44; selección de WA 44 traducido de alemán por Dámaris Zijlstra Arduin en Hoffmann, *La locura de la cruz*, 111s.

_____. "La libertad cristiana" (1520), en *Obras* I, 149-167.

_____. "Lutero en la Dieta de Worms" (1521). En *Obras* I, 265-279.

_____. "Prefacio al primer tomo de los escritos latinos" (1545). En *Obras* I, 331-338.

_____. "A los pastores, que prediquen contra la usura" (1539). En WA 51, 331-424, selección traducido por Dámaris Zijlstra Arduín en Hoffmann, *La locura de la cruz*, 225-230.

_____. *La voluntad determinada* (1525). En Obras IV.

May, Roy. *Discernimiento Moral. Una introducción a la ética cristiana*. San José, Costa Rica: Departamento Ecuménico de Investigaciones (DEI), 2004.

_____. *Ética sin principios. Otra ética posible*. San José, Costa Rica: DEI, 2012.

Marquardt, Friedrich-Wilhelm. "Gott oder Mammon aber: Theologie und Ökonomie bei Martin Luther". En *Einwürfe*, Tomo 1, editado por F.-W. Marquardt, D. Schellong y M. Weinrich. München: Kaiser, 1983, 176-216.

Marx, Karl. *Grundrisse der Kritik der politischen Ökonomie*. Berlin: Akademie Verlag, 1953.

Mayer, Rainer. *Ethik lehren. Grundlagen, Hermeneutik, Didaktik*. Stuttgart: Calwer, 1982.

Mead, George Herbert. *Mind, Self & Society*. Chicago: University of Chicago, 1934 y 2015.

Miguéz Bonino, José. *Ama y haz lo que quieras. Hacia una ética de la nueva humanidad* (1971). Publicado de nuevo por la Universidad Bíblica Latinoamericana en San José, Costa Rica, 2006.

Miranda, Vicente. "Conciencia moral". En *Conceptos fundamentales de ética teológica*, editado por Marciano Vidal. Madrid: Trotta, 1992, 317-341.

Mohr, Hans. *Natur und Moral. Ethik in der Biologie* (Dimensionen der modernen Biologie, Tomo 4), Darmstadt: Wissenschaftliche Buchgesellschaft, 1987.

ONU, World Commission on Environment and Development, Informe *Nuestro futuro en común*, 1987. Consultado 18 abril 2019. *http://www.un.org/es/comun/docs/?symbol=A/42/427*.

Parlamento de las religiones del mundo, ed., *Declaración sobre la ética mundial*. Chicago. 1993. Consultado 1 del marzo, 2019. https://weltethos.org/1-pdf/10-stiftung/declaration/declaration_german.pdf.

Parsons, Talcott. *The Social System*. London: Routledge & Kegan Paul Ltd, 1951; new edition 1991.

PewResearchCenter. Religión en América Latina. "Cambio generalizado en una región históricamente católica", 13 de noviembre de 2014, 7s. Consultado 17 de setiembre, 2018. http://www.pewforum.org/files/2014/11/PEW-RESEARCH-CENTER-Religion-in-Latin-America-Overview-SPANISH-TRANSLATION-for-publication-11-13.pdf.

Jean Piaget, *Das moralische Urteil beim Kinde*, 4ª edición. Frankfurt/Main, 1981.

Pieris, Aloysius. *A Liberation Christology of Religious Pluralism*. Sri Lanka: En Nhanduti Editora, 2009.

Pottmeyer, Hermann Josef. "Die Frage nach der wahren Kirche". En *Handbuch der Fundamentaltheologie*, Bd. 3, Traktat Kirche, editado por W. Kern, Freiburg i. Breisgau: Herder, 1986.

Prien, Hans-Jürgen . *Luthers Wirtschaftsethik*. Göttingen, 1992.

Puntarigvivat, Tavivat. "Buddhism". En *The Hope of Liberation in World Religions*, editado por Miguel A. de la Torre, 131-154. Waco, Texas: Baylor University Press, 2008.

Rawls, John. *Eine Theorie der Gerechtigkeit*. Frankfurt/Main: Suhrkamp, 1979.

Reuter, Hans-Richard. "Die Bergpredigt als Orientierung unseres Menschseins heute", *Zeitschrift für Evangelische Ethik (ZEE)* 23 (1979): 95.

_____ . "Gewissen". En *Evangelische Ethik kompakt. Basiswissen in Grundbegriffen*, editado por Reiner Anselm und Ulrich H.J. Körtner, 72-79. Gütersloh: Gütersloher Verlagshaus, 2015.

_____ . "Grundlagen und Methoden der Ethik". En *Handbuch der Evangelischen Ethik*, editado por Huber, Wolfgang, Torsten Meireis y Hans-Richard Reuter, 9-123. München: C.H.Beck, 2015.

Rich, Arthur. *Wirtschaftsethik. Grundlagen in theologischer Perspektive*, 4ª edición. Gütersloh: Gütersloher Verlagshaus, 1991.

Richard, Pablo. *Fuerza ética y espiritual de la Teología de la Liberación en el contexto actual de la globalización*. San José, Costa Rica: Departamento Ecuménico de las Investigaciones (DEI), 2004.

_____. "Teología en la teología de la Liberación", en *Mysterium Liberationis. Conceptos fundamentales de una Teología de la Liberación*, tomo I, editado por Ignacio Ellacuría y Jon Sobrino, 201-222. Madrid: Trotta, 1990.

Ritschl, Dietrich. *Zur Logik der Theologie. Kurze Darstellung der Zusammenhänge theologischer Grundgedanken*, 2ª edición. München: Kaiser, 1988.

Roldán, Alberto F. "Concepciones del Reino y *missio Dei*", en *Reino, política y misión. Sus relaciones en perspectiva latinoamericana, 19-47*. Lima: Centro de Investigaciones y Publicaciones (CENIP) - Ediciones Puma, 2011.

Schäfer, Heinrich. *Praxis – Theologie – Religion. Grundlinien einer Theologie- und Religionstheorie im Anschluss an Pierre Bourdieu*. Frankfurt/Main: Otto Lembeck, 2004.

Schapp, Wilhelm. *In Geschichten verstrickt. Zum Sein von Mensch und Ding*. Hamburg 1953.

Scharffenorth, Gerta. "Die Bergpredigt in Luthers Beiträgen zur Wirtschaftsethik – Erwägungen zu einer Theorie ethischer Urteilsbildung". En *Den Glauben ins Leben ziehen ... Studien zu Luthers Theologie*. München: Kaiser, 1982, 314-338.

Schellong, Dieter. "Wie steht es um die 'These' vom Zusammenhang von Calvinismus und 'Geist des Kapitalismus'?" (*Paderborner Universitätsreden 47*). Paderborn: Univ.- Gesamthochschule, 1995.

Schoberth, Wolfgang. "Prolegomena zu einer ‚narrativen Ethik'. Zum Zusammenhang von Anthropologie und Ethik", en Marco Hofheinz y otros, eds. *Ethik und Erzählung. Theologische und philosophische Beiträge zur narrativen Ethik*. Zürich: TVZ, 2009, 249-273.

Schrage, Wolfgang. *Ética del Nuevo Testamento*. Traducido del alemán por Javier Lacarra. Salamanca: Sígueme, 1987.

Shaull, Richard. *La Reforma y la teología de la liberación*. San José, Costa Rica: DEI, 2010.

Segbers, Franz. *Die Hausordnung der Tora. Biblische Impulse für eine theologische Wirtschaftsethik*. Luzern: Edition Exodus, 2002.

Sill, Bernhard. "Sinn für die mögliche Wirklichkeit". Ars narrandi und ethische Predigt, en *Erzählter Glaube – erzählende Kirche*, editado por Rolf Zerfaß. Freiburg i. Breisgau, Basel, Wien: Herder, 1988, 142-158.

Smith, Adam. *La riqueza de las naciones,* Tomo II. Barcelona: Editorial Bosh, 1983.

Sobrino, Jon. *Jesucristo liberador. Lectura histórico teológica de Jesús de Nazaret.* San Salvador: UCA, 1992.

_____. *La fe en Jesucristo. Ensayo desde las víctimas.* Madrid: Trotta, 1999.

Tamayo, Juan José. "Modelos de relación entre religión y política", en *Pasos* No. 148. Segunda época, 2010 (edición digital). San José, Costa Rica: DEI, 2011, 27-32.

_____. *Nuevo paradigma teológico,* 2ª edición. Madrid: Trotta, 2004.

_____. *Otra teología es posible. Pluralismo religioso, interculturalidad y Feminismo.* España, sin lugar: Herder 2011.

Theissen, Gerd. *Der Anwalt des Paulus. Gütersloh*: Gütersloher Verlagshaus, 2017.

_____. *Glaubenssätze,* 2ª edición. Gütersloh: Gütersloher Verlagshaus 2012.

Theissen, Gerd y Petra von Gemünden. *Der Römerbrief. Rechenschaft eines Reformators.* Göttingen: Vandenhoeck & Ruprecht, 2016.

Tillich, Paul. "Los efectos de la investigación espacial sobre la condición y las alcances del hombre", en *El futuro de las religiones.* Traducido del inglés por Ricardo Marcelo Iauk, 20-42. Buenos Aires: La Aurora, 1976.

_____. *Moralidad y algo más.* Traducido del inglés por Marcelo Pérez Rivas. Buenos Aires: La Aurora y Escatón, 1974. Reimpresión en San José, Costa Rica: Universidad Bíblica Latinoamericana, 2005.

_____. "Die protestantische Ära", en *Gesammelte Werke* VII. Stuttgart: Evang. Verlagswerk, 1962, 11-28.

_____. "También la naturaleza se lamenta por un bien perdido", en *Se conmueven los cimientos de la tierra.* Barcelona: Ariel, 1968. Reimpresión en Roy May, *Ética y Medio Ambiente. Hacia una vida sostenible,* 147-155. San José, Costa Rica: Departamento Ecuménico de Investigaciones (DEI), 2004.

_____. *Teología Sistemática I: La razón y la revelación. El Ser y Dios,* 3ª edición. Salamanca: Sígueme, 1982.

_____. *Teología Sistemática II: La existencia y Cristo,* 3ª edición. Salamanca: Sígueme, 1982.

Tödt, Heinz Eduard. "Versuch einer ethischen Theorie sittlicher Urteilsfindung", en *Perspektiven theologischer Ethik.* München: Kaiser, 1988, 21-48.

Ulrich, Peter. *Integrative Wirtschaftsethik. Grundlagen einer lebensdienlichen Ökonomie,* 4ª edición. Bern, Stuttgart, Wien, 2008.

_____. *Zivilisierte Marktwirtschaft. Eine wirtschaftsethische Orientierung*, 2ª edición. Freiburg i. Breisgau: Herder, 2005.

Vanni, Ugo. *Las Cartas de Pablo*. Buenos Aires: Claretiana, 2009.

Von Rad, Gerhard. *Teología del Antiguo Testamento, Vol. I: Teología de las tradiciones históricas de Israel*. Traducido del alemán por Victoriano Martín Sánchez, 8ª edición, preparada por Luis Alonso Schökel. Salamanca: Sígueme, 2000.

Von Sinner, Rudolf. *Theología pública. Ciclo de Conferencias Cátedra Mackay*. Universidad Bíblica Latinoamericana. San José, Costa Rica: SEBILA, 2014.

Walzer, Michael. *Exodus und Revolution*. Berlin: Rotbuch, 1988.

Weber, Max. *La ética protestante y el "espíritu" del capitalismo*, 3ª reimpresión. Traducido del alemán por Joaquín Abellán. Madrid: Alianza Editorial, 2004.

_____. "La política como profesión", en *La ciencia como profesión – la política como profesión*, 2ª edición. Traducido del alemán por Joaquín Abellán, 93-164. Madrid: Espasa Calpe, 2001.

Weiß, Jochen. *MAMMON. Eine Motivgeschichte zur Religiosität des Geldes*. Saarbrücken: VDM Verlag Dr. Müller, 2007.

Weisse, Wolfram. *Reich Gottes*. Bensheimer Hefte, H. 83: Ökumenische Studienhefte, H. 6, Göttingen 1997.

Welker, Michael. *Gottes Geist. Theologie des Heiligen Geistes*. Neukirchen-Vluyn: Neukirchener Verlag, 1992.

Welsch, Wolfgang. "Transkulturalität – Die veränderte Verfassung heutiger Kulturen. Ein Diskurs mit Johann Gottfried Herder". Consultado el 18 de marzo, 2019. https://www.via-regia.org/bibliothek/pdf/heft20/welsch_transkulti.pdf.

_____. *Transkulturalität. Realität – Geschichte - Aufgabe*, Wien: new academic press, 2017.

Wink, Walter. *Verwandlung der Mächte. Eine Theologie der Gewaltfreiheit*. Regensburg: Friedrich Pustet, 2014.

Zwetsch, Roberto E. *Misión como compasión: Por una teología de la misión en perspectiva latinoamericana*. Traducido del portugués por Roseli S. Giese. Sao Leopoldo: Sinodal: Quito: CLAI, 2009.

www.ingramcontent.com/pod-product-compliance
Lightning Source LLC
Chambersburg PA
CBHW061634040426
42446CB00010B/1414